夜の日本史

末國善己

幻冬舎文庫

はじめに

アメリカでアンダーグラウンドの実験映画の監督をしていたケネス・アンガーの著書に、『ハリウッド・バビロン』（Kenneth Anger "HOLLYWOOD BABYLON", 1975）がある。

この作品は、「〝幼い〟娘」ばかりと交際し「小児科医」と呼ばれていたチャーリー・チャップリン、ルドルフ・バレンチノはホモセクシャルで、夫人のナターシャ・ランボワもレズビアン、メアリー・アスターは「青い日記帳」に華麗なる男性遍歴を書いていた。エーリッヒ・フォン・シュトロハイム監督は、売春宿のシーンを実際に乱交をして撮影したなど、信憑性《しんぴょうせい》の低いタブロイド紙や事実より扇情性を重視したイエロー・ジャーナリズム紙を引用しながら、真っ当な映画研究者が相手にしないような〝もう一つ〟の映画史を綴《つづ》り、〝嘘《うそ》〟か〝真実〟か分からないからこそ際立つゴシップの魅力を余すところなく伝えた名著である。ちなみに『ハリウッド・バビロン』は、イエロー・ジャーナリズムの代表とされ、映画会社も経営していたウィリアム・ハースト（オーソン・ウェルズ主演・監督の映画『市民ケーン』のモデルとしても有名）の醜聞も取り上げている。『ハリウッド・バビロン』はマニアックな内容のためか、日本では一九七八年七月にクイックフォックス社から翻訳が出るも絶版。続いて一九八九年三月と一九九一年三月にリブロポートから全二巻で刊行されるが長く入手難の状況が続き、二〇一一年二月にパルコエンタテインメント事業部で再刊される数奇な運命をたどっている。

春日大娘皇女を一晩に七回も抱いた雄略天皇。巨根伝説を残す弓削道鏡。元祖プレイボーイの在原業平。殿中をハーレム代わりにした足利義満。織田信長、武田信玄、上杉謙信ら戦国武将の男色関係。徳川家康、家光、綱吉、家斉など歴代将軍の趣味。柳原義光・白蓮兄妹や芳川鎌子といった華族のスキャンダル。そして二・二六事件が起きた一九三六年に、愛する男の性器を切断する事件を起こした阿部定など、古代から昭和に至る日本の歴史を彩った有名人六九人の昼間とは違った〝夜の顔〟をあぶり出す本書『夜の日本史』は、日本史版『ハリウッド・バビロン』を目指して執筆した。

本書で紹介した偉人のセックスがらみのスキャンダルは、何らかの〝文献〟に載っているものばかりで、本文中にも可能な限り〝原典〟を引用した。

ただ、その〝文献〟は必ずしも信頼に足るものばかりではない。というよりも、歴史を研究している人間ならあえて相手にしないような風説や巷説《こうせつ》をまとめたゴシップ本や、事件を針小棒大に脚色した歴史物語、歴史小説を意図的に使ったところもある。

これは話をより面白くする狙いもあるが、こと下ネタがらみのゴシップの場合、いわゆる〝正史〟とされている史料も、必ずしも真実を伝えているとは限らないからだ。

〝正史〟は常に政争や戦争に勝利した人間がまとめるので、当然ながら自分に不利な事実は書かない。後世の批判を浴びるような理由と方法でライバルを葬ったならば、政敵は領国で女狩りをするような暴君であり、自分はそれに天誅《てんちゅう》を下したとするくらいの情報操作は、平然と行っていただろう。これは、現代でも、政治家や官僚を失脚させる有力な手法として〝ハニートラップ〟が使われているのと同じ理屈である。

渡邊昌美『異端カタリ派の研究』（岩波書店、一九八九年五月）は、中世期のキリスト教異端を淫祠《いんし》邪教と批判するカトリックの報告書で、時期も場所も違うのに似た表現が使われていることを指摘し、その理由を先達のレトリックを代々踏襲したからとしている。

同じことは日本史にも見られ、サディスティックな性癖を持つ暴君は、必ず妊婦の腹を引き裂いて、胎児を取り出したとされている。『日本書紀』が「一善を修めたまはず」と書いた古代の武烈天皇、「殺生関白」と呼ばれた戦国時代の豊臣秀次、「石の俎」伝説を残す江戸初期の松平忠直に、いずれも妊婦を虐待したとする〝正史〟が残されていることからも、いかに史料が信頼できないかが分かるだろう。

いってみれば本書は、信頼できない〝文献〟と信頼できない〝正史〟を織り交ぜて偉人の〝もう一つ〟の顔に迫ったものである。あくまで〝嘘〟か〝真実〟か分からないゴシップを描くことを眼目にしたので、くれぐれも本書で歴史を学ぼうなどと考えないで欲しい。最近はネットニュースで芸能人のゴシップが報じられると、コメント欄に「馬鹿馬鹿しい」「もっと重要なニュースがあるだろう」といった書き込みがなされるが、スポーツ紙や週刊誌などの芸能マスコミを批判しながら、その記事を読み、わざわざコメント欄に書き込まずにはいられないほど、ゴシップは強烈な吸引力を持つ。これは題材が日本史でも変わらないはずなので、肩肘張らずに何の役にも立たない「馬鹿馬鹿しい」トリビアを楽しんでいただければ幸いである。

そして本書が、目標にした『ハリウッド・バビロン』にどこまで近づけたかは、読者の皆さまに判断していただきたい。

目次

第六章◉明治・大正・昭和

夜の日本史｜第一章

古墳〜奈良時代

◉恐妻におびえた〝聖王〟

仁徳天皇

【にんとくてんのう】

略歴▼生没年不詳。父親の応神天皇の死後、兄弟の菟道稚郎子と皇位を争うが、その死によって即位した。人家から立ち上る煙の少なさから庶民の困窮に気付き、租税を免除し、自身も倹約に励んだ逸話は有名。そのほかにも、難波の堀江の開削など灌漑事業にも取り組んでいる。

聖王の弱点

仁徳《にんとく》天皇は、高台へ登って遠くを見た時に、料理をすれば立ち上る「烟気《けぶり》」の少なさから民の困窮を知り、『日本書紀』によると三年間は「課役《えつき》を除《や》め」る（税金を免除する）ように命じ、自身も質素倹約に努めた仁政で有名である。

その一方で仁徳は、様々な女性と浮名を流している。それなのに、『古事記』が「甚多《いとあまね》く嫉妬《うはなりねたみ》したまひき。故《かれ》、天皇《すめらみこと》の使はせる妾《みめ》は宮《うち》の中に得臨《えのぞ》まず。言立てば、足もあがかに嫉みたまひき」（とても嫉妬深く、天皇に仕える女は宮殿に入っていけない。天皇が女と会話をすると地団駄《じだんだ》踏んで悔しがった）と書くほど嫉妬深い皇后に頭が上がらない恐妻家だったので、女遊びでは苦労したようだ。

『古事記』によると、仁徳は、「吉備《きび》の海部直《あまべのあたひ》の女《むすめ》」の黒日売《くろひめ》が「其の容姿端正《かたちきらぎら》し」と聞き、召し上げて使おうとした。ところが黒日売は皇后の嫉妬を恐れ、本国に逃げ帰ってしまった。それを知った仁徳は、高台に登って黒日売の船を見送りながら、「沖方《おきへ》には　小船連《つら》らく　黒ざやの　まさづ子我妹《わぎも》　国へ下らす」（沖には小舟が連なっている。美しい私の女が故郷に帰っていくのだなぁ）との歌を詠んだ。

　すると皇后は、仁徳が黒日売に未練を残していると激怒。部下を大浦《おおうら》へ派遣すると「歩《かち》より追ひ去《や》りたまひき」（船から追い出して徒歩で帰らせた）。それを知った仁徳は、「淡道《あわぢ》島を見まく欲《ほ》りす」（淡路島を見に行って来ます）と皇后を騙《だま》して御所を脱出。島を経由して、黒日売のいる吉備津《きびつ》へ向かった。山奥まで訪ねてきてくれた仁徳に感激した黒日売は、儀式用の料理「大御飯《おほみけ》」を献上、さらに煮物を作るといって青菜を摘み始めた。すぐに仁徳は、黒日売の側へ行き「山県に　蒔ける菘《あお》菜《な》も　吉備人と　共にし採めば　楽しくもあるか」（山奥にある青菜も、黒日売と一緒に摘むと楽しいな）という歌を贈ったようである。

　京へ戻る時、仁徳は「倭方《やまとへ》に　西風《にし》吹き上げて　雲離れ　退《そ》き居《お》りとも　我忘れめや」（大和へ向かって西風が吹いていますが、私の気持ちは貴女から遠のいても変わりません）の歌を詠むが、返歌は「倭方に　往くは誰が夫《つま》　隠水《こもりづ》の　下よ延《は》へつつ　往くは誰が夫」（人目を忍んで大和へ帰るのは、誰の夫でしょう）なので、黒日売は仁徳が戻ってこないと覚悟していたように思える。

また『日本書紀』は、仁徳と玖賀媛《くがひめ》のエピソードを伝えている。ある時、仁徳は近習に玖賀媛を披露し、「是の婦女《をみな》を愛《めぐ》まむと欲《おも》へども、皇后《きさき》の妬みますに苦しび、合《め》すこと能《あた》はずして、多年《あまたのとし》の経たり。何《いか》ぞ徒に其の盛年《さかりなるとし》を棄てむや」（玖賀媛を側室にしたいが、皇后の嫉妬が激しくて無理そうだ。年頃なので、このまま放っておくのは忍びない）と語った。すると速待《はやまち》という男が、自分が妻にすると名乗り出る。しかし、仁徳を愛する玖賀媛は、「妾《やつこ》、寡婦《やもめ》にして年を終へむ。何ぞ能《よ》く君が妻《め》と為らむや」（私は寡婦として一生を終えます。何で貴男の妻になれるでしょう）といって速待を拒否。速待は、玖賀媛を故郷に送り届けようとするが、道中で病死している。

八田皇女は悲劇のヒロインか？

中でも皇后の最大の嫉妬は、八田若郎女《やたのわきいらつめ》（八田皇女《やたのひめみこ》）をめぐるものである。『古事記』は、皇后が新嘗祭《にいなめさい》*1に使う御綱柏《みつながしわ》*2を採りに行った隙に、仁徳が八田若郎女と関係を持ったとしている。

帰りの船で、女官から「天皇《すめらみこと》は、此日《このころ》八田若郎女に婚《あ》ひて、昼夜戯《ひるよるたはぶ》れ遊ぶ。若《も》し大后は此の事を聞こし看《め》さぬか、静かに遊び幸行《いでま》す」（最近、天皇は八田若郎女と結婚し、昼夜問わず遊んでいるようです。皇后はのんびりと物見遊山をなさっていますが、八田若郎女のことはご存知なのでしょうか）との話を聞いた皇后は激怒し、「御綱柏をば悉《ことごと》に海に投げ棄《う》て」てしまう。さらに宮殿を避けるように船を進め、山代《やましろ》の地に籠《こも》ってしまった。驚いた仁徳は歌のやり取りをしながら皇后を説得し、最終的には八田若郎女を故郷に帰している。

これに対し『日本書紀』には、最初に仁徳が「八田皇女を納《めしい》れて妃《みめ》とせむ」といって打診したものの、皇后が「聴《ゆる》したまはず」と拒否したとある。

仁徳は「貴人《うまひと》の　立つる言立　儲弦《うきゆづる》　絶間《たゆま》継《つ》がむに　並べてもがも」（予備の弦は、本物の弦がない時だけ使うと約束します）の歌で説得するが、皇后は「衣こそ二重も良き　さ夜床を　並べむ君は　畏《かし》きろかも」（衣服なら二重もよいですが、寝床を並べようとしている貴男は最低です）の返歌で対抗してみせる。

この後も何度か歌のやり取りが行われるが交渉は決裂。仁徳は、皇后が紀国に遊行を兼ねて御綱柏を採りに行っている間に、八田皇女を御所に入れてしまう。

それから皇后が寒村（筒城《つつき》）に隠れるまでは『古事記』と同じだが、異なるのは、仁徳が何度使いを出しても皇后は面会を拒否。最後には「陛下《きみ》、八田皇女を納れて妃としたまふ。其れ、皇女に副ひて后為《きさきた》らまく欲《ほり》せず」（陛下は八田皇女を妃にしました。あの女と並んでまで妃でいたいと思いません）といって、宮殿へ帰ることを拒否していることである。

仁徳は「皇后の大きに忿《いか》りたまふことを恨みたまへども、而《しか》も猶《なほ》し恋《しの》ひ思《おもほ》すこと有《ま》します」（皇后の怒りが大きいことを恨んでいたが、それでもなお愛していた）が、皇后はそのまま筒城で亡くなり、八田皇女は新たに皇后になっているのである。

『古事記』は、皇后が山代から動かなかった理由を、献上された「三色《みくさ》に変る奇《あや》しき虫」[*3]に興味を持ったからとしている。そのため皇后が山代へ行ったのは、嫉妬のためではなく、養蚕《ようさん》の新技術を開発するためだったとの解釈もあるようだ。

＊1　五穀豊穣を願い、天皇がその年に収穫された新穀を天神地祇に捧げ、自らも食す宮中行事。一一月中旬から下旬に開催される。
＊2　ウコギ科の小高木カクレミノの葉。この葉は、酒を盛るのに用いられた。
＊3　『古事記』では、この虫を「一度は匍ふ虫」「一度は殻（繭）」「一度は飛ぶ鳥」になると説明している。

◉ユーモラスで憎めない猟色家

雄略天皇

【ゆうりゃくてんのう】

略歴▼四一八年生まれ。第二一代の天皇で、政権運営に干渉していた葛城臣、吉備臣ら有力豪族を没落させ、大臣、大連の制度を作って朝廷の権威を確立したとされる。『宋書』には、宋へ使節を派遣し、周辺豪族を武力で討伐した倭王武の記録があり、これを雄略とする説もある。四七九年没。

一晩に七回やった雄略天皇

雄略《ゆうりゃく》天皇は、安康《あんこう》天皇を暗殺した眉輪王《まよわのおおきみ》＊1のグループを討ったのを皮切りに、市《いちの》辺押磐皇子《へのおしはのみこ》や御《み》馬皇子《まのみこ》ら政敵を滅ぼし、第二一代の天皇の座に就いている。その後も大和《やまと》周辺を平定して朝廷の権威を確立、高句麗《こうくり》にも兵を進めているので、武断的な性格は終生変わらなかったといえる。

雄略は大和政権の基礎を築いた英雄だけに、好色エピソードも少なくない。

雄略には三人の妃《きさき》がいた。その一人は、吉備上道《きびのかみつみち》の国造《くにのみやつこ》（地方官）をしていた田狭《たさ》の妻・稚媛《わかひめ》。『日本書紀』によると、稚媛は夫の田狭が「天下の麗人《れいじん》は、吾婦《わがめ》に若《し》くは莫《な》し。茂《さかり》に、綽《ゆるやか》にして、諸《もろもろ》の好《よきことそなは》備れり。曄《あきらか》に、温《うるほいあ》りて、種《くさぐさ》の相足《かたちた》れり。鉛花《いろ》も御《つくろ》はず、蘭沢も加《か》ふることなし。曠世《はるかなるよ》より、疇罕《たぐいまれ》ならむ。当時《ただいま》の独り秀れたる者《ひと》ひとなり」（天下の麗人も、私の妻には及ばない。美しくしなやかで、すべての美しさが揃《そろ》っている。華やかで潤いがあり、表情が豊かだ。白粉《おしろい》や髪油も使っていない。広い世にも類まれなくらいだ。一人だけ際立った美しさだ）と絶賛するほどの美人だった。

どうしても評判の美女を手に入れたい雄略は、田狭を任那《みまな》（朝鮮半島の南部）の国司《くにのつかさ》に任じると、その留守の間に稚媛を強引に奪ってしまうのである。

当然ながら妻を奪われた田狭は激怒、新羅《しらぎ》と結んで反乱を起こす。雄略は、田狭の息子・弟君《おとぎみ》に討伐軍のリーダーを命じるが、弟君は父に説得され寝返ってしまう。しかし弟君は、雄略を裏切ったことを知った妻の樟媛《くすひめ》に殺され、味方の混乱もあって田狭は敗北している。

稚媛との恋は思わぬ悲劇を生んでしまうが、童女君《わらはきみ》との話は喜劇的である。

童女君は春日和珥臣深目《かすがのわにおみふかめ》の娘で、女官《にょかん》をしていた時に雄略の手が付き、春日大《おお》娘皇女《いらつめのひめみこ》を生む。ところが、なぜか雄略は娘を育てようとしない。

ある日、雄略の重臣・物部目《もののべのめ》が、庭を歩いている春日大娘皇女を目にする。すぐに物部目は、「容儀《ようぎ》、能《よ》く天皇に似れり」(容姿がとても天皇に似ている)ということに気付き、雄略を問いただす。すると雄略は、童女君とセックスをしたことは認めながらも「然《しか》れども朕《ちん》、一宵《ひとよ》与はして娠《はら》めり。女を産むこと常に殊《まれ》なり。是《これ》に由《よ》りて疑を生せり」(一回やっただけで妊娠したなんて信じられない。だから俺の子かどうか疑っている)と弁明。そこで物部目が「然らば一宵に幾廻《いくたび》喚ししや」(では、一晩に何回やったのですか)と聞いたら、雄略は「七廻《ななたび》喚しき」、つまり七回やったと答えた。

あきれた物部目は、「産腹《はら》み易き者は、褌《はかま》を以て体に触ふに、即便《すなわ》ち懐娠みぬと。況《いわ》むや終宵に与はして、妄《いたずら》に疑を生したまふ」(妊娠しやすい女性は、下着が触れただけで懐妊します。まして一晩に何度もやったのですから、みだりに疑ってはいけません)といって諭し、雄略も春日大娘皇女を娘と認めたという。

一晩に七回やった雄略の絶倫ぶりもさることながら、〝一回やっただけ〟や〝俺の子かどうか分からない〟という男の言い訳が、古代から存在していたことにも驚かされる。

＊1　眉輪王（四五〇年〜四五六年）。父の大草香皇子が罪なくして安康天皇に殺されたことを知り、復讐を果たすも大泊瀬皇子（後の雄略）に攻められ、火刑に処せられている。

ナンパした少女を忘れる

女好きだった雄略は、目についた美女を宮中に誘うことも珍しくなかった。『古事記』には、雄略が三輪《みわ》川のほとりで、引田部赤猪子《ひけたべのあかいこ》に声をかけた時の話が出てくる。美少女の赤猪子に一目惚《ひとめぼ》れした雄略は、「汝《なんじ》は夫に嫁《お》わずあれ。今、喚してん」（お前は夫を持つな。すぐに俺が呼び寄せる）と厳命するが、ナンパした女性が多かったためか、雄略は赤猪子のことをすっかり忘れてしまう。

それから八〇年後、＊2一人の老婆が雄略を訪ねてくる。雄略は、「汝は誰が老女ぞ。何の由以《ゆえ》に参ゐ来つる」（お前は誰で、何のために来たのか）と詰問《きつもん》。すると老婆は「大命《おおみことのり》を仰《あお》ぎ待ちて今日に至るまで八十歳を経たり。今は容姿既に耆《お》いて更に恃《たの》む所無し。然れども己が志を顯《あらわ》し白《しら》さんとて以《も》ちて参《まい》い出《い》でつるのみ」（天皇のお迎えを待っているうちに八〇年が経《た》ってしまいました。今や容姿は衰えましたが、私の志を示すために参上しました）と答える。ようやく赤猪子を思い出した雄略は、長く自分を想《おも》ってくれていたことを感謝しつつも、老女とは結婚できないとして、「引田《ひけた》の若栗栖《わかくるす》原《ばら》若くへに率寝《いね》てましもの　老いにけるかも」（若い時は一緒に寝たかったが、お前は老いてしまったなあ）という和歌を贈って済ましてしまうのである。

雄略の歌にはエロティックなものも多く、「呉床座《あぐらい》の　神の御手《みて》もち　弾く琴に舞する女　常世《とこよ》にもがも」は、美少女にいつまでも美しくあって欲しいと願う内容だし、「媛女《おとめ》の　い隠る岡を　金鉏《かなすき》も　五百箇《いほち》もがも　鉏き撥《は》ぬるもの」は、五百本の鉏があれば、岡の陰に隠れた美少女に会えるのにという、好きな女を手に入れるためなら、どんな強引な手段でも取る決意を詠んだものである。

だが雄略の色恋沙汰は、ユーモラスなものだけではない。雄略は百済《くだら》の王族の娘・池津《いけつ》媛《ひめ》を側室にするが、この政略結婚に反発するためか、池津媛は徹底的に雄略を嫌い抜き、かねて好意を寄せていた石河盾《いしかわのたて》と駆け落ちする。

これを知った雄略はすぐに追手を差し向けると二人を捕縛。大伴室屋大連《おおともむろやおおむらじ》に命じて、「夫婦の四支《てあし》を木に張り、假《さずき》の上に置かせ、火を以て焼き」（夫婦の手足を木に縛り、台の上で、火を付けて焼き）殺すという残虐な方法で処刑するのである。

雄略は、政敵だけでなく、家臣や領民を惨殺することも多く、『日本書紀』は「大《はなは》だ悪《あ》しくましまします天皇なり」（とても残酷な天皇だ）と伝えている。池津媛の処刑からも、雄略のサディスティックな一面がかいま見える。

＊2　『古事記』によると、雄略の享年は一二四歳（『日本書紀』では、六二歳）。古代の天皇には長寿が多く、『日本書紀』によると、神武が一二七歳、孝安が一三七歳、孝霊が一二八歳、垂仁が一四〇歳などとなっている。

◉サディスト天皇の二つの顔

武烈天皇

【ぶれつてんのう】

略歴▼四八九年生まれ。父は仁賢天皇、母は雄略天皇の娘・春日大娘皇女。皇后は春日娘子だが、皇子は生まれなかった。『日本書紀』は暴君としているが、これは仁徳から始まった王朝が非道な武烈で途切れ、次の継体から新王朝が開かれるとの歴史観によって書かれたとの説もある。五〇七年没。

希代のサディスト武烈天皇

武烈《ぶれつ》天皇は、四八九年、仁賢《にんけん》天皇と雄略《ゆうりやく》天皇の皇女・春日大娘皇女《かすがのおおいらつめのひめみこ》の間に生まれた。四九四年に皇太子になるが、同年に父が亡くなると、大臣の平群真鳥《へぐりのまとり》に実権を奪われてしまう。武烈は、物部麁鹿火《もののべのあらかい》の娘・影媛《かげひめ》と結婚しようとするが、姫は真鳥の子・鮪《しび》に想いを寄せていた。だが、どうしても姫が欲しい武烈は、歌垣《うたがき》*1で鮪に歌合戦を挑むも敗北。激怒した武烈は、大伴金村《おおとものかなむら》に命じて鮪と真鳥を誅殺し、その後に即位している。影媛は、恋人の鮪が「戮さるる処《ころ》を逐行《いでゆ》きて、是の戮し已へつるを見て、驚惶《きようくわう》所《ところ》を失ひ、悲涙目《み》に盈つ」（殺される場所まで追いかけて行き、実際に殺される現場を目撃したので、悲しみの涙が目からあふれた）とされている。
『日本書紀』は、武烈について「長《ひととな》りて刑理《つみなへことわること》を好み、法令《のり》分明《わいめい》し。日晏《ひくだ》りて坐朝《まつりごときこしめ》し、霊枉《かくれたること》必ず達《とほししろ》しめす、獄《うたへ》を断ること情《まこと》を得たまふ」（成長すると裁判を好み、法律の研究を行った。日が暮れるまで政務を執り、隠れている悪人は必ず見つけ、裁判は公正で慈悲深いものだった）と書いている。ここだけを読むと名君に思えるかもしれないが、続けて「又頻《しきり》に諸悪《もろもろのあしきこと》を造《な》したまひて、一善《ひとつもよきこと》を修めたまはず。凡《おほよ》そ諸の酷刑《からきのり》、親《みづか》ら覧《みそな》はざること無し。国内《くぬち》の居人《おほみたから》咸皆《みな》震ひ怖づ」（悪行ばかりを行って、一つも善行を積まなかった。残酷な刑罰を見物したので、国民は皆怖れていた）とあり、サディスティックな性癖を持つ暴君としているのだ。「酷刑」とあるので、武烈がいたぶったのは罪人なのだろうが、『日本書紀』に出てくる残酷な刑罰の数々を見ていると、懲罰というより、自分の性癖を満足させるために行ったとしか思えない。

まず五〇〇年九月に「孕婦《はらめをんな》の腹を刳《さ》きて其の胎《かたち》を観たまふ」（妊婦の腹を裂いて、胎児を見た）。続いて翌年一〇月には「人の指甲《なまつめ》を解《ぬ》きて暑預《いも》を掘らしむ」（人の生爪を剥いで山芋を掘らせた）とある。妊婦の腹を裂いて胎児を取り出したり、生爪を剝いだりというのは、暴君を語る時に必ず出てくるエピソードだが、武烈は、爪を剝がした人間に芋掘りをさせているので、念が入っている。

五〇二年になると、「人の頭の髪を抜きて樹の巓《すゐ》に昇らしめ、樹の本を斬り倒して、昇りし者を落し死《ころ》し、快《たのしび》と為《し》たまふ」（人の髪の毛を抜いて樹に登らせ、その樹の根元を斬り倒して、登っていた者を落として殺すのを楽しみにした）とその行為《み》がエスカレート。翌年六月には「人をして塘械《いけとび》に伏せ入れ、外に流し出して、三刃《は》の矛を持ちて刺殺すことを快と為す」（人を堤に渡した樋《とい》に入れ、外に流し出して三叉《さんさ》の矛で刺し殺すのを楽しんだ）とあるので、夏の水遊びを兼ねて処刑を楽しんだのだろう。

＊1　特定の日に男女が集まり、飲食を共にしながら歌を贈りあう習俗。当初は、呪術的な宗教行事だったが、次第に未婚者による求婚の場になった。

残虐行為は真実か？

さらに五〇六年三月には、まず「女をしてひたはだかになし、平板の上にすゑて、馬をひきて前にいたしてつるませしめ」、つまり女を裸にして平板の上に座らせ、馬を連れて来てセックスさせたとあるので獣姦《じゅうかん》の見物である。

続いて「女の不浄《ほとところ》をみるときにうるほへるをばころし、うるほはざるをばめしいれて官婢《つかひめ》となし給。これをもてたのしびとし給へり」とあり、女たちを並べて性器を観察し、濡れている者は殺し、濡れていない者は奴隷にし、これを楽しみにしていたようだ。なぜ武烈が濡れやすい女を殺したか理由はよく分からない。潔癖症で、淫乱な女が嫌いだったのだろうか。

面白いのは、一九三九年に岩波文庫から刊行された黒板勝美編『訓読日本書紀』が、「女をしてひたはだかになし」からの一文を、まるごと省略していることである。他の残酷描写はそのままなので、これは皇室への配慮というよりも、エロへの規制と考えるのが妥当である。

それはさておき、残虐行為を楽しみ、『日本書紀』が「衣温《みそ》にして百姓の寒ゆることを忘れ、食美《うま》くして天下の飢ゆることを忘れたまふ」（温かい衣服を着て民が凍えているのを忘れ、美食にふけって民が飢えているのを忘れた）、「大きに侏儒《しゅじゅ》・倡優《しょうゆう》を進めて、爛漫《らんまん》の楽を為し、奇偉《きい》の戯《げ》を設け」（大道芸人や俳優を連れてきて華やかな音楽を奏で、珍しい遊戯に興じた）と非難した暴君の武烈は、子供を作ることなく一八歳という若さで亡くなった。

南朝を正統とし、後の皇国史観にも影響を与えた北畠親房《きたばたけちかふさ》の史書『神皇正統記《じんのうしょうとうき》』でさえ、中国神話時代の伝説の名君・堯《ぎょう》が、不肖の息子・丹朱《たんしゅ》を後継者にせず、堯から禅譲《ぜんじょう》を受け帝位に就いた舜《しゅん》も、出来の悪い息子の商均《しょうきん》を排して禹《う》を跡継ぎにした逸話を引用し、武烈の胤《たね》が絶えたことを喜んでいるほどなのだ。

ただ『古事記』は、「小《お》長谷《はつせ》若雀命《わかさざきのみこと》、長谷《はつせ》の列木宮《なみきのみや》にありて、八歳天下を治めたまふ。此の天皇、太子ましまさず。故に御子代《みこしろ》として、小長谷部を定めたまふ。御陵は、片岡の石坏《いわつき》岡に在り」（武烈天皇は長谷の列木宮にいて、在位は八年だった。この天皇は皇太子がなかった。そのため御子代として、小長谷部を定めた。御陵は片岡の石坏岡にある）と簡単な経歴を紹介しているだけで、残虐な行為にふけったことは何も書いていない。これは『日本書紀』の作者が、武烈とは血縁関係の薄い継体《けいたい》天皇*2が後継者になったことを正統化するために、武烈を暴君に仕立てたからだと考えられている。

なお、武烈が妊婦の腹を裂いた話は、『呂氏春秋《りょししゅんじゅう》』の「貴直篇」にある「孕婦を裂きて、其の腹を観る」を、女性を裸にして板の上に座らせたのは、『古列女伝《これつじょでん》』の「殷紂《いんちゅう》の妲己《だつき》」にある「人をして形を裸にして其の間に相逐《あいは》はしめ」（人を裸にしてセックスさせた）を参考にして書かれたという説が有力である。

＊2　継体天皇（生年不詳～五三一年）。その生涯、即位については諸説あり、天皇制の歴史を考える上でのキーパーソンとされ、現在も研究が続いている。

◉〝巨根〟を歴史に刻んだ男

弓削道鏡

【ゆげのどうきょう】

略歴▼七〇〇年生まれ。病に倒れた孝謙上皇を治療したことで信任を獲得し、孝謙が淳仁天皇を廃し、称徳天皇として重祚すると、法王に任じられる。宇佐八幡が、道教を天皇にすれば太平になるとの神託を下したとされるが、調査の結果、偽りと判明。称徳が没すると左遷され、七七二年に没した。

巨根で女帝を籠絡した男

古くからのポルノ映画ファンなら、巨根と聞けばハリー・リームス[*1]を思い浮かべるのではないだろうか。伝説の映画『ディープ・スロート』[*2]で世界的なスターになったハリーは、山本晋也監督の『生贄《いけにえ》の女たち』に主演するなど日本でもお馴《なじ》染み。当時は〝三六センチ砲〟と称されたハリーの巨根も話題となった。

日本史の中にも巨根とされる人物は多いが、その代表は弓削道鏡《ゆげのどうきょう》である。道鏡は、天智《てんじ》天皇の子・志貴《しきの》（施基）皇子《みこ》の王子という説と、物部《もののべ》氏の一族・弓削氏の末裔《まつえい》という説があるが詳細は不明。法相宗《ほっそうしゅう》の高僧・義淵《ぎえん》に続いて、東大寺の良弁《ろうべん》の弟子となった道鏡は、禅行が評判となり宮中に招かれる。七六二年、孝謙《こうけん》上皇が病気になった時、道鏡は宿曜《すくよう》秘法を用いて治療に成功。これを機に上皇の寵愛《ちょうあい》を受けるようになったとされる。時の淳仁《じゅんにん》天皇を操っていた藤原仲麻呂《ふじわらのなかまろ》は、道鏡の台頭で権勢を失ったため反乱を企《くわだ》てるも失敗（恵美押勝《えみのおしかつ》の乱）。孝謙上皇は、淳仁天皇を廃して重祚《ちょうそ》（退位した天皇が再び皇位に就くこと）、称徳《しょうとく》天皇となる。

称徳天皇の御代となっても道鏡への信任は変わらず、大臣禅師《だいじんぜんし》に任じられて政権の中枢に座り、さらに太政《だじょう》大臣禅師、法王という最高位を与えられている。

鎌倉時代初期に成立した説話集『古事談《こじだん》』には、「称徳天皇、道鏡の陰猶不足におぼしめされ、薯蕷《やまのいも》をもって陰形を作り、これを用ゐしめ給ふ」（称徳天皇は道鏡の巨根でも不足に思って、山芋で張形《はりかた》を作って楽しんでいた）とある。ところが、肝心の山芋が折れて女帝の中に残ってしまった。女陰が「腫れ塞がり大事」になってしまったため、赤子のような手を持つ百済の医師・小手尼《こてあま》が「手に油を塗り、これを取らん」とするが、藤原百川《ももかわ》の妨害で治療ができず、女帝は崩御《ほうぎょ》したというのである。

『古事談』は、道鏡を巨根と記した最初の文献とされるが、それより前に書かれた説話集『日本霊異記《にほんりょういき》』にも、「道鏡法師が皇后と同じ枕に交通《とつぎ》」(道鏡が称徳天皇と同じ枕で寝ていた)頃に、「法師等を裙着《もは》きたりと軽侮《あなづ》れど、そが中に腰帯薦槌懸《こしおびこもづちさが》れるぞ。弥発《いやた》つ時々、畏《かしこ》き卿《きみ》や」(法師たちを、僧衣を着ているだけと侮るな。その下には、薦槌のような巨根が下がっているぞ。それが立つと、すさまじいのだ)、「我が黒みそひ股に宿給《ね》へ、人と成るまで」(私の黒ずんだ逸物を、あなたの股に宿らせてください。一人前になるまで)など、道鏡が巨根だったことを暗示する戯《ざ》れ歌が歌われていたとあるので、噂《うわさ》はかなり浸透していたようである。

道鏡は奈良時代の人だが、時代が下った江戸時代にも、「道鏡は座ると膝が三つ出来」や「道鏡は根まで入れろと詔《みことのり》」など道鏡の巨根をネタにした川柳が多数作られている。

また平賀源内《ひらがげんない》の戯作『長枕褥合戦《ながまくらしとねがっせん》』には、米俵を持ち上げ、一寸(約三センチ)の板を貫くことができる「一尺八寸」(約五五センチ)の巨根を誇る道鏡の子孫・道久《どうきゅう》も出てくるので、道鏡＝巨根説は江戸時代には定着していたことが分かる。

＊1　ハリー・リームス(Harry Reems。一九四七年～二〇一三年)。一九七〇年代

に活躍したアメリカのポルノ俳優。ニクソン大統領時代の反ポルノ運動の影響で、見せしめ的に起訴され、一審で有罪、上告して無罪となっている。

＊2　一九七二年に制作された伝説のポルノ。当時、アメリカ社会ではタブー視されていたオーラル・セックスを題材にしたことで、社会現象を巻き起こす。ウォーターゲート事件の匿名の情報提供者が、「ディープ・スロート」と名付けられたのは有名。

巨根伝説の真相に迫る

『古事談』は、現代でいえば嘘か真実か判断できない都市伝説をまとめた説話集。江戸時代には、女性が張形を使って性欲を満たすことが小説や枕絵によって知られていたし、肥後産のずいき（山芋の一種）が最高の張形として四ツ目屋[＊3]（アダルト・ショップ）でも売られていた。もちろん実際に江戸の女性が張形を使ってオナニーをしていたかは分からないが、少なくともセックス・ファンタジーとして広まっていたことは確かである。こうした猥談《わいだん》が、すでに鎌倉時代に知られていたのは興味深い。

それはさておき、女帝が張形を愛用していたというのは、一見すると荒唐無稽に思えるが、実は史実を踏まえていたかもしれないのだ。

平安時代に編纂《へんさん》された正統の歴史書『日本紀略《にほんきりやく》』の「百川伝《ももかわでん》」には、称徳天皇が病気を理由に一〇〇日もお隠れになった時のエピソードが記されている。その間、天皇は道鏡を寵愛するあまり、天下のことを考えなかったという。由義宮で道鏡が女帝に「雑物」を奉ったところ、抜けなくなり命の危険も出てきた。ある尼が「梓木」で「金筋」を作り、それに油を塗って挟みだせば助かるでしょう、と言ったものの、藤原百川が尼を遠ざけたので、女帝は崩御したというのである。

「雑物」が道鏡のイチモツを指すのか、文字通り〝張形〟を意味するのかは解釈が分かれるが、『古事談』が『日本紀略』を踏まえていたことは間違いあるまい。いずれにしても最高権力者の天皇に対し不敬とも思える記述だが、当時は男尊女卑が当たり前。女帝の称徳天皇は、男性天皇より低く見られていた。また道鏡は、「道鏡を天位に即かしめば天下太平ならん」という宇佐《うさ》八幡の信託を捏造《ねつぞう》し、皇位を簒《さん》奪《だつ》する陰謀を企てた極悪人とされてきた。いわば批判しても構わない二人がセットになったことで、アブナイ記録が残ってしまったのではないだろうか。

道鏡が称徳天皇の愛人だったとする歴史書は複数あるが、道鏡を巨根としたのは、噂話を集めた『古事談』が最初。ここには、道鏡が女帝を籠絡できたのは絶妙なテクニックがあったから、さらに女帝が熱狂したのだから道鏡は巨根だったに違いないという連想が働いていたように思える。その根底には、女性はすべからく巨根が好き、という男性のコンプレックスがあったのではないだろうか。

最近の歴史研究では、道鏡と称徳天皇の肉体関係も、道鏡の陰謀も、すべて政敵の藤原氏がでっち上げたとする説が有力となっている。道鏡と称徳天皇の関係は、『史記《しき》』に出てくる呂不韋《りよふい》と始皇帝の母の密通を参考にして書かれたともいわれている。呂不韋は淫乱な始皇帝の母に巨根の嫪毐《ろうあい》*4をあてがったので、道鏡も巨根にされたのだろう。

*3　江戸時代の両国にあった性具、媚薬、精力剤の専門店。『江戸買物独案内』には、「女小間物案内所」と紹介されており、張形が主要な商品だったことがうかがえる。

*4　嫪毐（生年不詳〜紀元前二三八年）。呂不韋の食客。『史記』の「呂不韋列伝」には、巨根で車輪を回すエピソードが出ている。

夜の日本史｜第二章

平安・鎌倉時代

◉男色を日本に広めたのは空海か？

空海

【くうかい】

略歴▼七七四年生まれ。父は佐伯直田公、母は阿刀大足の娘。一八歳で大学寮に入るが、さらなる研鑽のため仏道を学び、その後に出家。唐に留学して青龍寺の恵果から真言密教を伝授され、帰国後は嵯峨天皇の勅許を得て高野山に伽藍を建設した。能書家で、日本三筆の一人。八三五年に入寂した。

男色の祖は空海⁉

日本の美術史の中には、真言宗の開祖空海《くうかい》（弘法大師《こうぼうだいし》）を童子の姿で描く「稚児《ちご》大師」と呼ばれる作品群[*1]や、空海の木像を裸で作る「弘法大師裸形立像《らぎょうりつぞう》」と呼ばれる一連の作品が存在している。

真っ当な美術史の解釈では、「稚児大師」は宗派を超えて尊敬を集める空海の幼年時代の純粋な姿をとどめるために描かれ、「弘法大師裸形立像」は大師像に法衣《ほうえ》を着せる儀式のために裸で作られたとされている。だが、艶っぽい美少年として描かれた絵や、男性器まで再現した木像を見ると、空海を男色の相手としてイメージしたとしか思えないのである。

吉田兼好《よしだけんこう》＊2『徒然草《つれづれぐさ》』の第五四段に、「御室《みむろ》にいみじき児《ちご》の在りけるを、争《いか》で誘ひ出だして遊ばんと企む法師ども有りて、能ある遊び法師どもなどと語らひて、風流の破子《わりご》様のもの、懇《ねんごろ》に営み出でて、箱風情の物に認《したた》め入れて、双《ならび》の岡の便《たより》好き所に埋み置きて、紅葉散らしかけなどと、思ひ寄らぬ様にして、御所へ参りて、児を唆《そその》かし出でにけり」という一節がある。これは、仁和寺《にんなじ》に美少年がいるので、何とかして誘い出したいと考えた法師たちが、風流を知る男を仲間に引き入れ、美しい弁当箱を作って寺の近くにある岡のところへ埋め、カムフラージュに紅葉の葉を散らしてから、美少年を誘い出したという意味である。

その後、法師たちは法力で弁当箱を見つけたことにして美少年をなびかせようとしたが、なぜか見つからない。実は弁当箱は、埋めるのを見ていた別の人間に盗まれていたのだ。それを知らない法師たちは喧嘩《けんか》をしながら帰っていったという。この話に兼好は「余りに興あらんとする事は、必ず愛なきものなり」、つまり趣向を凝らし過ぎると、逆に興ざめになってしまうとの教訓を与えている。

この話に出てくる法師が、空海をモデルにしているとの俗説がある。時代背景を考えるとありえないのだが、空海が稚児を誘った話が事実として受けとめられていたのは、日本における衆道《しゅどう》の開祖が空海と信じられていた背景があるからなのだ。

男色の祖が空海という説がいつ頃から広まったのかは分からないが、江戸初期に、京の僧侶・安楽庵策伝《あんらくあんさくでん》*3が庶民の噂《うわさ》をまとめた『醒睡笑《せいすいしょう》』には、男色は「高野大師弘法といふ人、これの御影堂に殊勝顔して居らるる坊主の、唐までありき廻り、かようの難儀を仕出されなる」、現代語にすると、殊勝な顔をした空海の肖像画はお堂の奥に飾られているが、実は空海こそ唐から男色を日本に輸入したのだ、という逸話が収録されている。

また、一六五三年に刊行された『いぬつれづれ』という本には、「されども此国へは高野の空海伝へきたる。なりひらのわらはべ曼荼羅《まんだら》といひしとき、でしとして寵愛《ちょうあい》したまふとも語りつたふ」、つまり男色を日本に伝えたのは空海で、在原業平《ありわらのなりひら》を涅槃《ねはん》に行こうと誘い寵愛したとの伝説もあると書かれているので、江戸初期には知られていたことが分かる。

＊1　鎌倉時代に描かれた弘法大師が禿姿で合掌する重要文化財「稚児大師像」（香

雪美術館所蔵）が有名。

＊2　吉田兼好（一二八三年〜一三五二年）。代表作『徒然草』を読むと隠者のように思えるが、権力者の高師直の家に出入りするなど、なかなか食えない人物である。

＊3　安楽庵策伝（一五五四年〜一六四二年）。浄土宗の僧で、大本山誓願寺の五五世住職。茶や狂歌にも詳しい風流人で、教訓譚から滑稽噺までを網羅し、後の落語にも影響を与えた『醒睡笑』をまとめている。

空海＝男色開祖説の真偽

井原西鶴《いはらさいかく》＊4『男色大鑑』（一六八七年）にも、「この道のあさからぬ所を、あまねく弘法大師のひろめたまはぬ」（衆道の奥深さを、あまねく世に広めたのは空海）とあり、空海＝衆道開祖説を踏襲している。江島其磧《えじまきせき》＊5『野傾旅葛籠《やけいたびつづら》』（一七一三年）になると、空海が日本各地で奇跡を起こした伝承を踏まえ、「あの野郎種は器量は良いが、前後屋が言った通り、床が不自由であった。（中略）ある日、ある法師に先に花代を取ってこの若衆をあてがった。（中略）実はあの法師は弘法大師で、若衆の不通じなる目を切ってくださったのであった。それからこの若衆は床達者となった」と、法師に身をやつして下界に降りてきた空海が、霊験を使ってテクニックが未熟だった若衆を床上手に変えたとしているので、男色の開祖どころか、もはや〝神〟の扱いである。

だが、柳堤居皆阿《りゆうていきよかいあ》*6の談義本『花菖蒲待乳問答《はなあやめまつちもんどう》』（一七五五年）は、「凡《およそ》男色の道は、弘法大師入唐のみぎり、五台山に至り、文殊師利菩薩《もんじゆしりぼさつ》より授かり来り、我朝にはじめたまふなんど、いふ族《やから》あり。是大なる僻言《ひがごと》なり」（男色の道は、唐に留学した空海が、五台山で文殊菩薩から授かり日本に広めたと主張する輩がいるが、これは間違いだ）として、空海が唐で男色を学んだとの説を否定している。

ここで興味深いのは、空海が唐で文殊菩薩から男色を教わったとされていることである。文殊の姿は童子として描かれることがあり、これは稚児を文殊に見立てて愛玩した伝統から生まれたようだ。そのため稚児を愛する僧侶は、美しいお尻を「文殊尻」と呼んでいたのである。

それはさておき、空海が男色の祖という説を否定した古い例と思われるのが、貝原《かいばら》益軒《えきけん》*7の甥《おい》・好古《よしふる》*8がまとめた『大和事始《やまとことはじめ》』（一六八三年）である。好古は、『続日本紀《しよくにほんぎ》』に「孝謙《こうけん》天皇の御時、道祖《ふなど》王《おう》ひそかに侍童にかよへり」とあり、これが空海が唐に渡るより前に書かれた男色の記録としたのだ。これに反論したのが国学者の井沢長秀《いざわながひで》で、*9『広益俗説辨《こうえきぞくせつべん》』後編巻一（一七一七年）に「侍童とは童男童女ともに称せり」とし、道祖王が関係したのは少女としている。日本の伝統を第一とする国学者にとって、衆道などは外国から入ってきた異文化としなければならなかったのだろう。

ただ『日本書紀』の神功皇后《じんぐうこうごう》摂政元年に記された小竹祝《しののはふり》と天野祝《あまののはふり》は男色関係にあったとする説もあるので、空海以前の日本にもおそらく男色があったに違いない。

*4　井原西鶴（一六四二年～一六九三年）。町人の風俗、人情をリアルに描く浮世草紙で人気を博した大坂の作家。代表作に『好色一代男』『好色一代女』など。

*5　江島其磧（一六六六年～一七三五年）。書肆の八文字屋自笑と組んで、『世間子息気質』などの浮世草紙を発表。役者評判記『役者口三味線』は、明治まで続く評判記の原型になっている。

*6　柳堤居皆阿（生没年不詳）。洒落本の作者。代表作に『花菖蒲待乳問答』。

*7　貝原益軒（一六三〇年～一七一四年）。儒者、本草学者。健康や教育などを庶民に啓蒙する活動に力を入れ、教育書『養生訓』『和俗童子訓』などを刊行している。

*8　貝原好古（一六六四年～一七〇〇年）。益軒の兄・楽軒の長男で、益軒の養子。益軒『筑前国続風土記』の編纂事業を助けた。

＊9　井沢長秀（一六六八年〜一七三〇年）。国学者。考証随筆『広益俗説辨』は、江戸後期の読本のタネ本に使われたことでも有名。

◉語り継がれる伝説のプレイボーイ

在原業平

【ありわらのなりひら】

略歴▼八二五年生まれ。平城天皇の皇子・阿保親王の五男だが、父の上表によって臣籍降下し在原氏を名乗る。左近衛権少将、右近衛権中将などの武官を歴任する一方で、『古今和歌集』に三〇首が収録される和歌の名手でもあり、古くから『伊勢物語』の「昔男」のモデルとされてきた。八八〇年没。

三七三三人を抱いた業平

『伊勢物語《いせものがたり》』の注釈書『和歌知顕集《わかちけんしゅう》』には、在原業平が生涯に三七三三人の女性と関係を持ったとある。ちなみに井原西鶴『好色一代男《こうしょくいちだいおとこ》』の主人公・世之介は三七四二人の女性とセックスをしており、その差が九人であることを考えると、西鶴は希代のプレイボーイ業平よりもモテる男として世之介を作ったことがうかがえる。

業平は、平城《へいぜい》天皇の第一皇子・阿保親王《あぼしんのう》の第五子で、母は桓武《かんむ》天皇の皇女・伊都《いず》内親王《ないしんのう》なので、貴人中の貴人である。

ところが、平城天皇が後宮で絶大な権力を握っていた藤原薬子《ふじわらのくすこ》*1とクーデターを計画するも失敗。息子の阿保親王も連座させられる形で、太宰府《だざいふ》に左遷されている。業平が生まれたのは、京へ戻ることが許された直後で、伊都内親王が謀反人の息子である阿保親王に嫁いだのは、平城天皇の怨霊を恐れた朝廷の配慮との説もある。

京に帰った阿保親王は、息子の業平、仲平《なかひら》、行平《ゆきひら》らを臣籍降下させ、この時に賜ったのが在原姓である。

『日本三代実録《にほんさんだいじつろく》』は、業平を「体貌閑麗、放縦不拘、略無才覚、善作倭歌」（容姿は美しく、放蕩《ほうとう》無頼の生活をしている。漢文の素養はないが巧《うま》い和歌を作る）と評しており、古くから、素行は悪いが美男子で、仕事はできないが文学的な才能はあると見なされていたようだ。事実、業平の残した和歌には、恋愛を題材にした艶っぽいものが多い。

例えば「起きもせず寝もせで夜を明かしては　春の物とてながめくらしつ」は、起きているのか寝ているのか分からないように過ごした夜、つまりセックスに耽《ふけ》った一夜が明けた翌日の、けだるい気分を詠んでいる。また、当時の恋愛や結婚は、男が女の部屋を訪ねる妻問《つまどい》が一般的だったので、「ねぬる夜の夢をはかなみまどろめば　いやはかなにもなりまさるかな」は、朝に女の家を出る〝後朝《きぬぎぬ》の別れ〟をモチーフにしている。

贈答の歌も多く、「よみ人しらず」の女性が「あだなりと名にこそ立てれ　桜花年にまれなる人も待ちけり」（散りやすい桜のように、私は浮気の噂を立てられましたが、それは誤解です。あまり来てくれない貴方を待っていました）と色目を使えば、業平は、「けふ来ずばあすは雪とぞ降りなまし　消えずはありとも花とみましや」（今日の貴女は他人に心を寄せていませんが、美しい花も、明日は冷たい雪になって降り注ぐかもしれません。そんな花はもとの気分で眺められません）と応え、やんわり拒絶している。歌論集『悦目抄《えつもくしょう》』は、言い寄る女性を鮮やかにいなした業平を「ことに返事をよくしける也」と絶賛しているので、女たらしの面目躍如《めんもくやくじょ》といえるだろう。

＊1　藤原薬子（生年不詳～八一〇年）。平城天皇の寵愛を背景に、兄・藤原仲成と政治を自由に操り、平城天皇が嵯峨天皇に譲位して立場が危うくなると乱を起こすが、敗北し自害している。

＊2　平安時代の公文書は漢文で書かれており、公家の必須の教養だった。仮名文字は女性のものという認識も強く、そのことは、紀貫之が女性のふりをして書い

た『土佐日記』が、仮名日記であることからもうかがえよう。

二つのスキャンダル

多くの女性と関係を持った業平だが、藤原高子《たかいこ》と伊勢の斎宮との〝禁断の恋〟は、大スキャンダルになってしまう。

高子の父は藤原北家《ほっけ》の出身で、太政《だじょう》大臣を務めた長良《ながら》である。清和《せいわ》天皇と結婚することが決まっていた高子は、文徳《もんとく》天皇の妃《きさき》で従姉でもある明子《めいし》の下で花嫁修業をしていたが、その美貌に業平が目をつけてしまった。『伊勢物語』の五段には、業平が「童《わら》べの踏みあけたる築地《ついじ》のくづれ」（子供が塀を壊した場所）から屋敷に忍び込んでいることを知った高子の兄たちが、「その通ひ路に、夜ごとに人をすゑてまもらせけれ」（夜ごと警備の人間を立たせた）とある。厳重な警戒をかいくぐって高子との逢瀬《おうせ》を楽しんでいた業平だが、ついに我慢ができず、高子を背負って逃走したというのだ。しかし、業平の努力もむなしく、すぐに高子は兄たちに見つかり、連れ戻されてしまったようである。

続いて業平が起こしたのが、伊勢神宮で斎宮をしていた清和天皇の姉・恬子《てんし》内親王との密通である。内親王が天皇に代わって皇室の氏神である伊勢神宮に仕えるのが斎宮で、当然ながら処女であることが絶対的な条件だった。『伊勢物語』の六九段によると、ある日、業平が「伊勢の国に狩の使い」として派遣された。恬子は、父親から「常の使より、この人よくいたはれ」（普段の使者より、丁寧に接待しなさい）と命じられていたので、朝には狩に送り出し、夜にはもてなしているうちに親しくなったようである。

二日目の夜、業平に「逢はむ」（逢いましょう）と言われた恬子は、「いと逢はじ」（とても逢いたい）と思ったものの、人目が多く思い通りにならない。そこで恬子は、夜一一時過ぎまで待って業平の宿舎を訪ねたという。眠ることができず悶々《もんもん》としていた業平の前に、「小さき童女を先に立て」た恬子が入ってきたのだから、業平は「いと嬉しく」、それから午前二時頃まで逢瀬を楽しんだ。

翌日も恬子が忍んで来ることを期待していた業平だが、伊勢の「国の守」が開いた宴席に出なければならなくなった。「明けば尾張《おわり》の国」に行かなければならない業平は、恬子に会えない悔しさで、「血の涙を流」したということである。

二つの事件は、業平の好色ぶりを語る時に必ず引用されるが、現在では、史実ではなく、『伊勢物語』の作者が作った虚構とされている。ただ、大江匡房《おおえのまさふさ》の談話をまとめた『江談抄《ごうだんしょう》』に「在中将和歌を書して二條后（高子）に与ふ、人々疑ふ、これより前若くは密事あるか」（業平は和歌を高子に送っていたので、人々は密通を疑った）とあり、鴨長明《かものちょうめい》*3『無名抄《むみょうしょう》』にも「業平朝臣二條后の未だ只人にておはしましける時、窃み取りて行きけるを、兄弟に取り返さるゝ由」（高子が結婚前に、業平が盗みに行ったのだが、高子の兄弟に取り押さえられた）と書かれているので、業平と高子の恋は、嘘か真か分からない風聞として広まっていたようだ。また、恬子が密《ひそ》かに生んだ業平の子が高階茂範《たかしなしげのり》の養子になったため、高階家は伊勢神宮に行くことができなかったといわれており、業平の好色が後世まで語り継がれ、その噂で迷惑した人がいたことは確かなようだ。

*3　鴨長明（一一五五年〜一二一六年）。歌人、文筆家。代表作『方丈記』は、『枕草子』『徒然草』と並び、〝三大随筆〟と呼ばれている。

花山天皇

【かざんてんのう】

◉大極殿の高座で女を抱いた天皇

略歴▼九六八年生まれ。冷泉天皇の第一皇子、母は藤原伊尹の娘・懐子。円融天皇の禅譲を受けて即位。外戚の藤原義懐と惟成を重用して、饗宴の禁制や荘園整理令を出すなど次々と政治改革を行うが、突然の出家で退位。出家後は、厳しい修行を積んで法力を身に付けたとされる。一〇〇八年没。

即位式で女官を犯した花山

花山《かざん》は、権勢を誇る外祖父の藤原伊尹《これただ》の威光もあって、生後わずか一〇ヵ月で皇太子となり、叔父《おじ》の円融《えんゆう》天皇の譲位にともない一七歳で天皇になった。花山の在位中は、外舅《がいきゆう》の藤原義懐《よしちか》と乳母子《めのとご》にあたる藤原惟成《これしげ》が補佐官となり革新的な政策を次々と実行したが、一九歳の時に突然出家している。

「あさましくさぶらひしきことは、人にも知らせたまはで、みそかに花山寺におはしまして、御出家入道させたまへりこそ」（誰にも知らせず、密かに花山寺で出家入道されたことは、意外なことで驚くばかりです）と伝える『大鏡《おおかがみ》』*1の記述は、高校の古典の教科書でもお馴染《なじ》みの有名な一節となっている。

当代随一の知識人だった大江匡房の談話をまとめた『江談抄《ごうだんしょう》』*2は、奇行が多かった花山を「内劣りの外めでた」、つまり義懐と惟成が有能だったので政治は安定していたが、プライベートはひどかったと評している。

『江談抄』は、花山のスキャンダルとして、即位式当日に起こった事件を伝えている。

「大極殿《だいごくでん》の高座《たかくら》の上において、いまだ剋限をふれざる先に、馬内侍《うまのないし》*3を犯さしめ給ふ間、惟成の弁は玉佩《ぎょくはい》ならびに御冠《おんかうぶり》の鈴の声に驚き、『鈴の奏』と称ひて、叙位の申文を持参す。天皇御手をもって帰さしめ給ふ間、意に任せて叙位を行へり」（即位式が始まる前に、女官の馬内侍を高御座《たかみくら》に引きずり込んでセックスをしていた。惟成が、儀式の後半に必要となる文を手渡すため近づいたが、花山が手で追い払ったので、惟成は勝手に儀式を行った）というのである。

天皇といっても、花山は一七歳の血気盛んな年頃。中古三六歌仙*4に数えられる歌の名手であり、藤原朝光《あさてる》、藤原伊尹、藤原道隆《みちたか》、藤原道兼《みちかね》らと浮名を流すほどの美貌を持つ馬内侍の魅力には抗し切れなかったとしても、致し方あるまい。

『栄華物語《えいがものがたり》』[*5]が、「今のみかどの御年などもおとなびさせ給ひ、御心掟もいみじう色におはしまして、いつしかとさべき人々の御女《むすめ》をけしきだちの給はす」（花山は年の割に大人びていて、大変な色好み、家臣に娘を差し出すよう露骨に命じている）と書くほど好色な花山は、即位してから半年の間に、諟子《えし》、婉子《えんし》、姚子《ちょうし》、忯子《しし》の四人を入内させている。

特に、『栄華物語』が「もろもろにまさりていみじう時めき給ふ」（ほかの三人よりも目をかけられた）と書くほど花山から寵愛を受けていたのが忯子で、周囲からは「『かかる事は今も昔もさらに聞えぬ事なり』『しからぬものなり』など、ききにくく呪《のろ》のろ、しき事ども多かり」（「こんな執着は今も昔も聞いたことがない」「長続きしない」といった呪詛《じゅそ》のような言葉がかけられた）ようである。

＊1　八五〇年から一〇二五年までを記録した歴史書。作者には諸説ある。
＊2　晩年の大江匡房の談話を藤原実兼がまとめたもので、内容は漢詩、音楽、宮中の逸話など多岐にわたる。
＊3　馬内侍（生没年不詳）。斎宮女御徽子女王、賀茂斎院選子内親王、一条天皇皇后定子らに仕え、多くの公家と浮名を流した。

＊4　藤原範兼『後六々撰』に掲載された和歌の名手三六人の総称。藤原公任『三十六人撰』に漏れた歌人と、新世代の歌人が選ばれている。

＊5　正続をあわせると一〇二八年から一一〇七年までを記した歴史書。正編の作者は赤染衛門が有力。人物の内面に踏み込むなど物語文学の影響を受けている。

誤解から襲撃を受ける

花山の愛を一身に受けた忯子は、すぐに妊娠する。悪阻《つわり》がひどいため宿下がりを願い出るが、忯子を側に置いておきたい花山は、なかなか許可を出さない。

五ヵ月目にようやく実家に戻った忯子は、家族に見守られ悪阻でやせ細った体も元に戻ったが、花山は毎日のように忯子へ贈り物を届ける。それを負担に感じた忯子は、すぐに御所へ帰ってしまった。

『栄華物語』＊6によると、忯子の帰宅を喜んだ花山は、夜も昼も食事もしないで、弘徽殿《こきでん》に入りっぱなしで共寝したため、「あさましう物狂し」（正気を失った）と噂された。再び体調を崩した忯子は、一週間ほどで実家に帰っている。

しかも少し前までは手当たり次第に女を漁《あさ》っていたのに、忯子が御所を出た後は、「あないみじ、悲し」（ああ、とても悲しいなぁ）とだけ語り、安産祈願のために

「御佛経の急ぎにつけても御涙乾るまなし」（写経などをしながら涙を流している）という状態になり、「絶えていづれの御方々もつゆもうのぼらせ給はず」（ほかの女御とのセックスはすべて断った）というのだから、純愛というよりも、常軌を逸している。

これだけの愛を注いだ忯子が妊娠中に死亡したため、花山は世をはかなみ出家したとされているが、『大鏡』は、藤原兼家《かねいえ》が外孫の懐仁《やすひと》親王（一条《いちじょう》天皇）を即位させるため、花山を失脚させたとしている。もしかしたら、二つの要因が複雑にからみ合っていたのかもしれない。

一九歳で出家した花山は、熊野《くまの》で厳しい修行をして京へ戻っている。花山は強い法力を身に付けたことで話題になるが、もう一つ、好色でも噂になっている。

『栄華物語』は、「東の院の九の御方にあからさまにおはしましける程に、やがて院の御乳母の女中務《なかつかさ》といひて」（叔母の九の御方と関係を持った後に、乳母の中務の元へ通うようになった）と書いている。花山は、中務に愛情が移った後に、「さすがに甘へいたくやおぼされけん、我が御はらからの弾正宮を語らひきこえさせ給て、この九の御方に婿どりきこえさせ給ふ」、つまりさすがに勝手過ぎると考え、弟の為尊《ためたか》親王を九の御方の婿にしたとあるが、これは九の御方が煩わしくなり、為尊親王に押し付けたというのが実情だろう。

次に花山が目をつけたのが、最愛の忯子の妹たち。忯子には、三君、四君、五君の三人の妹がいて、忯子に最も似ていたのは三君だったが、なぜか花山は四君に「けしきだたせ給けれど」（あからさまに迫った）。同じ頃、三君のもとへ通っていた藤原伊周《これちか》は、「よも四君にはあらじ、この三君の事ならん」（花山が迫ったのは四君ではなく、三君だろう）、「この事こそ安からず覚ゆれ。いかがすべき」（面白くない。どうしてやろうか）と考え、花山の法衣を矢で射ぬく事件[*7]を起こしている。

これは花山の好色が招いた悲劇といえる。

＊6　天皇が暮らす清涼殿に最も近く、皇后、中宮などが生活した後宮で、最も格式が高い殿舎。

＊7　長徳の変。藤原伊周と弟の隆家が、家臣を連れて花山に矢を射かけた事件。伊周らが、花山の従者二人を殺したとする史料もある。外聞が悪いため花山は事件を表に出さなかったが、噂が広がり、隆家は出雲に、伊周は太宰府に左遷されている。

紫式部

【むらさきしきぶ】

◉『源氏物語』の作者はレズビアン？

略歴▼生没年不詳。『源氏物語』『紫式部日記』『紫式部集』の作者。父は藤原為時、母は藤原為信の娘。幼い頃に母を亡くし、漢学者の父に育てられる。九八八年頃に年の離れた藤原宣孝と結婚し一女を生むが、すぐに夫と死別。一〇〇五年頃から約一〇年ほど、一条天皇の中宮・彰子に仕えている。

お姉さまと文通する紫式部

二〇一一年に劇場公開された映画『源氏物語　千年の謎』は、作中に紫式部を登場させ、『源氏物語』の創作秘話にも迫っていた。紫式部は、歌人、物語作者として有名だが、生没年にも諸説あり、本名も伝わっていない（本名については、角田《つのだ》文衞《ぶんえい》が「藤原香子《かおりこ》」説を唱えたが、異論も多い）。わずかに、父が藤原為時《ためとき》、藤原宣孝《のぶたか》に嫁いで一女を生むものの夫とは死別、その後、藤原道長《みちなが》*1の娘で一条《いちじょう》天皇の中宮・彰子《しょうし》*2に仕えたことが分かっているくらいである。

『紫式部日記』には、ある夜、局《つぼね》の戸を叩《たた》く人がいたが、恐《こわ》かったので返事をしないで夜を明かしたエピソードが出てくる。翌朝、外を見ると道長がしたためた「夜もすがらくひなよりけに　なくなくぞ　まきのとぐちに　たたきわびつる」（あなたが戸を開けてくれないので、一晩中、水鳥よりも泣きながら戸を叩きましたが、ついには叩き疲れて帰りました）との歌が残されていた。それを見た紫式部は、「ただならじ　とばかりたたく　くひなゆゑ　あけてばいかに　くやしからまし」（戸を開けてくれと殊更《ことさら》に叩く水鳥のことですから、根負けして開けていたら、悔しい思いをしていたことでしょう）という返歌を贈った。

最高権力者・道長の誘いを軽くいなした紫式部は、長く二夫にまみえなかった〝賢婦〟とされてきた。その一方で、男嫌いのレズビアンだったとの説もある。

平安時代の和歌は、男女が恋愛をする時に交わす贈答歌が多いのだが、紫式部には、女性とやり取りした歌も少なくない。『紫式部集』の巻頭に置かれ、小倉百人一首にも選ばれた「めぐりあひて　見しやそれとも　わかぬまに　雲隠れにし　夜半の月かな」は、「久々に再会したのに、その面影《おもかげ》をはっきり見分けることもできないうちに、慌ただしく帰ってしまった貴女《あなた》、まるで雲間に隠れてしまう夜半の月のよう」と、久々に再会した女友達との別れを嘆く内容になっている。

「北へゆく　雁《かり》のつばさに　ことづてよ　雲のうはがき　かき絶えずして」（北へ帰る雁の翼に付けて、私に便りを下さい。絶対にやめないで下さい）は、さらに直接的である。詞書《ことばがき》には「姉なりし人亡くなり、又、人の妹うしなひたるが、かたみに行きあひて、亡きが代りに、思ひかはさむといひけり。文の上に、姉君と書き、中の君と書き通はしけるが、おのがじしとほき所へ行き別るるに、よそながら別れをしみて」とある。これは「姉と慕《した》っていた方が、家庭の事情で筑紫《つくし》へ、私は越前《えちぜん》に行くことになりました。その方を姉君、相手は私を中の君と呼んで文通していましたが、それぞれ遠くへ行くことが決まり、別れが惜しくてなりません」という意味なので、昔の少女小説に出てくる〝お姉さま〟[*3]の世界である。

＊1　藤原道長（九六六年〜一〇二八年）。娘を天皇に嫁がせ、生まれた子供を幼い頃に天皇にして、自分は補佐官の摂政か関白になって政治の実権を握る摂関政治の最盛期を極めた平安貴族。

＊2　藤原彰子（九八八年〜一〇七四年）。道長の長女で、一条天皇の中宮。同じく一条天皇の皇后だった藤原定子とはライバル関係にあり、定子に仕える清少納言と彰子に仕える紫式部も仲が悪かったようだ。

＊3　戦前の横浜の女学校を舞台に「S」（シスターの略で、少女同士の友情以上恋愛未満の関係）の世界を描いた川端康成『乙女の港』では、下級生が憧れの先輩を「お姉さま」と呼ぶ場面がある。この伝統は、今野緒雪の少女小説『マリア様がみてる』まで、連綿と受け継がれている。

同僚を品定めする

同性を愛する人にとって、銭湯や更衣室はパラダイスだといわれる。中宮・彰子の女房だった紫式部は、美貌と才覚に恵まれた女性たちと生活するのがよほど楽しかったのか、『紫式部日記』の中で同僚の容姿や性格を克明に記録している。それは、『源氏物語』の「雨夜の品定め」[*4]を彷彿《ほうふつ》とさせるものがある。

まず「宰相《さいしょう》の君」[*5]は、「ふくらかにいと容体こまめかしう、かど〳〵しきかたちしたる人の、うち居たるよりも、見もて行くに、こよなくうち勝りらう〳〵しくて、つらつきに、はづかしげさも、匂ひやかなる事も添ひたり」（ふっくらとして、とても容姿が整っていて、理知的な顔かたちは、少し対面している時より何度も会っているうちに、洗練されてきて、口元に気品があり、艶《あで》やかな美しさも備わっていることが分かってくる）と、その才色兼備ぶりを絶賛している。

「小少将《こしょうしょう》の君」*6は、「もてなし心にくく、心ばへなども、我が心とは思ひとる方もなきやうに物づつみをし、いと世を恥らひ、あまり見苦しきまで、児《こ》めい給へり」（物腰は奥ゆかしく、性格もおとなしい。すぐに「私では判断しかねます」と遠慮がちに口にするような恥ずかしがり屋で、とても子供っぽい）と書いているので、妹タイプといえるだろう。

紫式部が最も親しくしていたのが「小少将の君」で、「ふたりのつほねをひとつにあはせて」（二つの部屋を一続きにして）、暮らしていたようだ。紫式部と「小少将の君」の部屋を見た道長が、「かたみにしらぬ人もかたらはゝ」（お互いに知らない男がやって来たらどうするんだ）と冷やかすと、式部は「たれもさるうとくしきことなければは心やすくてなん」（私たちには、隠すような秘密はありませんから）と答えているので、男を寄せ付けない生活をしていたとも考えられる。

「宮の内侍《ないし》」*7は、「細かに取りたてをかしげにも見えぬ」（特に美しくはありません）が、性格は「ただありにもてなして、心様などもめやすく」（自然な振る舞いで、心も穏やか）、「人のためしにしつべき人がらなり。艶がりよしめく方はなし」（その人間性は、お手本にしたいほど。気取ったりすることもありません）と、その性格を愛《め》でている。

「式部のおもと」[*8]は、「いとふくらけさ過ぎて肥えたる人の、色いと白く」とあるので、色白のぽっちゃり型。「眸《ひとみ》、額つきなど、まことに清げなる、うち笑みたる、愛敬《あいきょう》も多かり」、つまり「目元や額が清楚《せいそ》で、微笑《ほほえ》むとてもかわいい」としている。

紫式部の周囲には、現代の美少女ゲームなみに、バラエティに富んだ美女がいたようなので選ぶのに苦労したほどだろう。

ただ『尊卑分脈《そんぴぶんみゃく》』[*9]は、紫式部を道長の側室としており、藤原宣孝の前に紀時文《きのときふみ》と結婚していたともあるので、本当に男が嫌いだったかは不明である。

＊4　『源氏物語』の第二帖「帚木」の一節で、光源氏、頭中将、左馬頭、藤式部丞の四人が、女性談義をするエピソード。

＊5　藤原豊子（生没年不詳）。大納言藤原道綱の娘。

＊6　小少将の君（生没年不詳）。源雅信の四男・左少弁扶義の娘（源時通の娘など、父親については諸説あり）。『源氏物語』に登場する薄幸の女性・夕顔のモデルは、小少将の君との説もある。

＊7　宮の内侍（生没年、経歴不詳）。

＊8　式部のおもと（生没年、経歴不詳）。宮の内侍の妹。

＊9　『新編纂図本朝尊卑分脈系譜雑類要集』の略称。室町初期に、洞院公定が編纂した系図集。平安時代の藤原、源氏に詳しい反面、不正確な記述もある。

待賢門院

【たいけんもんいん】

◉奔放な美少女は西行を魅了したのか

略歴▼一一〇一年生まれ。七歳で父の藤原公実と死別すると、白河法皇の寵妃・祇園女御に請われ、法皇の養女となる。鳥羽天皇に入内後、後の崇徳天皇、後白河天皇を含む五男二女を生むが、白河法皇の死によって権威を失った。一一四二年に自らが建立した法金剛院で出家し、一一四五年に没した。

奔放な美少女・璋子

二〇一二年に放映されたNHK大河ドラマ『平清盛』では、藤木直人演じる西行《さいぎょう》が重要な役割を果たしていた。エリートコースを歩んでいた西行が出家する原因を作ったとされているのが、待賢門院《たいけんもんいん》（藤原璋子《たまこ》）である。

璋子は、一一〇一年、藤原北家閑院《かんいん》流の藤原公実《きんざね》と、藤原為房《ためふさ》の妹光子《みつこ》の間に生まれた。閑院流は藤原北家の傍流だが、公実の祖父にあたる公成《きんなり》の娘・茂子《しげこ》が、後《ご》三条《さんじょう》天皇に入内《じゅだい》し白河《しらかわ》天皇を生んだ頃から、天皇の外戚として権勢を振るうようになっていた。

幼い頃から美少女だった璋子は、五歳頃に、子供がいない白河法皇の寵妃《ちょうき》・祇園《ぎおんの》女御《にょうご》*1に望まれ養女になっている。

璋子は法皇にも溺愛され、『今鏡《いまかがみ》』には「幼くては、白河の院の御懐に御足さし入れて、昼も御殿籠《とのこも》りたれば、殿（藤原忠実《ただざね》）など参らせ給《たま》ひたるも、『こゝに筋なきことの侍《はべ》りて、え自ら申さず』などいらへてぞおはしましける」、現代語に訳すと少女時代の璋子は、法皇の懐に足を入れて昼寝をし、その時は側近の忠実が訪ねてきても「今は外せない用事があるので、直接話ができない」と言って、侍女に対応させたというのである。

初潮を迎えた一三歳頃から、璋子と法皇は男女の関係になったようだ。その頃、法皇は還暦過ぎ。老人とのセックスに満足できなかったのか、璋子は次々と男を替える奔放な少女になっていく。

璋子は一四歳の時に大病を患った。心配した法皇は、病気平癒の祈禱《きとう》で有名な僧の増賢《ぞうけん》を呼ぶのだが、璋子が随行の童子を見初め、肉体関係を持ったというのである。男色の相手を務めることもある童子は美少年が多かったので、璋子も一目惚れしたのではないだろうか。

また璋子は、当代一の文化人で、四歳年上の藤原季通《すえみち》＊2に音楽を習っていた。師弟関係が次第に男女の仲に発展したようで、二人は熱烈に愛し合うようになる。

季通は、法皇の側近・宗通《むねみち》の息子で、兄の伊通《これみち》は正二位太政大臣にまで出世している。これだけ門閥と学才に恵まれているのに、季通は一一一六年頃から左遷に次ぐ左遷で表舞台から姿を消し、没年もはっきりしていない。

その理由を『今鏡』は、「色めきすぐし給へるけるにや」、つまり女性関係が派手過ぎたためと説明しているが、季通の失脚が璋子と関係を持った時期と一致しているので、璋子が浮気をしていると知った法皇が、嫉妬に狂い、相手の季通を抹殺したと考えて間違いあるまい。

＊1　祇園女御（生没年、経歴不詳）。白河院の寵愛を受けた。
＊2　藤原季通（生没年不詳）。権大納言・藤原宗通の三男として生まれながら経歴も不詳のところが多い。和歌が巧く、琵琶、笛、箏などの歌舞音曲も得意で、璋子の箏の師匠だった。

西行出家の秘密

白河法皇という愛人がいながら、男を手玉に取っては不幸にする璋子は、宮中で評判になっていたようである。

法皇は、璋子が宗仁《むねひと》親王（後の鳥羽《とば》天皇）と結婚して苦労するよりも、摂関家の妻になった方が気楽と考え、忠実の息子・忠通《ただみち》との縁談を進め、婚礼の日程も決まった。ところが、忠通は結婚を先延ばしにし、法皇の督促にも応じない。

諦めた法皇は、璋子を鳥羽天皇に嫁がせる。これを知った忠実は、日記で増賢の童子や季通との密通は「世間皆知る所」であり、そんな「乱行の人」が入内するなど「日本第一の奇怪事」と非難している。この激烈な文章を読むと、忠実が白河法皇に逆らってまで、璋子と息子の結婚に反対した理由が、璋子の「乱行」にあったことが分かる。

鳥羽天皇との結婚から二年後、璋子は顕仁《あきひと》親王（後の崇徳《すとく》天皇）を生むが、親王は白河法皇と璋子が密通して生まれたとの噂もあり、『古事談《こじだん》』は「待賢門院は白川院御猶子《ごいうし》之儀にて入内せしめ給ふ。其間法王密通せしめ給ふ。人皆これを知るか。崇徳院は白川院御胤子《おたねのこ》云々《うんぬん》。鳥羽院も其由《そのよし》をしろしめて、叔父子とぞ申さしめ給ひける」（璋子は、白河院の子として鳥羽院と結婚したが、その後も白河院と密通して、崇徳院は白河院の子供との噂もある。鳥羽院も噂を知っていて、我が子の崇徳院を叔父子と呼んで嫌った）と書いている。

実際、鳥羽院は顕仁親王を嫌い、これが保元《ほうげん》の乱の遠因にもなっている。なお鳥羽院が、親王を「叔父子」と呼んだのは、祖父の子（叔父）であると同時に自分の子でもあるという意味である。

さて、西行が出家した理由には諸説ある[*3]が、『源平盛衰記《げんぺいじょうすいき》』の説話は、「さても西行発心のおこりを尋ぬれば、源は恋故とぞ承る。申すも恐ある上臈《じょうろう》女房を思い懸けまいらせたりけるを、あこぎの浦ぞと云ふ仰せを蒙《こうむ》りて思ひ切り（中略）有為の世の契《ちぎり》を逃れつつ、無為の道にぞ入りにける」とあり、畏れ多いほど高貴な身分の女性に恋をしたがかなわず、世を儚《はかな》んで出家したと説明している。

俗世にいた頃の西行は、北面の武士として鳥羽院に仕えており、璋子とも面識があった。そこから、院の正室という高嶺《たかね》の花に恋をした西行が、想《おも》いを断ち切るため出家したとの説が生まれ、これを白洲正子『西行』、辻邦生『西行花伝』などが支持したため、広く流布した。

ただ、平安・鎌倉時代は、働き盛りの男が不可解な出家をすると、恋愛のトラブルと噂されることが多く、後に西行のライバルとなる真言宗《しんごんしゅう》の憎・文覚《もんがく》*4も、友人の妻・袈裟《けさ》御前と不倫関係になり、苦悩の揚句、出家したといわれている。

西行の恋の相手は、璋子ではなく、母ゆずりの美人だった娘の上西門院《じょうさいもんいん》*5とする説もあり、真相は〝藪《やぶ》の中〟である。

*3　『西行物語絵巻』は、西行が俗世への執着を捨てるため、遊んで欲しいと寄って来た娘を縁側の下に蹴り落とし、出家したとしている。

*4　文覚（一一三九年～一二〇三年）。『平家物語』によると、毒虫が蠢く藪の中で七、八日も身動きしない荒行をし、源頼朝に父の髑髏を見せて、平家打倒を促したとされている。

*5　上西門院（一一二六年～一一八九年）。璋子の娘で、『長秋記』が「端正美麗」と書くほどの美少女。母の死後は所領を相続し、そこを拠点に文化人が集う一種のサロンを開く。後白河天皇の准母で、その死に接した後白河は悲しみのあまり数日間部屋に籠っている。

◉受けも攻めもオールマイティ

藤原頼長

【ふじわらのよりなが】

略歴▼一一二〇年生まれ。藤原忠実の子。幼い頃から優秀で、一六歳で内大臣となるが、父の寵愛を受けて家督を継いだため、実兄の忠通とは終生争うことになる。一一五五年、近衛天皇を呪詛した嫌疑で失脚するが、巻き返しをはかり崇徳上皇と結んで保元の乱を起こすも、一一五六年に敗死した。

藤原頼長の男色日記

藤原頼長《よりなが》は、崇徳上皇*1と結んで、後白河《ごしらかわ》天皇と兄・忠通《ただみち》*2、信西《しんぜい》*3らと戦った保元の乱の時、鎮西八郎《ちんぜいはちろう》（源 為朝《みなもとのためとも》*4）の提案した夜襲作戦を否定。一方、信西は源義朝《よしとも》が立てた夜襲の献策を取り入れ、敵方を急襲して勝利。乱戦の中で流れ矢に当たった頼長は、それが原因で衰弱死している。

武士を見下し、専門家の意見を聞かなかった頼長は、高慢な公家《くげ》の典型として描かれることも多いが、幼少時から秀才として名を馳《は》せ、『愚管抄《ぐかんしょう》』も「日本第一の大学生《だいがくのしょう》、和漢の才に富み」（日本最高の知識人で、和漢両方に精通している）と絶賛。父の忠実《ただざね》も英邁《えいまい》な頼長を溺愛、長男の忠通を追放し頼長に家督を継がせている。

当時の公家の常識として、頼長も『台記《だいき》』なる日記を付けている。公家の日記は、日々の政務の備忘録として書き留めるのはもちろん、子孫のために公家社会の伝統や習慣を記録することも多く、一種の公文書としての役割も担っていた。それなりに頼長は、自らのセックスライフを赤裸々に綴《つづ》っているのだ。『台記』には、名家に生まれ何不自由ない生活を送っていた頼長の派手な女性遍歴も見て取れるが（その中には、遊女との関係もある）、それ以上に特徴的なのは、男色関係を詳細に記していることである。

『台記』に残された頼長の最初の男色相手は、同じ藤原北家ながら傍流の藤原忠宗《ただむね》の子・忠雅《ただまさ》。この時、頼長は二三歳、忠雅は一九歳。忠雅が評判の美少年だったためか、頼長はかねてご執心だったようだ。

頼長は、初めて忠雅を抱いた時のことを、一一四二年七月五日の日記に「今夜、内辺において或三品《あるさんぼん》（忠雅を指す隠語）と会交、年来の本意、遂げ了《おえ》んぬ」（漢文を書き下し文に改めた。以下、同じ。現代語訳は、今夜、自宅で忠雅とセックスした。ついに長年の夢をかなえることができた）と書いているので、喜びの大きさがよく分かる。

頼長も忠雅も政府の高級官僚なので、なかなか会う時間が作れない。久々に体を合わせた時は、「或人に謁す。本意を遂ぐ。喜ぶべしく」と書いている。だが頼長は忠雅とだけ関係していたのではなく、同じ日、忠雅が帰った後に源成雅《なりまさ》と会ってセックスをしているのだ。二回戦ができたのも、若さゆえだろう。

頼長は、忠雅と平行して藤原為通《ためみち》、藤原公能《きんよし》、藤原家明《いえあきら》、藤原隆季《たかすえ》*5、藤原成親《なりちか》らとも関係を持っており、女性関係同様、男色の世界でもプレイボーイだったようだ。

ただ忠雅との関係は深まっており、一一四四年一一月二三日には、「深更《しんこう》、或る所に向かう。かの人始めて余を犯す」とあるので、それまで女役だった忠雅が、初めて男役となって頼長を犯したことが見て取れる。

頼長はその時のことを「不敵不敵」と書いているので、よほど満足したのだろう。しばらく経った一二月六日には「或る人来たる。相互に濫吸《らんきゅう》（本来は暴力の意味だが、頼長は男色相手のセックスの隠語として用いている）を行う」とあり、攻守ところを変えながら、くんずほぐれつしたようである。

＊1　崇徳上皇（一一一九年～一一六四年）。保元の乱で敗れ、讃岐へ配流となる。讃岐で仏教を学び、五部大乗経の写本を京に送るが、呪詛を疑う朝廷が受取りを拒否。激怒した崇徳は、怨霊になったとの伝承もある。

＊2　藤原忠通（一〇九七年～一一六四年）。義絶された父とは不仲だったが、保元の乱の敗戦後に家督を継ぐと、崇徳方についた父を流罪から救っている。能書家としても有名。

＊3　信西（一一〇六年～一一六〇年）。保元の乱を勝利に導いた功労者の一人。乱後、首謀者を処罰するため死刑を復活した。平治の乱で敗れ、自刃している。

＊4　源為朝（一一三九年～没年不詳）。保元の乱の敗北後、伊豆へ配流となるが、逆に伊豆を支配。追討を受け切腹している。この切腹が、史上初との説もある。

＊5　藤原隆季（一一二七年～一一八五年）。鳥羽院の重臣だった父の影響もあり、周囲が「あさましき事」と述べるほどの異例の出世を遂げた。

藤原隆季とのセックスライフ

数多くの男と浮名を流した頼長が、最も寵愛したのが、鳥羽院に近習《きんじゅう》した藤原家《いえ》成《なり》の嫡男として生まれた藤原隆季である。頼長は日記に「讃《さん》」という隠語で記しているが、これは隆季が讃岐《さぬき》の受領《ずりょう》（地方長官）をしていたことに由来すると思われる。

頼長は、一一四三年頃から隆季に手紙を送っているが、まったく返信がない。何とか色よい返事がもらいたい頼長は、僧侶を呼んで加持祈禱まで行っているので、執着の大きさがうかがえる。

この時、頼長と隆季の仲を取り持ったのが、忠雅。なぜ頼長と関係を持っていた忠雅が、恋人に別の男を紹介したのかはよく分からないが、マンネリ化していた二人の仲を豊かにするためとも、別れる機会を狙っていたとも考えられる。

忠雅の仲介で隆季との面会を果たした頼長だったが、当の隆季は肉体関係を拒否する。それが一年以上も続いたため、業《ごう》を煮やした頼長は、陰陽師《おんみようじ》*6の賀茂泰親《かものやすちか》を呼んで恋愛成就の護符をもらっている。その霊験もあってか、一一四六年五月三日、遂に「本意」を遂げる。

ところが、二人が関係を持った直後にアクシデントが襲う。隆季の妻が産後の肥立ちが悪くて急死したのだ。頼長は嘆き悲しむ隆季を気づかっているが、中陰（いわゆる四九日）が明けるとすぐに隆季を訪ね、「彼事有り」＝情事に及んでいる。

いくつもの障害を乗り越えたためか、隆季とのセックスは、頼長にとてつもない快楽をもたらした。日記にも「かの朝臣《あそん》、精を漏らす。感情を動かすに足る。先々、常にかくの如《ごと》きことあり。この道において往古に耻《は》ぢざるの人なり」（隆季が射精した。深い快感がある。これから先は、いつもこんな快感が得られるのだろう。隆季は、男色の道において、歴史上比類ないほどのテクニシャンだ）や、「讃丸《さんまる》来る。気味甚《はなはだ》だ切なり。遂に倶《とも》に精を漏らす。希有《けう》のことなり。この人、常にこの事あり。感嘆もつと深し」（隆季が来たので寝た。快感がとても大きい。ついに同時に射精することができた。これは、めったにないことだが、隆季とセックスするといつも起きる。それだけに感動も大きい）などと書いて、相性のよさを絶賛している。

頼長が、男色のことを日記に書いたのは一一四二年から一一四八年に集中している。この時期、頼長は、兄の忠通と壮絶な権力闘争をしており、男色は味方を増やす派閥工作の側面もあったと考えられている。そうであるなら、セックスも仕事だった頼長は、現代人が考える以上に苦労をしていたのかもしれない。

＊6　中務省陰陽寮に属する官職で、占い、呪術、祭祀などを担当した。

◉サブカルを愛した天皇

後白河法皇

【ごしらかわほうおう】

略歴▼一一二七年生まれ、鳥羽天皇の第四皇子なので皇位継承とは無縁だったが、近衛天皇の急死で皇位を継ぎ、譲位後も約三〇年にわたって院政を行う。政治的に特に目立った業績はないが、保元、平治の乱から平家滅亡に至る激動期に何度も幽閉されながら、そのたびに復権している。一一九二年没。

後白河法皇の今様狂い

約三〇年にわたって院政を敷いた後白河《ごしらかわ》法皇は、二条《にじょう》天皇、平清盛《たいらのきよもり》、木曽義仲《きそよしなか》らと対立して何度も幽閉されるが、すぐに復権しては政敵を滅ぼしている。そのしぶとさは、源頼朝《よりとも》に「日本国第一の大天狗《おおてんぐ》」といわしめたほどである。

したたかな陰謀家との印象が強い後白河法皇だが、鳥羽上皇の第四皇子として生まれたこともあって、少年時代は皇位継承争いとは無縁だった。和歌が苦手な法皇は、遊女や傀儡《くぐつ》*1といった女性芸人が歌っていた今様《いまよう》*2に熱中し、さらに、絵巻物のプロデュースや貴重な書籍の保存収集を行うなど、文化面でも大きな足跡を残している。

後白河法皇が編者として今様をまとめた『梁塵秘抄《りょうじんひしょう》』には、今様を論じた「口伝《くでん》集」があり、「巻第十」は法皇の自伝となっている。それによると、「喉腫《のどは》れて、湯水通ひし術《ずち》」ほど今様の練習をしていた少年時代の法皇は、「人数多《あまた》集めて、舞ひ遊びて謡《うた》ふ時も有りき。四五人、七八人、男女有りて、今様ばかりなる時も有り、常に在りし者を番に織りて、我は夜昼相具して謡ひし時もあり」（多くの仲間を集めて舞い歌う時もあった。四、五人あるいは七、八人の男女が集まって、今様だけを歌う時もあり、親しい仲間がいる時には、一緒に歌ったこともある）という状態だったようだ。

これは現代でいえば、皇室に生まれた貴公子が、突然ロックに目覚め、バンドを結成している女の子の風呂無しアパートに転がり込んで、歌を歌っているようなもの。

当時の女芸人は、芸を売るのと体を売るのがセットだったので、当然ながら肉体関係も発生していただろう。七八人の男女が舞い踊っているのだから、乱交パーティーのようなことが起こっていたとしても、何の不思議もない。

庶民の文化として発展した今様を学んだためか、法皇は身分などにこだわる堅苦しいタイプではなかったようだが、それが晩年に禍《わざわい》をもたらしている。法皇が平清盛に幽閉された時、山伏の子ともいわれる丹後局《たんごのつぼね》（高階栄子《たかしなのえいし》）が世話係になっていた。類まれな美貌を持っていた丹後局は、法皇の寵愛を受け、覲子内親王《きんしないしんのう》を出産。清盛が死んで法皇が返り咲くと、露骨に政治に介入するようになる。九条兼実《くじょうかねざね》『玉葉《ぎょくよう》』は、「法皇の無双の寵女」となった丹後局の専横を、楊貴妃《ようきひ》*3の所業になぞらえている。

また法皇は、自分を援助してくれる武家と男色の関係も結んでいた。平治《へいじ》の乱の首謀者となる藤原信頼《のぶより》は、特に法皇の信任が厚く、『愚管抄』が「あさましき程に御寵愛ありけり」と書いているほどである。ところが法皇は、信頼が平氏に破れると、平氏のプリンス資盛《すけもり》に接近。『玉葉』によると、法皇と別れた資盛が、「君に別れ奉《たてまつ》り悲嘆限り無し。今一度華洛《からく》に帰り、再び龍顔を拝せんと欲すと云々」（貴方と別れて嘆き悲しんでいます。再び京へ帰り、貴方の尊顔を拝したいです）という手紙を送るほど、仲睦《なかむつ》まじかったようだ。この変わり身の早さがあったからこそ、法皇は畳の上で大往生ができたのだろう。

＊1　操り人形を使う芸人。
＊2　〝伝統〟的な歌の対極にある、卑俗な歌詞と変わったリズムを使った〝現代〟風の歌のこと。「七五」を四つ重ねて歌詞を作るのが一般的。
＊3　楊貴妃（七一九年〜七五六年）。唐の玄宗の妃。玄宗の寵愛を一身に集め、唐の滅亡の原因となった。大好きなライチを、嶺南から長安まで早馬で運ばせたエピソードは有名。日本の史書でも、悪女の代名詞として使われることが多い。

法皇が書いたエロ本？

『梁塵秘抄』に収められた今様は、唱歌『かたつむり』の元ネタになった「舞へ舞へ蝸牛《かたつむり》」ばかりが有名になっている。だが今様は、遊女たちが宴席で歌った歌も多いので、エロティックなものも少なくない。

「恋ひくて邂逅《たまさか》に逢ひて寝たる夜の夢は如何《いかが》見る」（恋しい人と抱き合って寝た夜は、どんな夢が見られるでしょう）などはまだおとなしい方で、「恋ひしとよ君恋ひしとよゆかしとよ、逢はばや見ばや見ばや見えばや」（恋しい貴方に会いたいわ。会ったら抱いて欲しい。私のすべてをあげたいの）などは、ほとんど風俗嬢の営業メールである。

エロに寛容だった法皇の手腕は、天才絵師・常磐《ときわ》源二《げんじ》光長《みつなが》＊4と組んで作った絵巻物でも、遺憾なく発揮されている。

代表作の一つ『病草紙《やまいのそうし》』＊5は、仏教の末法思想に基づいて病気の苦しみを描いた作品だが、病気による奇形だけでなく、痔《じ》、性病といったシモの病気までをリアルに活写、それを見世物《みせもの》的に並べている。いわゆる両性具有を「ひそかにきぬをあげてみれば、男女の根ともにありけり。これ二形のものなり」（着物を上げてみると、男女両方の性器があった。これを〝ふたなり〟という）と書くなど、エログロ趣味も満載なのだ。

その中でも最大の問題作が、平致光《むねみつ》と皇女済子《なりこ》の密通を絵巻物に仕立て、日本における春画の原点ともいわれている『小柴垣草子《こしばがきぞうし》』＊6。この作品はオリジナルが失われ、現代に伝わっているのが後世の写本のため、作者については諸説あるのだが、その一人に法皇の名も挙がっている。

『小柴垣草子』のセックス描写はとにかく過激で、「したをさし入れてねふりまわすに玉門はもの〻心なかりけれはかしらもきらはす水はしきなとのやうにはせいたさせ給ひける」（舌をあそこに差し入れて舐《な》めまわすと、水を湛《たた》えた壺《つぼ》のように濡れそぼってきた)、「ねふりそゝのかしたるしゝむらは御はたよりもたかく利き出たるにさしあてゝかみさまにあらゝかにやりわたすに玉門のうるおひも玉茎のかねもいよいよつよくまさるさまはいはむかたなし」(フェラチオで大きくしたイチモツをさらけ出し、荒々しく進めれば、あそこの濡れ方もイチモツの固さもますます強くなっていく)などは、現代のポルノ小説と変わらない。

法皇は、和歌や漢詩が一級の芸術とされていた時代に、今様やエログロといった庶民の文化を芸術と認めた。その鑑識眼の確かさが、『小柴垣草子』の作者との伝承を生んだのだろう。漫画やゲームのエロ描写を規制することばかり考えている現代の政治家は、法皇の姿勢を見習って欲しいものである。

＊4　常磐源二光長。経歴不詳ながら、土佐派の祖の一人とされる。

＊5　一二世紀後半に制作された絵巻物。様々な病苦を描いているが、コミカルな一面も持ち合わせている。

＊6　春画の絵巻物。平安末期に描かれたとされるが、現在のところオリジナルは見つかっておらず、後世の模写、写本のみが現存している。詞書の作者は、後白河のほかに、藤原為家、久我通具など諸説ある。

源頼朝

【みなもとのよりとも】

◉恐ろしい妻の目を盗んで女遊び

略歴▼一一四七年生まれ。源義朝の三男で、平治の乱に参加するも敗北し伊豆へ配流される。そこで地元の豪族・北条時政の娘・政子と結婚。一一八〇年に平家追討の兵を挙げ、平家に勝利した後は、弟の義経、奥州藤原氏を滅ぼし全国を平定。一一九二年に初の武家政権を開いた。一一九九年没。

恐妻家だった源頼朝

日本初の武家政権を樹立した源頼朝は、一一四七年、源義朝の三男として尾張の熱田《あつた》に生まれた。ところが一一六〇年の平治の乱で、義朝率いる源氏が、平清盛の平家に敗れたため一族と共に本拠地の東国を目指すが、頼朝は途中ではぐれ平宗清《むねきよ》に捕らえられている。京に送られた頼朝は死刑になると目されていたが、頼朝が早世した我が子・家盛に瓜二《うりふた》つだったことから清盛の継母・池禅尼《いけのぜんに》が助命を請い、その結果、刑を減じられ伊豆へ配流となる。

伊豆の豪族・伊東祐親《いとうすけちか》の監視下で暮らし始めた頼朝は、『曾我物語《そがものがたり》』*1 巻二によると、祐親が京を警護する大番役として上洛している間に、「美人の聞え」高い三女と「汐の干《ひ》る間のつれずれと、忍びて褄《つま》を重ね」（暇を持てあましていたので、こっそりと逢瀬を重ね）るようになり、ついに若君をもうけたという。帰郷して、この事実を知った祐親は「平家に咎《とが》められては如何があるべき」（平家に露見し、叱責されたらどうするんだ）と激怒。力ずくで三女を取り戻すと江間《えま》の小四郎《こしろう》に嫁がせ、さらに頼朝を討つべく追手を差し向ける。頼朝の乳母の三女を妻にしていた祐親の次男・祐清《すけきよ》から危険を知らされた頼朝は、祐清の烏帽子親《えぼしおや》*2だった北条時政《ほうじょうときまさ》の屋敷に駆け込み、難を逃れたという。三女は八重姫《やえひめ》と呼ばれていたとされるが、この名は『曾我物語』には記されていない。

この後、頼朝は時政の長女で、後に正室となる政子《まさこ》*3と恋仲になる。『曾我物語』には、妹が「月日を左右の袂《たもと》に納め」る（月と日を自分の袂に納める＝天下を取る）男の夢を見たと聞いた政子が、それは禍をもたらす夢なので自分に売るよう勧めたとある。実は政子は、その夢が吉夢と知っていて、目論《もくろ》み通り天下人になる頼朝と結婚したというのだ。

時政も平家の報復を恐れ、政子を流人ながら平家一門の山木《やまき》兼隆《かねたか》と結婚させようとするが、頼朝を愛する政子は兼隆のもとを逃げ出してしまう。激怒した兼隆は政子を追うが、頼朝と共に伊豆山権現に庇護《ひご》を求めたため手が出せなかったという。

ただ『曾我物語』はフィクション性が強いので、八重姫の存在も、政子が妹の夢を買った話も、兼隆を袖にして頼朝のところへ走ったエピソードも史実ではなく、伝説の可能性が高いとされている。

配流中の頼朝は北条氏に守られていただけに、嫉妬深い政子には頭が上がらず、側室を持つのにも苦労している。

頼朝は平治の乱の後に処刑された異母兄・義平《よしひら》の未亡人・祥寿姫《しょうじゅひめ》に艶書を送っている。手紙を受け取った祥寿姫は、新田《にった》氏の父・源義重《よししげ》に相談。政子の悋気《りんき》を恐れた義重は、すぐに祥寿姫を師六郎《そちのろくろう》と結婚させている。これで頼朝の浮気は未然に防がれたが、恋路を邪魔された頼朝は、新田氏を冷遇し続けている。

頼朝の浮気相手として有名なのが、亀《かめ》の前《まえ》である。鎌倉幕府の公的な歴史書『吾《あ》妻鏡《づまかがみ》』*4の一一八二年六月一日によると、頼朝はこの年の春頃から「顔貌の細やかなるのみならず、心操せ殊に柔和なり」（美人で性格も温和）とされる良橋太郎入《よしはしのたろうにゅう》道《どう》の娘・亀の前を寵愛していた。政子が妊娠中に亀の前への愛が深まった頼朝だが、「外聞の憚《はばか》り有るに依《よ》って、居を遠境に構えらる」（表沙汰にできないので、亀の前の住居を遠方に作った）。その後、政子を恐れてか、亀の前を「伏見《ふしみ》の冠者廣綱《ひろつな》が飯島の家」に移した頼朝だが、万寿《まんじゅ》（後の源頼家《よりいえ》）を出産後、亀の前の存在を知った政子は激怒し、一一月一〇日「牧《まき》の三郎宗親《さぶろうむねちか》に仰せ、廣綱が宅を破却し、頗《すこぶ》る恥辱に及ぶ」（牧の方の父・牧宗親に命じて廣綱の家を破壊し、亀の前を辱めた）。

＊1　鎌倉末期から室町初期に成立した軍記物語。曾我十郎、五郎兄弟が、父の仇・工藤祐経を討つまでを描く。
＊2　元服の時に、冠をかぶせる役。武家では、主君や一族の棟梁が選ばれ、鎌倉時代の烏帽子親と烏帽子子の間には、血縁関係に匹敵する強い絆があった。
＊3　北条政子（一一五七年〜一二二五年）。源頼朝の正室。頼朝の死後は剃髪するが、実家の北条家の力を背景に幕政を動かしたことから、「尼将軍」と呼ばれた。
＊4　鎌倉幕府が編纂した歴史書で、一一八〇年の以仁王の挙兵から、一二六六年の宗尊親王送還までを扱っている。
＊5　現在の逗子市。

妻の目を盗んで浮気

北条氏の暴挙に怒った頼朝は、宗親を呼び出して叱責、平伏する宗親の髻《まげ》を切って侮辱した。宗親は、政子の父・北条時政の後妻になった牧の方の父(兄との説もあり)。頼朝が親族を辱めたことに怒った時政は、報復として一族を率い伊豆へ戻っている。

浮気が政治的な争乱へ発展したのに、頼朝の女癖の悪さは直らなかった。

亀の前の事件の後はしばらくおとなしくしていたようだが、一一八六年に常陸《ひたち》入道念西《にゅうどうねんさい》の娘・大進局《だいしんのつぼね》を側室にしている。『吾妻鏡』の二月二六日には、大進局が「長門《ながと》の江七景遠《えのしちかげとお》が浜の宅」で出産したとある。「殿中に祗候するの間、日来《ひごろ》御密通有り」(殿中で頼朝に仕えていたので、日頃からこっそりと関係を結んでいた)とあるので、頼朝と関係を持っていた事実は秘中の秘だったようだが、ついに政子の知るところになってしまう。「御台所御厭の思い甚だし。仍《よ》って御産の間の儀、毎事省略す」、つまり政子はものすごく機嫌が悪くなってしまい、出産の儀式をすべて省略させたというのである。

それでも政子の怒りは収まらなかった。大進局の生んだ若君は、長門の江七景遠の子・景国《かげくに》が匿《かくま》っていたが、政子に露見してしまい「御気色を蒙《こうむ》」って（激怒させて）いる。

一一九一年、大進局は頼朝の勧めで若君と共に京へ上るが、頼朝から若君の乳母父になるよう打診された小野成綱《おののなりつな》、一品房昌寛《いっぽんぼうしょうかん》、藤原重弘《しげひろ》らは政子の嫉妬を恐れ、ことごとく辞退。そのため最終的には、景国が任じられている。

このほかにも、一一八二年三月九日、政子が頼朝の嫡男・頼家を妊娠した時の着帯の儀で、給仕を務めた丹後局が、頼朝の愛妾《あいしょう》だったとの説もある。『保暦間記《ほうりやくかんき》』＊6は、丹後局が生んだ景盛《かげもり》を頼朝のご落胤《らくいん》としているが、これは風説の域を出ていないようである。

いずれにしても、恐妻の目を盗んでまで浮気を続けた頼朝には、男の性《さが》を見ることができるのではないだろうか。

＊6　南北朝時代に成立した歴史書で、一一五六年の保元の乱から、一三三九年の後醍醐天皇崩御までを扱っている。頼朝の死因を、亡霊を見た直後に倒れたと書いている。

源義経

【みなもとのよしつね】

◉義経をモデルにした春本があった

略歴▼一一五九年生まれ。源義朝の九男で、平治の乱で父が敗死すると鞍馬寺に預けられるが、後に奥州藤原氏を頼り平泉へ下向。兄の頼朝が平家打倒の兵を挙げると常に最前線で戦うが、戦後許可なく官位を受けたことなどを咎められ、頼朝の追討を受けて奥州藤原氏の衣川館で自刃。一一八九年没。

義経は美少年だったのか

平家討伐に乗り出した兄・源頼朝の命令で常に最前線で戦ったものの、戦後は謀《む》叛《ほん》人とされた義経《よしつね》。その悲劇的な最期は民衆の同情を集め、義経の呼び名「九郎判《くろうほう》官《がん》*1」は、弱者には論理を超えて味方する〝判官贔屓《ほうがんびいき》〟の語源になっている。

義経には、美少年だったとの説と、出っ歯で貧相な容貌だったとの説がある。

非美少年説を支えているのが、『平家物語』巻一一「鶏合《とりあわせ》　壇ノ浦合戦」の中で、平家方の越中次郎兵衛盛嗣《えっちゅうじろうびょうえもりつぐ》が、「九郎は色白うちいさきが、むかばのことにさしいでてしるかんなるぞ。ただし直垂《ひたたれ》と鎧《よろい》を常に着かふなれば、きっと見わけがたかんなり」（義経は色白で、背が小さく、前歯が出ているのですぐ分かる。ただ直垂と鎧をいつも変えているので、見分けるのが難しいようだ）と揶揄《やゆ》していることである。

その一方で、『義経記《ぎけいき》』巻二「鏡の宿にて吉次宿に強盗入る事」では、「極めて色白く、鉄漿《かね》黒《ぐろ》＊2に眉《まゆ》細く作りて、衣打被き給ひけるを見れば、松浦佐用姫《まつらさよひめ》領布《ひれ》振る野辺に年を経し、寝乱れて見ゆる黛《まゆずみ》の、鶯《うぐいす》の羽風に乱れぬべくぞ見え給ふ。玄宗《げんそう》皇帝の代なりせば、楊貴妃とも謂つべし」とある。これは女装した姿が、新羅《しらぎ》に出征する大伴連狭手彦《おおとものむらじさでひこ》と恋に落ちた伝説の美女・松浦佐用姫、傾国の美女の代表・楊貴妃に匹敵するとの意味なので、美少年説の根拠になっている。

真っ向から対立する描写だが、越中次郎兵衛盛嗣の義経評は、あくまで伝聞に過ぎず、戦場で味方を鼓舞する演説の一説でもあるので、敵将を貶《おとし》めるため過激な言葉を使ったとも解釈できる。そのため義経は、現代人がイメージする絶世の美少年ではなかったかもしれないが、凜々《りり》しい姿をしていたように思える。

その裏付けとなるのが、『義経記』などの軍記物語に描かれる義経が、女装している場面が散見されることである。

義経は、平治の乱で父の義朝が敗死したため、一一歳の時に鞍馬《くらま》寺《でら》に預けられた。

義経は、鞍馬寺を出る時に女装をしているが、これは稚児《ちご》として高僧の相手をしていたことの暗喩ではないか。第一の家臣となる弁慶《べんけい》*3と君臣の誓いを立てた時も、義経は「只今までは男にておはしつるが、女の装束にて衣打被き居給ひたり」、つまり少し前までは男の服だったのに、次に現れた時には女の衣装を着ていたので、弁慶は驚いたという。弁慶は正体を確かめるため、後ろ向きで経を読んでいる義経の脇を太刀の鞘《さや》で突き、「稚児か女房か」と聞いたとされる。これも、二人が衆道《しゅどう》の関係を結び、君臣の関係を深めた事実を表現していると考えることができる。

＊1　「判官」は、義経の官名。中国や日本には、自他ともに諱を呼ぶのを避ける伝統があり、「九郎」は諱を避けるために付けられた仮名である。
＊2　お歯黒で、歯を黒く染めること。
＊3　弁慶（生年不詳～一一八九年）。怪力無双の義経の忠臣として人気が高いが、史料がほとんど残っておらず、弁慶のエピソードの多くは真偽不明の軍記物語が出典である。

義経のセックスを描く春本

義経には、衣川《ころもがわ》で討死にしたのは影武者で、本物は蝦夷《えぞ》地へ落ち延びたとする北方伝説がある。この生存説は江戸時代から信じられていたが、義経にはもう一つ、壇《だん》ノ浦《うら》の合戦で生き残った建礼門院《けんれいもんいん》*4と恋仲になったとの巷説《こうせつ》があった。

義経と建礼門院のセックスを描いた『壇《だん》ノ浦夜合戦記《うらのよるかつせんき》』は、春本《しゅんぽん》の古典で、著者は盲目の学者・塙保己一《はなわほきいち》*5とも、思想家で詩人の頼山陽《らいさんよう》*6ともいわれていたが、現在ではいずれも否定されている。

物語は、源廷尉《ていい》（義経）が、近親者を亡くして悲しんでいる太后（建礼門院）を慰めるため酒宴を開くところから始まる。宴会が終わると、家臣たちが建礼門院の侍女を次々と連れ出していく。弁慶も一戦交えているようで、女は「はじめに指を弄する熊手のごとく、次にそのうがつこと槌《つち》をもってするがごとし。その裂かんとすること斧《おの》をもってするがごとし。（中略）君、七つ道具全うし、妾、何ぞ堪えん。ああ、死あるのみ」という嬌声《きょうせい》を上げている。

二人きりになった義経が酒を飲ませ口説こうとするも、建礼門院は肉体関係を結ぶことを頑《かたく》なに拒否する。酒に酔った勢いもあり義経は「顔を合わせ唇」を近づけるが、建礼門院は「少し舌尖を出」すものの、体はこわばらせたまま。怒った義経は、持てるテクニックをすべて使って建礼門院を落としにかかる。

建礼門院の股を開かせた義経は、「初めて桃源郷を得たり。心に温柔を感じて静かに中指頭をともし、緩く玉門をあがくことしばしば。ついに伝えて玉心をめぐら」せていく。すると建礼門院は「耳たぶを染むること赤うして」いった。

次第に興奮が高まり、情熱的にキスを返すようになった建礼門院は、「灯火明らかにしてわらわ恥多し」というが、義経は美人の顔を見ながらするのが好きなので、明かりは消さないと返答。ついにセックスでも「消磨六韜三略《しょうまりくとうさんりゃく》の秘奥」*7を究めた義経がインサートし、「静かに跏趺《かふ》*8して太后の尻をその上に乗じ、へそを合わせ、股《も》腿《も》に柳腰を抱けば、玉口陽根を含んで密なり」「廷尉背を襯衣《しんい》*9の外に出して太后の尻を掣《せい》し、襯衣のうちに抱く」などの技を繰り出していく。すると太后は、「双手に廷尉の襟を握み、頭を己の肩に枕し、顔を横に傾け、唇を斜めにして廷尉の唇に著く。長舌往返陽根玉中に動き、花心亀頭を嚙《か》む」とますます乱れていき、「喜ばしきかな。美骨を透し、快髄に徹す」「ああ、さらに美なり」と声を上げてエクスタシーに達している。

さらに義経は、建礼門院を休ませることなく「陽根少し玉口を出《い》づ。廷尉急にたもとを探って一粒の仙丹を取り、秘かに亀頭に挟んで直ちに玉心を衝く」、つまり「仙丹」（媚薬《びやく》か？）を用いる裏技まで使い、再び絶頂にまで導いているのだから凄《すさ》まじい。

『壇ノ浦夜合戦記』は創作だが、女が弁慶の七つ道具をセックスのテクニックに喩《たと》えたり、義経が中国の史書を読んでいたことを踏まえていたりと、軍記物を知らなければ楽しめない知的な一面があるのも面白い。

＊4　建礼門院（一一五五年～一二一四年）。高倉天皇の中宮で、安徳天皇の生母。壇ノ浦で入水するも助けられ、京で剃髪。その後は、一門の菩提を弔っている。その意味で、建礼門院と義経の恋は、〝未亡人もの〟のバリエーションといえる。
＊5　塙保己一（一七四六年～一八二一年）。国学者。失明しながらも、日本の法律、儀式、文学、歴史などの文献を集成する『群書類従』を編纂した。『続群書類従』の編纂も計画するが、その死で果たせず、事業は弟子が引き継いでいる。
＊6　頼山陽（一七八一年～一八三二年）。思想家、歴史家、詩人。代表作『日本外史』は、幕末の尊王攘夷運動に絶大な影響を与えている。
＊7　太公望呂尚が書いたとされる『六韜』と『三略』の二冊の兵法書。義経は、陰陽師の鬼一法眼が所有する『六韜三略』を読んだとされ、この場面はそれを踏

まえたパロディ。

＊8　結跏趺坐の略。あぐらをかいた状態。

＊9　下着。

◉愛欲の世界を赤裸々に綴る

後深草院二条

【ごふかくさいんのにじょう】

略歴▼一二五八年生まれ。父は源雅忠、母は大納言典侍。二歳で母を亡くし、四歳で後深草院の御所に入る。一四歳から院の寵愛を受けるが西園寺実兼、性助法親王、亀山院らとも関係を持つ。二六歳の時、後深草院の中宮の排斥で御所を退く。その後は出家し、諸国を旅した。没年不詳。

愛欲の世界に生きた二条

華麗な男性遍歴で名高い後深草院二条《ごふかくさいんのにじょう》は、大納言《だいなごん》源雅忠《まさただ》と後深草院の乳母を務めた大納言典侍《だいなごんのすけ》の間に生まれた。

後深草院は、後嵯峨《ごさが》天皇の譲位により四歳で即位、病弱だったため一一歳で元服するも、中宮を迎えたのは一四歳の時だった。この時、初夜の作法を教えたのが典《す》侍《け》で、後に二条は日記『とはずがたり』*1の中に、後深草院から「我が新枕《にいまくら》は、故典《す》侍《け》大《だい》にしも習ひたりしかば、とにかくに、人しれずおぼえしを、いまだいふかひなきほどの心ちして」（初めてのセックスは亡くなった典侍に手ほどきを受けたので、今も典侍のことが忘れられないんです）と聞いたと書いている。

中宮の公子《きみこ》は西園寺《さいおんじ》実氏《さねうじ》の娘で、一条実経《いちじょうさねつね》との婚約を破棄し、後嵯峨天皇のたっての願いで一一歳下の後深草院と結婚したといわれている。しかし後深草院は、典侍への想いが断ち切れなかった。典侍が雅忠の子を身ごもると「腹の中にありし折りも心もとなく」（生まれてくるのが待ち遠しい）と、典侍への愛情をそのまま子供へ向けてしまったのだ。後深草院の願いが通じたのか、典侍は女の子の二条を出産。翌年、典侍が死ぬと二条は後深草院の御所に召し出されている。

一二七二年、一四歳になった二条は宮廷デビューを果たす。そして『とはずがたり』も、この年から始まっている。

二九歳になっていた後深草院は、二条の成人を待ちかねたように、雅忠へ「この春よりは、たのむのかりも我がたかによ」（二条を私の側室にするように）と命じていた。年賀の儀式を終えた二条が自室へ戻ると、「昨日の雪も今日よりは、あとふみつけん行くすゐ」（昨年までは未成年なので待っていましたが、年が明けたので求愛の手紙を送ります）と記された手紙と豪華な衣装が届いていた。これが後深草院からのプレゼントなら問題なかったが、送り主は二三歳の若さながら有能な官僚だった西園寺実兼《さねかね》。[2]この後、後深草院と実兼は、二条をめぐり複雑なライバル関係になっていく。

同じ頃、雅忠は後深草院の密命を実行するため、二条を宿下がりさせていた。二条は、屏風《びょうぶ》や畳が新しくなっているのを不思議に思いながらも眠ってしまい、夜中にふと気付くと横に後深草院がいた。後深草院は「昔よりおぼしめしそめて、十といって四つの月日を待ちくらしつる」（幼い頃から一四年も貴女を待っていました）といって二条を口説くが、御所で父親のように接していた後深草院が男に変わったことに衝撃を受けた二条は、求愛を拒んでしまう。

だが二日後、二条は後深草院と初夜を迎える。その時の様子を二条は「うすき衣はいたくほころびてける」（衣服が破れてしまった）と書いているので、かなり強引なセックスだったことが分かる。

＊1　後深草院二条が、一四歳（一二七一年）から四九歳（一三〇六年）までを綴った自伝。この日記は、宮内庁書陵部が所蔵している桂宮家蔵書の写本が唯一のもので、一九三八年に国文学者の山岸徳平が発見、一九五〇年に初めて一般に

公開された。

＊2　西園寺実兼（一二四九年～一三二二年）。大覚寺統と持明院統による皇位継承問題について鎌倉幕府と交渉した優秀な官僚であり、和歌と琵琶の名手でもあった。

ストーカー男に好かれる？

後深草院の寵を受けた二条は翌年に妊娠するが、今度は身重の二条を実兼が口説きにかかる。公子の嫉妬に加え、妊娠中に父を亡くした服喪中であり、亀山《かめやま》天皇の即位で後深草院の権威が低下したこともあって、二条の出産は地味に行われたようだ。そして出産した二条は、実兼と密会を重ねていく。後深草院は二人の関係を知っていながら黙認していたらしく、「むば玉の夢にぞみつるさ夜衣あらぬ袂を重ねけりとはさだかに見つる夢もがな」（今夜、貴女が別の男と仲良くしている夢を見ました。はっきりした夢なので、もう一度確かめたいものです）という嫌みな手紙を送っているのでかなり偏執狂的といえる。ただ二条も後深草院に続いて実兼の子を妊娠しているのだから、愛欲の深さはかなりのものである。

さらに二条は、「有明《ありあけ》の月」と呼ぶ阿闍梨《あじやり》＊3から強引な求愛も受けている。「有明の月」は、後深草院の異母弟・性助法親王《しょうじょほっしんのう》で、この時二九歳。一二七五年に御所で開かれた後白河院の追善供養の席で二条を見初めた阿闍梨は、亡くなった雅忠の思い出話などをしていたが、突然「仏も心きたなきつとめとやおぼしめすらんと思ふ」（仏も私の行動を汚いと思われるかもしれませんが）と告白を始め、さらに「いかなるひまとだに、せめては、たのめよ」（暇ができたら会うと約束してくれ）とまでいい始めた。それでも二条から色よい返事がもらえなかった阿闍梨は、熊野、牛王《ごおう》、梵天王《ぼんてんのう》など「日本国六十箇神仏」の起請文《きしょうもん》*4を送り付け、自分は七歳で出家して苦行も重ねたが、この二年は本尊の前で読経をしていても貴女の姿が浮かぶと想いを述べ、このままだと「生々世々《しょうじょうせぜ》、あべからざれば、我さだめて悪道におつべし」（何度生まれ変わっても悪道に堕《お》ちるでしょう）、「一期のあひだ修するところ、みな三悪道に、回向《えこう》す」（これまでの修行を悪道のために使います）と二条を恫喝《どうかつ》にかかるのだから、後深草院と同じくストーカー体質といえよう。結果的に二条は阿闍梨とも関係を持っているが、これは拒否するのが下手なのか、二条の情欲が深いのか、あるいはそのどちらもなのか。

この後、二条は阿闍梨の子を妊娠するが、出産前から亀山院に口説かれている。

亀山院は後深草院の同母弟で、政治的にも最大のライバルだった。プレイボーイだった亀山院は、二条へ猛烈なアタックを続け、ついに肉体関係を結ぶ。そのため兄弟が二条を奪い合うドロドロは、「夜も一所に御寝になる。御添臥に候ふも、などやらん、むつかしく覚ゆれども、逃るる所なくて宮仕ひゐたるも、いまさら憂き世の習ひも思ひ知られ侍る」（夜、後深草院と亀山院と同じ場所で眠った。煩わしいが仕方ない）にまで発展する。こうした愛憎劇が、二条が御所を追われる遠因となっている。やがて出家した二条は、西行《さいぎょう》＊5に憧れ諸国遍歴をしているので、最後まで男の影が絶えなかったといえる。

＊3　戒律を守り、弟子たちの規範になる優れた僧侶のこと。
＊4　約束を破らないことを神仏に誓うために書く文書。
＊5　西行（一一一八年～一一九〇年）。武家の名門に生まれ、鳥羽院に北面武士として仕えるなど順調に出世したが、二三歳で突然、出家。それ以降は諸国を放浪しながら歌を詠んでいる。その歌と生きざまは、多くの文化人に影響を与えている。

夜の日本史｜第三章

室町時代

◉真言立川流の奇怪な儀式に熱中

後醍醐天皇

【ごだいごてんのう】

略歴▼一二八八年生まれ。後宇多天皇の第二皇子で、三一歳で即位。鎌倉幕府打倒を計画した正中の変、続く元弘の乱が露見し隠岐へ配流となる。楠木正成が反幕府の兵を挙げると、隠岐を脱出。鎌倉幕府滅亡後は建武の中興を行うが、反発した足利尊氏が蜂起し朝廷が南北に分裂する。一三三九年没。

後醍醐天皇主催の乱交パーティー

「無礼講《ぶれいこう》」という言葉がある。改めて説明するまでもなく、地位の上下や礼儀を無視してドンチャン騒ぎをすることだが、当然ながら会社の宴会で上司の「無礼講だから」という言葉を信じて無茶をすると、必ず後悔することになる。

「無礼講」は、後醍醐《ごだいご》天皇が鎌倉幕府を倒すために呼びかけた謀議の席で、同志たちと乱交パーティーを開いたことが語源になったとする説が有力である。

花園《はなぞの》上皇は「元亨《げんこう》四年十一月朔日《さくじつ》」の日記（いわゆる『花園天皇宸記《しんき》』）の中で、その時の様子を「凡近日或人云、資朝・俊基等、結衆会合、乱遊或不着衣冠、殆裸形（中略）偏縦嗜欲之志、濫称方外之名、豈協孔孟意乎、此衆有数輩、世称之無礼講（或称破仏講）之衆云々《うんぬん》」と記している。現代語訳すると「ある人から聞いた話だが、後醍醐が日野資朝《ひのすけとも》＊1、日野俊基《としもと》＊2らと会合を持った。そこでは衣服も烏帽子《えぼし》も脱ぎ捨てて、美女をはべらせ乱交をしているという。参加者は欲望のままに好き勝手なことをして、倫理などは眼中にない。この乱交に参加している輩《やから》は多く、世間では無礼講（あるいは破仏講《はぶっこう》）と呼んでいるようだ」となる。

『源氏物語』を読めば分かるように、皇族や公家《くげ》は男女ともセックスに関しては大らかで（武家では人妻の浮気は厳禁だが、公家は女性を束縛することも少なかったので、よりオープンだった）、何人もの女性と関係を持っても、それほど批判されることはなかった。といっても夜の睦《むつ》ごとは、いつの時代も一組の男女が密《ひそ》かに行うのが普通で、人前で、しかも何組もの男女が相手をとっかえひっかえセックスするのはやはり常識外れ。そのことは、花園上皇がわざわざ「無礼講」を取り上げ非難していることからも分かる。

後醍醐が「無礼講」を開いたのは、真言立川流《しんごんたちかわりゅう》の僧・文観《もんかん》＊3の影響が大きいとされている。立川流は、平安末期に醍醐寺三宝院《さんぼういん》の僧・仁寛《にんかん》＊4によって創設されたとされる。平安末期は天変地異が相次ぎ、仏法が衰える末法の世になったと考えられていた。社会不安が新興宗教を生み出すのは今も昔も同じで、立川流も混乱を背景にして誕生し、静かに勢力を伸ばしていった。真言密教は、精進潔斎を重ね即身成仏することを理想とするが、立川流は密教でありながら男女のセックスを用いても成仏することが可能としていた。欲望を抑えるどころか、最も断つのが難しい煩悩＝セックスを推奨したのだから、仏教界は一斉に反発する。

この立川流に、後醍醐は傾倒していく。『傳燈廣録《でんとうこうろく》』によると、初めて後醍醐と謁見した文観は「秘密神通を説きて呪術の奇妙を彰はす」（秘密の神通力のことを説明し、実際に呪術の奇跡を披露した）。すると後醍醐は、「此に於いて天皇偏に之に帰すること傍《そば》に人無きが如」（文観への帰依の大きさは、側に人がいない時のようだった）というほど感動したという。さらに文観は、「理趣釈経に説て男女の二根交会なすと」（理趣釈経には、男女が交合すると）解脱できるとあると説明し、「三十余通の印璽」や「百余の秘訣《ひけつ》」などを贈っているが、その中には「男女合体之図」もあった。その意味で、後醍醐の「無礼講」は、立川流の秘義の実践だったかもしれないのだ。

＊1　日野資朝（一二九〇年～一三三二年）。後醍醐天皇の側近として討幕計画（正中の変）を指導するが、鎌倉幕府に捕まり佐渡へ流罪となる。その後、再び討幕計画（元弘の乱）が露見し佐渡で処刑された。

＊2　日野俊基（生年不詳～一三三二年）。日野資朝と同様、正中の変と元弘の乱に加わり、鎌倉で処刑されている。

＊3　文観（一二七八年～一三五七年）。後醍醐天皇の命で、鎌倉幕府を呪詛したとして硫黄島に流罪となる。鎌倉幕府が倒れると、後醍醐と共に南朝に属し、大僧正になっている。

＊4　仁寛（生年不詳～一一一四年）。真言宗の高僧となるが、鳥羽天皇の暗殺計画（永久の変）に加わったとして、伊豆へ流罪となる。配流先で陰陽師・見蓮（兼蓮）を弟子にし、自殺した後、見蓮らが立川流の教義をまとめたとされる。

真言立川流の秘儀

歴代天皇は仏教を厚く保護してきた。花園上皇が後醍醐を嫌ったのは、後醍醐が〝邪教〟の真言立川流を信仰していたことも影響していたと思われる。花園上皇が「無礼講」に「破仏講」なる別称があると書いていることからも、仏教徒としての怒りがうかがえる。

〝異端〟の教義を唱えた立川流は、徹底的に弾圧され、[＊5]江戸時代には断絶している。

そのため、立川流の教典は燃やされ、実態を伝える史料は少ないのだが、わずかに残る『受法用心集《じゆほうようじんしゆう》』(誓願房心定《せいがんぼうしんじよう》の著作とされ、鎌倉時代に成立)には、立川流の本尊「髑髏《どくろ》本尊」を作るための奇怪な儀式が描かれている。

本尊を作るには、まず人間の髑髏を用意する。髑髏は高僧や大臣といった貴人、繋《つな》ぎ目のない頭骨、一〇〇〇人分の骨を粉末にして造形し直した「千頂《せんちよう》」など珍しいものの方が、より尊い本尊になるとされていた。髑髏が見つかったら、男女の性器からあふれる「二渧《にてい》」(精液と愛液)が混ざった「和合水」を「髑髏」に塗る。すると「髑髏にこもれる七魄を生ぜしむるなり」(髑髏に籠った七魂が表に出てくる)という。「和合水」を作る時の注意は、「女人を懐妊せさせじとするなり」(女性を妊娠させないこと)だが、「百二十度ぬる間に懐妊せずば其の後は数を定めず、懐妊を期としてぬるべし」(一二〇回塗った後は、妊娠した時の「和合水」を塗る)とある。その後、鳥の卵を温めるように髑髏を抱いて八年待つと、髑髏は次第に生気をおび、ついには人間の言葉を発し、最も位の高い髑髏本尊ならば、すべての願いをかなえてくれるというのだ。

「髑髏本尊」を作る儀式と「無礼講」はどこか似ているだけに、後醍醐は、文観の指導のもと強い呪力を持つ「髑髏本尊」を作って、鎌倉幕府を呪詛《じゅそ》しようとした可能性も出てくる。後醍醐が何度も乱交パーティーを開いたのは、本尊を作るために必要な「和合水」を採集するためだったのではないだろうか。そう考えると淫靡《いんび》な印象は霧消し、倒幕にかける後醍醐の情念に恐怖すら覚える。

立川流は淫祠《いんし》邪教[*6]とされてきたが、最近の研究では、性を重視したのは現世が男女の陰陽から成り立っていることを示すためであり、「髑髏本尊」を作るのに長い年月をかけるのも、セックスを通して男女が愛を深めるためとされている。立川流の修行をした後醍醐が愛の境地に達したのかは、今は知るよしもない。

＊5　立川流は、南朝復活のため暗躍したともいわれるが、常に時の権力者から弾圧を受け、江戸時代に絶えたとされる。

＊6　明治初期の蓮門教、昭和初期の大本教も「淫祠邪教」と呼ばれた。

◉『忠臣蔵』のモデルになった女好き

高師直

【こうのもろなお】

略歴▼生年不詳。代々、足利家の執事を務める高家に生まれ、足利尊氏の側近として討幕戦に参加。室町幕府の成立後は、尊氏と弟の直義の権力闘争が起こると、直義を出家に追い込み、尊氏の嫡男・義詮を補佐して幕府の実権を握る。南朝と結んだ直義に敗れ出家を条件に和睦するが、護送中に討たれている。一三五一年没。

『忠臣蔵』と高師直

忠臣蔵《ちゅうしんぐら》では、浅野内匠頭《あさのたくみのかみ》が吉良上野介《きらこうずけのすけ》に賄賂を贈ることを拒んだためにイジメられ、それに耐えきれず刃傷《にんじょう》に及んだとされることが多い。だが忠臣蔵ものの原点『仮名手本《かなでほん》忠臣蔵』*1では、物語の舞台を室町時代に移し、高師直《こうのもろなお》（吉良）が、塩冶判官《えんやはんがん》*2（内匠頭）の妻に横恋慕したことが発端となっており、これは実際の事件をモデルにしている。

高師直は室町幕府を開いた足利尊氏《あしかがたかうじ》の執事で、絶大な権力を握っていた。師直は天皇の権威を否定する発言をしたり、その地位を利用して他人の荘園《しょうえん》を強奪したりする悪逆非道の限りを尽くすが、中でも有名なのが女あさりだった。『仮名手本』の元ネタになった師直の横恋慕は、『太平記《たいへいき》』の巻二一「塩冶判官讒《ざん》死《し》の事」に詳しく書かれている。塩冶判官高貞《たかさだ》の妻は、後醍醐天皇から下賜された側室。色好みで有名な後醍醐天皇の側室だけに、「よく世に類なきみめ貌《かおどり》」と描写されるほどの美人。高貞の妻は一般的に「顔世御前《かおよごぜん》」*3と呼ばれるが、この呼称は『太平記』には出てこない。

美貌の人妻に一目《ひとめ》惚《ぼ》れした師直は、「兼好《けんこう》と云ける能書の遁世《とんせい》者を呼寄て、紅葉重の薄様の、取手もくゆる計にこがれたるに、言を尽してぞ聞へける」（兼好という文章が巧《うま》い世捨人を呼んで、紅葉を重ねた薄紙に、手に取ると匂いが移るほど香を焚《た》き、恋文を書かせた）という。つまり『徒然草《つれづれぐさ》』の作者として有名な吉田《よしだ》兼好に、恋文の代筆をさせたというのである。しかし、兼好の書いた恋文は送り返されてきた。

恋の病に取り憑《つ》かれた師直は、ついに自殺を口にするまでになり、それを聞いた侍従は高貞の妻の侍女に接触、今夜は高貞が外出し、「御台《みだい》」はお湯を使うとの話を聞きつける。師直主従は、侍女の手引で高貞の屋敷に潜入し、「紅梅の色ことなるに、氷の如なる練貫の小袖の、しほくとあるをかい取て、ぬれ髪の行ゑながくか丶りたる」（紅梅の色が美しい衣の上に、氷のような青白い練貫の小袖を羽織り、その上にぬれた髪が長くかかっている）風呂上がりの「御台」の姿を垣間見る。そのあまりの美しさに師直は、「物《もの》の怪《け》の付たる様に、わな〳〵」とふるえたという。いつ高貞が帰ってくるか気が気でない侍従は、師直の袖を引いて家から出そうとするが、師直は「縁の上に平伏《ひれふし》て、何に引立れ共起上らず」と動こうとしない。何とか帰宅させたものの、「御台」への恋心は募るばかりで「物狂《ものぐるい》」になってしまう。

嫉妬に狂った男は恐ろしく、師直は「御台」を手に入れるため、高貞の排除を思い付く。将軍尊氏に「塩冶隠謀の企《くわだて》有由《あるよし》」と讒言《ざんげん》し、実際に討伐の軍を送り込むのである。それを知った高貞は、領国の出雲《いずも》で師直を迎え撃つべく密かに京を脱出、それに続いて郎党二十数名に守られた「御台」と子供たちも都を離れる。「御台」の脱出を知った師直はすぐに追跡を始め、播磨《はりま》で一行に追いつく。大軍に囲まれた高貞の郎党は死を決意、「御台」は家臣の山城守宗村《やましろのかみむねむら》に胸を刺されて殺される悲劇的な末路をたどっている。

＊1　竹田出雲、三好松洛、並木千柳の合作狂言。一七四八年初演。
＊2　塩冶高貞（生年不詳〜一三四一年）。塩冶判官の通称で有名。足利尊氏を討つべく東国へ向かうが、途中で寝返り、その功績で出雲、隠岐を与えられた武将だが、現在では実在の人物というより、物語のキャラクターとして有名になっている。
＊3　顔世御前は『仮名手本忠臣蔵』の登場人物の名で、実際の塩冶判官の妻の名は伝わっていない。

目的のためには手段を選ばず

師直の乱行は、これだけではない。『吉野拾遺《よしのしゅうい》』には、師直が弁内侍《べんのないし》＊4という美女を強奪した話が出てくる。

弁内侍は、後醍醐天皇の側近中の側近として活躍した日野俊基の娘で、南朝の後醍醐、その息子の後村上《ごむらかみ》天皇に女房として仕えていた。どこで高貴な女性の噂《うわさ》を聞きつけたのか分からないが、師直は弁内侍に想《おも》いを寄せるようになり、熱烈なラブレターを送っては、南朝の拠点がある吉野を出るように勧める。

だが弁内侍は首を縦に振らず、業を煮やした師直は、弁内侍の叔父《おじ》が北朝に仕えていることを知り、その夫人に弁内侍との仲を取り持ってくれたら「所をもあまた付け侍《はべ》りなむ。三位殿《さんみどの》の官位を進めて」（旦那の所領を増やし、官位も上げましょう）との交換条件を持ちかける。

欲に目がくらんだ夫人は師直の仲間となり、かつて弁内侍に仕えていた梅が枝《うめえ》という女を師直のもとに派遣する。

梅が枝は、戦乱が続く世の中なので、生きているうちに会うのは難しいかもしれませんね、と書かれた夫人の手紙を携えて吉野に赴き、ぜひ一度夫人と会ってくださいと説得する。夫人の手紙と梅が枝の言葉に心が揺らいだ弁内侍は出立を決意、「女房二人青侍《あおさぶらい》三人」を供にして出かけようとしたところに、師直が待機させていた一軍が襲いかかり、青侍を斬殺、弁内侍を強奪するのである。

そこに楠木正行《くすのきまさつら》*5が通りかかり弁内侍を救う。事件の顚末《てんまつ》を聞いた後村上天皇は感激し、「内侍を正行に賜《たま》はせむ」（弁内侍を正行に下賜しよう）とおっしゃるが、正行は「とても世になからふべくもあらぬ身の仮の契《ちぎ》りをいかで結ばむ」（乱世ですから、私の命は短いかもしれません。そんな身で結婚はできません）との歌を詠んで辞退している。弁内侍と正行の物語は、後に河竹新七《かわたけしんしち》が狂言『籠釣瓶花街酔醒《かごつるべさとのえいざめ》』に仕立てているので、師直がらみの事件は歌舞伎《かぶき》と縁が深いといえる。ただ楠木正《まさ》成《しげ》・正行父子が、四條畷《しじょうなわて》の戦いで師直・師泰《もろやす》兄弟に敗北、自刃したことを考えると、このエピソードは、尊皇派の正行を善、反天皇派の師直を悪とするために書かれた後世の創作のようにも思える。

塩冶高貞の妻や弁内侍など、どちらかといえば高貴な女性を好んだ師直だが、『塵塚物語《ちりづかものがたり》』には、家臣の妻を館に呼び寄せ、美人はみんな犯したとあるので守備範囲は広かったのかもしれない。家臣たちは抗議しようとするが、師直は怒らせたら怖いが我慢していれば良いことがあるとして、最終的に断念したとある。

師直は、弁内侍の時も味方になった夫人に応分の利益を約束しているので、もしかしたらギブアンドテイクを重んじる合理的な人物だった可能性も高い。

＊4　弁内侍（生没年不詳）。高師直に攫われそうになったところを、楠木正行に救われた以外は経歴もよく分かっておらず、正行の死後、菩提を弔うため尼になったとされる。藤原信実の娘で、『弁内侍日記』を残した女性歌人とは別人。

＊5　楠木正行（生年不詳～一三四八年）。楠木正成の嫡男で、父の「大楠公」に対し「小楠公」と呼ばれる。父の遺志を継ぎ足利尊氏と戦うが、四條畷の戦いで敗北し、自刃した。

足利義満

【あしかがよしみつ】

◉野望のための緻密な閨房戦略

略歴▼一三五八年生まれ。室町二代将軍義詮の子で、一〇歳で将軍となる。南朝勢力の弱体化と有力守護大名の粛清を行って権力を集中すると、明徳の和約を結んで南北合一を実現。明との貿易を開始し、鹿苑寺（金閣）を建立し北山文化を庇護するなど、文化面でも足跡を残している。一四〇八年没。

「能楽」成立の裏側

アニメ『一休《いっきゅう》さん』*1を見て育った世代なら、足利三代将軍義満《よしみつ》は、とぼけた三枚目とのイメージが強いかもしれない。だが実際の義満は、南北朝を統一し、有力大名を抑えて幕府に権力を集中させた剛腕政治家だった。室町時代という用語も、義満が私邸と公邸を兼ねた屋敷を京の室町に築いたことに由来しているのである。

義満は若い頃から芸術の庇護《ひご》にも熱心で、特に能楽《のうがく》には力を入れている。

一七歳の時、義満は観阿弥《かんあみ》一座の猿楽能《さるがくのう》を観賞、そこに出演していた一二歳の美少年・世阿弥《ぜあみ》に心を奪われてしまう。

当時の役者は、芸だけでなく、体も売っていたので、世阿弥もすぐに義満の寝所に呼び出されたのだろう。おそらく幼いながらもセックス・テクニックを仕込まれていた世阿弥は、義満をさらに悦《よろこ》ばせたのではないか。義満はすっかり世阿弥の虜《とりこ》になってしまい、寵童《ちょうどう》として側近くに仕えさせ、観阿弥一座の熱心な後援者になってしまうのである。

観阿弥一座の猿楽能は、現在の能と違って、コミカルな寸劇や物真似《ものまね》、軽業などの総称だった。諸国を放浪しながら興行を行っていたので、公家《くげ》や有力な武家からは「乞食《こつじき》」の芸と蔑まれていた。義満は、そんな猿楽師の世阿弥を側近にしたのだから、周囲の反発も大きかった。義満が二〇歳の時、祇園祭《ぎおんまつり》を桟敷《さじき》から見物したのだが、その席に世阿弥を同席させた。桟敷は公家や幕府の重鎮が並ぶＶＩＰ席。そこに「乞食」の子を連れてきたのだから、衝撃が走った。

内大臣・三条公忠《さんじょうきんただ》の日記『後愚昧記《ごぐまいき》』には、「大和《やまと》猿楽の児童去る比《ころ》より大樹《たいじゅ》これを寵愛す。同席伝器《でんき》かくの如《ごと》し。散楽《さがく》は乞食の所行《しょぎょう》なり。而《しか》るに賞翫近仕《しょうがんきんじ》の条、世に以《もっ》て欣奇《きんき》の由《よし》なり」（大和猿楽一座の子・世阿弥が、少し前から義満の寵愛を受けている。祇園祭で同席したとの噂も当然だろう。猿楽は賤民《せんみん》の芸である。それだけに、二人並んで見物したのは前代未聞だ）とあるので、義満の行為がどれほど型破りだったかが分かるだろう。

権力者におもねる者が出るのは、いつの時代も同じ。義満が愛する世阿弥には次々とパトロンが付き、世阿弥は、『後愚昧記』が「仍《よっ》て大名等は競ってこれを賞《しょう》賜《し》し、費は巨万に及ぶと云々」（大名は競って芸を絶賛し、多額のギャラを払っているようだ）と書いているように、我が世の春を謳歌《おうか》したようだ。

だが世阿弥が手に入れたのは「巨万」の富だけではない。有力者と交流するようになった世阿弥は古典文学などの教養を身に付け、現在まで続く「能」の基礎を確立するのだ。つまり能楽は、義満と世阿弥の男色関係が生み出したといっても過言ではないのである。

当初は世阿弥を寵愛していた義満だが、その心は、次第に別の猿楽師・犬王《いぬおう》（道《どう》阿弥《あみ》*2）に移る。これで世阿弥の天下も終わりかと思いきや、義満が五〇歳の若さで急逝すると、義満と仲の悪かった息子の義持《よしもち》が将軍に就任。父が愛したものを否定する義持によって、犬王が失脚。晩年の義満に疎んじられていた世阿弥が生き残ってしまったのだから、世の中は何が幸いするか分からない。

＊1　一九七五年から一九八二年まで、全二九六話が放送された。
＊2　犬王（生年不詳～一四一三年）。近江猿楽日吉座の大夫として活躍し、観世座の観阿弥、世阿弥と人気を二分した。

天皇になろうとした義満？

義満は女性関係も派手で、特に公家の女性を好んでいた。義満は、一七歳の時に公家の娘・日野《ひの》業子《なりこ》＊3と結婚。義満は業子をことのほか愛し、第一子を妊娠した時は、男が近付くことがタブー視されていた産所に入って泊まり込んでいるほどである。ただ第二子を妊娠した時は産所に入っていないので、その頃には、業子への愛も冷めていたのかもしれない。

業子に先立たれた義満は、業子の姪《めい》・康子《やすこ》を後室に迎える。ここまでは、よくある話なのだが、義満は未亡人になっていた康子の母・池尻殿《いけじりどの》も側室にして、母娘と肉体関係を持ってしまうのだ。

さらに朝廷を凌《しの》ぐ権力を手にした義満は、宮中に自由に出入りし、加賀局《かがのつぼね》、新《しん》中納言局《ちゅうなごんのつぼね》、一条局《いちじょうのつぼね》、三位局《さんみのつぼね》など、宮中の女官を次々と愛妾《あいしょう》にする。公家たちは傍若無人な義満を苦々しく思っていたが、独裁者を止める手だてがない。公家たちの心配は現実になり、義満の魔の手は、後円融《ごえんゆう》上皇の愛妾にまで伸びていくのである。

一三八三年、後円融が、愛妾の三条厳子《さんじょうたかこ》に対し、刀を抜き、棟打ちで折檻《せっかん》するという事件が起こる。その理由は、出産が終わったのに帰ってこない厳子に腹を立てたと史書は伝えているが、厳子の兄が義満にことの顚末を報告しているので、後円融は義満と厳子の密通を疑って折檻したのではないかとの説も根強い。

さらに同じ年、やはり後円融の愛妾だった按察局《あぜちのつぼね》が、突然、出家してしまう。どうも按察局も義満と密通していて、それが後円融の逆鱗《げきりん》に触れ、出家させられたのではないかとの噂が流れる。実は、按察局と義満は不倫関係にはなかったのだが、後円融が御所に引きこもってしまったので、義満は重臣と対応を協議。それを自分を罰するための謀議と勘違いした後円融は、重罪に処せられるくらいならと、持仏堂に入って切腹自殺（ただし未遂）をはかってしまうのである。

これも義満が宮中をハーレム代わりにしていたから起こった誤解で、皇室も義満に逆らえなかったことがよく分かる。

義満が、正室も側室も公家から選んだのは、自分の子供を天皇にして、最終的には天皇家を簒奪《さんだつ》する計画の一環と見る研究者もいる。そのため義満の死は、朝廷による暗殺だったともいわれている。

＊3　日野業子（一三五一年～一四〇五年）。日野時光の娘。叔母の日野宣子の仲介で、足利義満と結婚。義満の寵愛は深かったが、二人の間に成長した子はいない。

◉充実した老後のセックスライフ

一休宗純

【いっきゅうそうじゅん】

略歴▼一三九四年生まれ。後小松天皇のご落胤との説もある。大徳寺の華叟宗曇の弟子となり、一休の号を与えられる。師の没後は諸国を放浪し、形骸化した禅を批判する過激な言動で世を騒がせる。応仁の乱後に大徳寺の住持となり、荒廃した伽藍の再建などに尽力し一四八一年に示寂した。

風狂の僧・一休宗純

一休《いっきゅう》といえば、「このはし渡るべからず」と書かれた橋を渡るため、真ん中を歩いた頓智《とんち》話で有名だろう。頓智が得意な小坊主のイメージは、江戸時代に作られたフィクションなので、当然ながら実際の一休宗純《そうじゅん》とは無関係。それどころか臨済宗の僧・一休は、ユーモラスな頓智話とは無縁の、苛烈な生涯を送っている。

一休は後小松《ごこまつ》天皇のご落胤《らくいん》との説もあるが、出自はよく分かっていない。六歳の時に安国寺《あんこくじ》の像外集鑑《ぞうがいしゅうかん》*1に入門。一三歳の時には漢詩『長門春草』を発表し、詩人として注目されているので、早熟な天才だったといえる。

その後、大徳寺《だいとくじ》の華《か》叟宗曇《そうそうどん》に師事。一四二〇年、鴉《からす》の鳴き声を聞いて大悟。*2 華叟は印可状を与えようとするが、一休はそれを固辞。一休の真意を理解した華叟は、笑って一休を送り出したという。

当時の仏教界は、親の身分が高ければ仏道や学問を修めなくても出世できたため、高僧の中には修行に励むどころか、酒宴に男色、女色に溺れる者も多かった。大徳寺を出た一休は、そんな同僚を批判するため「山林富貴五山衰　唯有邪師無正師」（山林派は富貴となり、五山は衰退した。よこしまな者ばかりで、正しい指導僧はいない）などの過激な詩を発表して世を騒がせる風狂の僧になっていく。

一休は、自分を使って高僧の堕落をパロディ化するかのように、肉を食らい、風変わりな格好で街中を闊歩《かっぽ》するなど、ありとあらゆる戒律を破った。当然ながらセックスも派手で、漢詩に「淫乱天然愛少年」（俺は天性の淫乱で少年が好きだ）と書くほど男色にふけっていたようだ。

それだけに、一休は美少年を愛《め》でる漢詩も数多く残している。例えば「少年十五如月出　一笑紅顔似花開」は、一五歳の少年は新芽が生まれる如月《きさらぎ》*3のようで、紅顔の笑顔は花が開いたようだと少年時代特有の美しさを絶賛したもの。「風流可愛少

年前 濁醪一盞詩千首」になるともっと直接的で、美少年を側にはべらせ、濁り酒を飲みながら千首の詩を思い浮かべた時のことを描いている。

一休は、美少年のことを詠んだ後には「絶交臨済正伝禅《せいでん》」（俺は臨済正伝の禅と絶交する）や「自笑禅僧不識禅」（俺は禅の心を知らないので笑ってしまう）といった自嘲的な一節を書いているので、仏教界を批判するため嫌々ながら少年とセックスをしたと解釈されることもあるようだが、生々しい詩の文章を読むと、一休はもっと素直に人間の欲望を肯定していたように思えてならない。

＊1　後小松天皇（一三七七年～一四三三年）。第一〇〇代天皇。室町三代将軍・足利義満の傀儡で、皇位簒奪を目論む義満に頭を悩ませたが、義満の急死で権威を回復した。

＊2　すべての迷いを打ち破り、真理を悟ること。「大悟徹底」とも。

＊3　二月。

森侍者との晩年

一休の弟子・岐翁紹禎《ぎおうしょうてい》は、一休の実子との説がある。その真偽は不明だが、こうした風説が生まれるほど、一休が女性と遊んでいたことは事実のようである。

　一休が四三歳の時、大燈国師《だいとうこくし》（宗峰妙超《しゅうほうみょうちょう》）の百年忌法要が行われた。一休はその席に「一女子衣嚢《いのう》を戴《いただ》いて後に従」った（女を連れて参列した）という。

　さらに遊廓《ゆうかく》にも通っていたようで、「題淫坊」（女郎屋の詩を作る）と題した漢詩には、「美人雲雨愛河深　楼子老禅楼上吟　我有抱持唼吻興　竟無火聚捨身心」（美女との愛欲は深く、遊女と俺は声を出して歌った。俺はキスと抱擁が大好きで、仏教のために我が身を捨てることはできなかった）とあり、自らの性癖までも告白している。

　一休が関係を持った女性の中で最も有名なのは、何といっても晩年を共にした盲目の美女・森侍者《しんじしゃ》（森女《しんじょ》）だろう。

　一休が森侍者と出会ったのは七八歳、森侍者は三〇歳前後の時といわれている。年の差四五歳を超えるカップルだったが、一休は「余、薪園《しんえん》の小舎《しょうしゃ》*4に寓《ぐう》する年あり。森侍者、余が風彩を聞いて、已《すで》に嚮慕《きょうぼ》の志あり。余も亦焉《またこれ》を知る」（俺は薪園の小さな庵で暮らしていたことがあった。森侍者は俺の噂を聞いていて、もてなしたいと思っていたようだ。俺も森侍者の気持ちを知っていた）と書いているので、すぐに相思相愛の関係になっていたことが分かる。また「優遊且喜薬師堂　毒気便便是我腸　慚愧不管雪霜鬢」（薬師堂で森侍者の艶歌を聞いた。女の歌は俺の腸《はらわた》にしみる。老人であることを忘れる）という漢詩も残しているので、一休の愛の深さもうかがえよう。

高齢にもかかわらず、一休は森侍者と定期的に肉体関係を持っていた。有名な「美人陰有水仙花香」（美女の陰部は、水仙の花の香りがする）という詩には、「楚臺應望更應攀　半夜玉牀愁夢顔　花綻一茎梅樹下　凌波仙子繞腰間」（女性の体は眺めたり、よじ登ったりするものだ。床の中には物憂げな女の顔がある。花＝女性器は、茎＝男性器でほころんでいった。快感が腰のあたりをめぐっている）とあり、女性器を観賞するところから本番までの流れを、リアルに活写している。

森侍者とのセックスは、一休に活力を与えたようだ。そのことは「木稠葉落更回春　長緑生花旧約新　森也深恩若忘却　無量億劫畜生身」（枯木が春に芽を吹き、緑になって花が咲くように、俺も森侍者と出会って若返ったなあ。この恩を忘れたら未来永劫《えいごう》まで畜生の身でいなければならないだろう）という詩を書いていることからも納得できるはずだ。

一休は、森侍者と約一〇年を過ごし八八歳で大往生を遂げる。晩年の一休が充実していたのは、間違いなく森侍者との関係がプラスに働いた結果である。

高齢化が進み、ようやく老人の性が真剣に議論されるようになった。森侍者と幸福な性生活を送った一休は、そのヒントを与えてくれるのではないだろうか。

＊4　一休は、戦乱で衰退していた妙勝寺に草庵・酬恩庵を結んだ。この地は、神事に使う薪を奉納していたので、薪園と呼ばれていた。酬恩庵は現在もあり、一休寺とも呼ばれている。

夜の日本史｜第四章

戦国時代

◉男色相手に弁解の手紙を出した名将

武田信玄

【たけだしんげん】

略歴▼一五二一年生まれ。一五四一年に家臣と結んで父の信虎を駿河へ追放し、家督を相続。信濃、諏訪などに侵攻して領土の拡大をはかる。北信濃の支配権をめぐって上杉謙信と対立し、川中島で五回戦っている。足利義昭の命令に応じる形で上洛を開始するが、その途上で死去した。一五七三年没。

女性関係は奇麗だった信玄

二〇〇七年のNHK大河ドラマ『風林火山』は、井上靖の同名小説を原作にしていた。ただ、貫地谷しほりの好演で話題になったミツは原作に登場しておらず、派手なコスチュームで異彩を放ったGACKT演じる上杉謙信《うえすぎけんしん》も原作とはかけ離れていたので、ドラマの大部分はオリジナルストーリーといえるだろう。

その中にあって、原作のイメージに最も近いのが信玄《しんげん》役の市川猿之助《いちかわえんのすけ》（出演時は亀治郎《かめじろう》）。信玄と聞けば老獪《ろうかい》な戦略家を思い浮かべがちだが、井上靖は信玄を、宿老の反対を押し切って採用した軍師・山本勘助《やまもとかんすけ》に全幅の信頼を寄せる朴訥《ぼくとつ》な人物としている。いつも明朗で人を疑うことを知らない亀治郎＝信玄は原作そのままだったが、後半はドラマのストーリーに従う形で、冷酷な武将へとシフトしている。ドラマの面白さは認めるところだが、原作の持ち味が消されていたのは残念だった。ドラマではあまり強調されていないが、井上靖は信玄を徹底した女好きとして描いている。勘助は理想の主君・信玄と才色兼備の側室・由布姫《ゆうひめ》（諏訪御寮人《すわごりょうにん》*1。由布姫という名前は井上靖の創作）の二人が、甲斐《かい》を支配する体制を作るために奮闘するが、信玄は勘助の思いを知ってか知らずか、女遊びがやめられない。

信玄が出家したのは、仏教への信仰が篤《あつ》かったからとされているが、井上靖は、信玄に由布姫だけを見ていて欲しい勘助が、出家を勧めたという説を採っている。信玄は女遊びができなくなるので出家することを渋るが、勘助は自分も一緒に出家をするからと言って説得しようとする。しかし信玄も負けてはおらず、六〇歳近い勘助とまだ三〇歳過ぎで精力も衰えていない自分とでは条件が異なるとして、勘助の諫言《かんげん》を拒否するコミカルなエピソードも用意されているほどである。

だが実際の信玄には、それほど派手な女性関係はなかったようだ。信玄には正室*2のほかに、諏訪御寮人、禰津《ねづ》御寮人、油川《あぶらかわ》夫人の三人の側室がいたとされる。母親が分かっていない娘がいるので史料に残っていない側室がいた可能性もあるが、一五人を超える側室がいた徳川家康《とくがわいえやす》や、恐妻家でありながら一〇人を超える側室を持ち、一〇歳前後の幼女にも手を出していたという豊臣秀吉《とよとみひでよし》に比べれば、信玄の側室の数は圧倒的に少なかったといえる。

＊1　諏訪御寮人（生没年には諸説あり）。諏訪を支配する諏訪頼重の娘で、信玄の諏訪平定後に側室となり武田勝頼を生むが、詳しい経歴は不明。
＊2　三条の方（生年不詳〜一五七〇年）。左大臣三条公頼の娘で、信玄の正室。長男の義信が謀叛の疑いで幽閉された後に死亡、父は大寧寺の変で殺され、次男の信親は失明するなど、度重なる不幸に見舞われている。

男同士の三角関係に悩む

女性関係ではあまり問題のなかった信玄だが、男関係ではとんでもないトラブルを巻き起こしている。戦国時代の武将は、ごく当たり前の習慣として家臣と衆道《しゅどう》（同性愛）の関係を結んでいた。近代国民国家の軍隊では、同性愛は絶対的なタブー[*3]とされていた。これは同性の恋人同士がかばいあうと組織行動が困難になるという理由のようだが、戦国時代の武士はまったく発想が逆で、衆道という〝血の盟約〟を結んだ関係だからこそ相手のために死ねる、と考えていたようだ。

そのため、戦国武将は信頼する家臣としか衆道の関係を結ばなかった。信玄が後に「武田《たけだ》二十四将」や「武田四名臣」に数えられる側近中の側近・春日虎綱《かすがとらつな》（高坂昌信《こうさかまさのぶ》）を寵愛《ちょうあい》していたのも、当時の常識からいえば当然だったのである。

ところが、信玄は虎綱という恋人がいながら、弥七郎《やしちろう》という小姓にも手を付けてしまった。自分の浮気で虎綱が激怒していると思った信玄は、「一、弥七郎に頻に度々申候へ共。虫気之由申候間了簡無く候。全く我が偽りになく候事」（弥七郎には度々言い寄ったけれど、腹痛だと断わられました。嘘《うそ》じゃありません）、「一、弥七郎と伽に寝させ申し候事之無く候。此の前にも其の儀無く候。況んや昼夜共弥七郎と彼儀なく候。就中今夜存じ寄らず候之事」（弥七郎に夜伽《よとぎ》を命じたことはありません。これまでにもありません。昼夜ともありません。まして今夜そんな関係になるわけがありません）、「一、別してちいん申し度きまま、色々走り廻り候へば、還て御うたがひ迷惑に候」（本当は貴方と結ばれたいのです。それで走り回っているのに、貴方は浮気のために動いていると逆に疑う。それに困っています）という三条からなる弁明の手紙「誓詞之意趣書」を書いている。

信玄が最愛の恋人に、声はかけたけれど絶対にセックスはしていないよ、という現代人も使いそうな言い訳を必死でしている姿が微笑《ほほえ》ましい。

重ねて信玄は、「此条々いつわり候者、当国一二三大明神、富士、白山、殊ハ八幡大菩薩、諏方上下大明神可蒙罰老也、仍如件」（もしこの手紙に嘘があれば、甲斐の一宮、二宮、三宮大明神、富士山、白山、殊に八幡大菩薩、諏訪上下大明神の神罰を受けるでしょう）と書いているのだから、必死さも伝わってくる。

興味深いのは、信玄がこの手紙を「内々法印にして申す可く候へ共、甲役人多く候間、白紙にて。明日重ねてなり共申すべく候」、つまり「この手紙は、本来なら神社の法印を捺《お》した正式な誓詞に書きたいのですが、甲府の役人の管理が厳しく手に入らなかったので、普通の紙に書きました。後日、改めて本物の誓詞に書き直します」と念押ししていることである。「誓詞」は神仏に誓いを立てる文書のこと。神罰や呪術が信じられていた戦国時代の「誓詞」は、現代人には想像できないほど神聖なものだったので、この手紙の重みも納得できよう。

愛情のもつれが国を乱すのは、男女の仲でも男同士でも同じこと。毘沙門天《びしゃもんてん》を信仰するあまり女を断った上杉謙信も美童を愛していたが、[*4]甥《おい》の景勝《かげかつ》がいるのに、北条《ほうじょう》家の人質から養子になった景虎《かげとら》も寵愛。しかも後継ぎを指名することなく急逝したため、景勝と景虎は泥沼の内戦を繰り広げることになる。信玄が虎綱との関係修復に躍起になったのも、お家の安泰を考えていたためかもしれない。

＊3　二〇一一年にアメリカ軍が同性愛者への規制を撤廃したように、現代の軍では偏見もなくなりつつある。

＊4　「上杉謙信」の項を参照のこと。

◉女性説という奇説を生んだ女嫌い

上杉謙信

【うえすぎけんしん】

略歴▼一五三〇年生まれ。長尾為景の子。兄の晴景の養子となる形で長尾家を継ぎ、国内を掌握。一五五二年には北条家に追われた関東管領・上杉憲政を助けるために出兵し、上杉姓を譲られている。秩序回復のため他国から要請があるたびに出兵し、織田信長と対峙していた一五七八年に急死した。

男色趣味が生んだ悲劇

二〇〇七年のNHK大河ドラマ『風林火山』は、ホームドラマ的な展開を抑えた硬派な作りもあって、今も評価が高い。その中で、内野聖陽演じる山本勘助よりも話題を集めたのが、GACKT演じる上杉謙信だった。本人も謙信役がお気に入りだったのか、その年の紅白では、謙信の衣装を着たまま『RETURNER～闇の終焉《しゅうえん》～』を熱唱していたのを記憶している人も多いはずだ。

中性的なGACKTが謙信役を務めただけに、家臣や養子との衆道（同性愛）が再現されることも期待したが、そこは〝健全〟がウリのNHKだけに、見事にスルーしていた。その辺のことを匂わせれば、〝ボーイズ・ラブ〟好きの女性視聴者にもっとアピールできたはずなので、担当者は戦略を誤ったようにも思える。

それはさておき、毘沙門天を熱心に信仰していた謙信が、「生涯不犯《しょうがいふぼん》」の誓いを立てていたのは余りにも有名。ただ「生涯不犯」は、正妻以外の女性と〝不適切な関係〟を持たないと解釈するのが普通で、すべての女性を遠ざけることではなかった。それなのに謙信は、結婚もせず、女性との肉体関係はなかったとされている。ここまで極端に女性を嫌ったのは、謙信はそもそも美少年好きで、女性がいなくても困らなかったからとも考えられている。戦国時代の衆道は、上級武士の嗜《たしな》みで、主君と家臣の〝絆〟を深める行為だった。事実、謙信の周囲には名門の子弟が集められ、国を支えるエリート教育を行っていたようだ。

謙信は病弱な兄に代わって家督を相続、一族の反乱を力で捩《ね》じ伏せて越後を統一している。下克上が当然の東国に生きる謙信は、無能な実子よりも、才能あふれる養子の方が後継者に相応《ふさわ》しいと考える合理主義者だった可能性もある。身近で能力が見極められる衆道は、謙信にとって一石二鳥だったのかもしれない。

ところが謙信の男色趣味と実力主義は、思わぬ悲劇を招いてしまう。謙信は実姉・仙桃院《せんとういん》の次男・景勝[*1]を養子に迎えていた。景勝は美少年で武将としても秀でていたが、そこに北条氏康《うじやす》の七男・三郎《さぶろう》が送られてくる。三郎は、謙信と氏康の同盟（越相《えつそう》同盟）が結ばれたことを祝して謙信の養子となるが、実質的には人質であった。名門北条氏の血を受け継ぐ三郎は、美少年のうえに聡明《そうめい》。この養子をことのほか寵愛した謙信は、三郎と仙桃院の娘を結婚させただけでなく、自身が元服時に名乗った「景虎」[*2]の名も与え、一門として遇したのである。

謙信は優秀な養子のどちらに家督を譲るか遺言書を残すことなく急逝したため、景勝と景虎は家内を二分する泥沼の内戦に突入していく。[*3]戦国時代は家督相続の争いは珍しくないが、男色でお家騒動を起こしたのは上杉謙信だけではないか。

＊1　上杉景勝（一五五五年～一六二三年）。景虎との家督争いに勝利すると、豊臣秀吉に接近。会津一二〇万石に移封され、五大老の一人になるが、秀吉の死後は家康と敵対し、関ヶ原の合戦後は、米沢三〇万石に減封された。

＊2　上杉景虎（一五五四年～一五七九年）。北条氏康の七男として生まれ、謙信の人質となる。謙信から厚遇を受けるが、景勝との家督争いに敗れ自害した。

＊3　「御館の乱」と呼ばれる。当初は、景虎方が優勢だったが、景勝方がいち早く

謙信の居城だった春日山城の本丸と金蔵を押さえたことで形勢が逆転。景虎は前関東管領の屋敷「御館」に籠城するが、援軍も望めず孤立。次第に追い詰められ、自害している。

謙信＝女性説の真偽に迫る

謙信は戦国武将には珍しく妻を持たなかった。その理由としては美少年好きや毘沙門天信仰など様々であるが、中には謙信が女性だったとする奇説もある。『当代記《とうだいき》』は謙信の死因を、「越後景虎大虫《だいちゅう》にて卒す」としている。この「大虫」、実は婦人病の総称（現代でいえば更年期障害か）。謙信は一五七八年三月九日、春日山城《かすがやまじょう》のトイレで倒れ、四九歳で亡くなっているので、更年期障害からくる婦人病と考えると年齢的にも、見事に符合する。また謙信は毎月一〇日前後になると原因不明の腹痛に襲われ、その時は出陣中であっても兵を引きあげ、部屋に閉じ籠《こも》ったという。当時は太陰暦なので、一ヵ月は二八日。女性の生理周期も約二八日なので、毎月同じ時期の腹痛は生理痛ではないかというのだ。謙信が三月一三日に亡くなったことを考え併せると、婦人病説も説得力を帯びてくる。

謙信＝女性説は、作家で在野の歴史研究家でもあった八切止夫[*4]が唱えたものである。

八切は、「現在の一割から一割五分しか人口のなかった時代では、武家の掟《おきて》たるや不文律だが、『男女皆兵』だったらしい」とし、謙信＝女性説は江戸初期までは当然の常識だったが、「儒教伝来流行」によって男尊女卑が社会常識になったことで風化、自分は歴史の大海から忘れ去られた事実を掘り起こしただけと主張しているが、実際は八切の考えた仮説の可能性が高い。

八切は、先の生理周期、婦人病説のほかにも、謙信が男性的とされる漢詩ではなく女性が好きな和歌と、『源氏物語』を学んでいたこと、着物が赤をベースにした女性好みのものであったことなども挙げているが、最も説得力のある証拠は、ゴンザレスなる人物がスペイン国王フェリペ二世に宛てた手紙としている。

ゴンザレスは日本に黄金を探しに来たようだが、その報告書には、謙信が上杉景勝の〝Tia〟にあたるとしているという。〝Tia〟は叔母の意味で、叔父ならば〝Tio〟が正しいらしい。これも謙信＝女性説を裏付けているというのだ。

もちろん女性説への反論もある（というよりも、女性説の方が異端の仮説なのだが)。

謙信は幼い頃に林泉寺《りんせんじ》に入門、成長してからも高野山に登り真言宗の僧・清胤《せいいん》の弟子となっている。当時の仏門は女人禁制が一般的であり、また戦国時代に女性を主君と仰ぐことが考えにくいことも、男性だったことの根拠とされている。

今となっては謙信が男性か女性かは藪《やぶ》の中だが、女性を寄せつけないエキセントリックな性格が、奇説を生み出す原因だったことは間違いあるまい。

ちなみに、人気のアクションゲーム『戦国BASARA』では、謙信が中性的な人物とされていて、キャラクターボイスも女性声優の朴璐美が担当している。これは謙信=女性説[*5]を踏まえた設定と思われる。

＊4　八切止夫(一九一四年?〜一九八七年)。戦前から作家、出版社の経営者として活躍。戦後は、織田信長暗殺の実行犯は明智光秀ではない、上杉謙信は女だったなどの歴史研究を発表し、話題を集めた。

＊5　東村アキコの漫画『雪花の虎』(「ヒバナ」二〇一五年四月〜)も、謙信=女性説を題材にしている。

織田信長

【おだのぶなが】

◉マッチョな少年を愛した武将

略歴▼一五三四年生まれ。織田信秀の子。父の死後、尾張を統一し、桶狭間の戦い、美濃攻略などで勢力を拡大。足利義昭を奉じて上洛すると、浅井、朝倉、武田といった有力大名を次々と破っていく。宿敵の石山本願寺を屈服させ、中国攻略を進めていた一五八二年、明智光秀に本能寺で討たれた。

女性に淡泊な信長

鉄砲の重要性にいち早く着目、楽市楽座《らくいちらくざ》を始めとする革新的な政策で戦国の常識を塗り替えた織田信長《おだのぶなが》は、日本人に最も人気のある戦国武将の一人であろう。

〝英雄色を好む〟といわれ、豊臣秀吉や徳川家康には女性がらみのエピソードも多い。信長にも一一人の息子（一二人説、一三人説もある）と一〇人の娘がいたようだが、その母親についてはほとんど史料が残っていない。信長には正室として斎藤道三《さいとうどうさん》の娘・濃姫《のうひめ》*1、また、お鍋の方《なべのかた》*2を筆頭に複数の側室がいたようだが、その生涯が分かっているのは、秀吉の奥向きで政務を担当したお鍋の方くらい。そのお鍋の方も、信長とどのような生活を送ったかは、まったく分かっていないのだ。

ただ信長は、秀吉の浮気を嘆く妻のねねに、家庭を円満に保つように諭す手紙を送っており（秀吉を「はげねずみ」と呼んだことでも有名）、ここからは信長が家族を大切にしていたことがうかがえる。冷酷なイメージとは裏腹に、信長は意外に愛妻家だったのかもしれない。

女性には気を遣っていた節もある信長だが、子供にはあまり関心のなかった可能性もある。それは信長の付ける名前がとにかくヘンだからだ。

長男の信忠《のぶただ》の幼名は「奇妙丸《きみょうまる》」。赤ちゃんの顔は猿に似ているので、信長も奇妙な奴と思ったのかもしれない。次男の信雄《のぶかつ》は「茶筅丸《ちゃせんまる》」。若き日の信長は、茶筅髷《まげ》を結ったとされているので、昔を懐かしんだのだろうか。

ここまでは名前の由来も推測できるのだが、三男・信孝《のぶたか》の「三七《さんしち》」になると、もはや意味不明。九男の信貞《のぶさだ》（七男の信高《のぶたか》説もある）になると面倒になったのか、「人《ひと》」である。ただ当時は乳幼児の死亡率も高く、子供は人質や政略結婚に使える〝戦略物資〟でもあったので、信長は情に流されないようあえて距離を取ろうとしたとも考えられる。

信長の女性関係で忘れてならないのは、妹お市《いち》と近親相姦《きんしんそうかん》をしていたとの説である。お市が浅井《あざい》長政《ながまさ》に嫁いだのは二〇歳とされているので、当時の常識ではかなりの晩婚。これは信長が手放したくないほどお市を愛していたから、というのが近親相姦説の根拠になっている。

信長とお市の仲は、古くから俗説として流布していたが、注目を集めるようになったのは加藤廣が『明智《あけち》左《さ》馬助《まのすけ》の恋』*3で指摘してからではないだろうか。加藤によると、信長は若い頃「たわけ」と呼ばれていたが、この言葉は近親者を犯した者への最大の侮蔑語だったとしている。確かに『日本国語大辞典』を見ると、「たわけ」には性的なアブノーマルという意味があり、用例として「牛たわけ」(獣姦)、「親子たわけ」(近親相姦)などが紹介されている。

ただお市を信長の従姉妹とする史料もあり、そうならば近親相姦と非難されることはない。二人の間に肉体関係があったとしても、信長はお市を盟友の浅井長政に嫁がせ、浅井家を滅ぼした後は家臣の柴田《しばた》勝家《かついえ》と再婚させているので、それほど執着はなかったようにも思える。

＊1　濃姫（生没年不詳）。濃姫は「美濃から来た姫」の意味で、名は帰蝶とされる。信長と結婚後の消息も不明で、離婚説、早世説などがある。

＊2　お鍋の方（生年不詳～一六一二年）。信長の側室で、後に正室扱いを受けている。本能寺の変の後は、興雲院と号し、秀吉の正室ねねの側近になっている。

＊3　『信長の棺』『秀吉の枷』に続く〝本能寺三部作〟の完結篇。明智光秀の義理の息子・左馬助の純愛を軸に、本能寺の変の真相を独自の解釈で描いている。

信長はマッチョ好き？

戦国武将の常として、信長も多くの家臣と衆道の関係を結んでいた。大名にとって衆道は常識なので、史料では強調されていないが、少年時代から信長に仕えていた佐久間《さくま》信盛《のぶもり》、前田《まえだ》利家《としいえ》、佐々《さつさ》成政《なりまさ》などとは、確実に肉体関係があったと見る方が妥当であろう。

主君と床を共にすることは、そのまま寵愛の深さにも繋《つな》がるので、当然ながら嫉妬もあった。利家は、信長の同朋衆《どうぼうしゅう》（大名の近くで事務や芸能を担当する役職）の拾阿弥《じゅうあみ》に笄《こうがい》を盗まれ、これに激怒して拾阿弥を斬っている。前田家は荒子《あらこ》＊4を支配する豪族で、織田家との結び付きも強かった。拾阿弥にも非があるので、本来なら利家を許すか、悪くても喧嘩《けんか》両成敗で軽い処分に留《とど》めるところだが、信長は利家に切腹を命じるのである。柴田勝家や森可成《もりよしなり》の取りなしで出仕停止に減刑されるが、切腹を命じるまで信長が怒ったのは、どうも解せない。

もしかしたら利家と拾阿弥は、信長をめぐる三角関係のもつれから刃傷沙汰《にんじょうざた》になったのではないか。笄を盗まれた云々《うんぬん》は、ただの切っ掛けに過ぎなかったようにも思えるのだ。利家としては、信長は自分を選んでくれると思って拾阿弥を斬ったものの、信長は拾阿弥に執心していて思わぬ危機に立たされたというのが、この事件の真相だったと思われる。

信長の小姓であり、衆道の相手[*5]として最も有名なのは、森蘭丸《らんまる》であろう。有能な秘書官だった森蘭丸は、前髪立ちの美少年とされることが多いが、実は蘭丸を美少年とする史料は存在していない。

名前に「蘭」の字があるので典雅な印象もあるが、これは後世の当て字で、本当の名前は「乱」丸であったというのが有力。太田牛一《おおたぎゅういち》が書いた信長の伝記『信長《しんちょう》公記《こうき》』も、蘭丸を「森乱」と書いている。蘭丸ならぬ乱丸の父・森可成は、小柄ながら槍《やり》を持てば天下無双、「攻めの三左《さんざ》」の二つ名を持つ武闘派。可成は幼い蘭丸を残して戦死するが、父の遺伝子を受け継いだ蘭丸は、筋骨隆々の武術の達人だったようだ。乱丸の弟は坊丸《ぼうまる》、その下の弟は力丸《りきまる》。名前だけでも強そうだが、実際に三兄弟は武術の達人で、信長親衛隊の中核を担い、全員が本能寺《ほんのうじ》で信長と共に討死にしている。

乱丸だけでなく、坊丸、力丸も信長と衆道の関係にあったはずだ。肉体派の少年を近くに置いて寵愛していた信長は、マッチョが好きだったのかもしれない。

＊4　現在の愛知県名古屋市中川区周辺。名古屋臨海高速鉄道西名古屋港線の荒子駅には、前田利家の銅像がある。

＊5　前髪を残している元服前の少年のこと。元服すると髪を剃り、月代にした。

◉高貴な女性を求めた天下人の闇

豊臣秀吉

【とよとみひでよし】

略歴▼一五三七年、農家の子として生まれ、行商人などを経て織田信長に仕える。金ヶ崎の退き口で頭角を現し、主君を討った明智光秀をいち早く討伐。信長の後継の座を争った柴田勝家を破ると、九州、関東を平定し天下統一を成し遂げた。兵農分離を進め、朝鮮出兵の最中の一五九八年に没した。

糟糠の妻ねね

貧しい農民から太閤《たいこう》にまで昇り詰めた豊臣秀吉は、立身出世の象徴として人気を集めている。それは裸一貫から成功した人物を、現代でも〝今太閤〟[*1]と称することからも分かるのではないだろうか。

容貌が貧相だった秀吉が、主君の織田信長から「サル」と呼ばれていたのは有名だろう。容姿にコンプレックスがあったためか、秀吉は女性と縁のない生活を送っていたが、士分になった二〇代の半ば頃から、熱心に女性を口説き始める。

岡田玉山《おかだぎょくざん》『絵本太閤記』によると、その最初が「万《よろず》の業《わざ》に拙からず加之《しかのみならずかおかたち》容貌艶敷紅粉《うるわしくこうふん》の色を借《か》す美少女だった木下《きのした》家の娘で、わずか一四歳だったねね（後の高台院《こうだいいん》）。現在では犯罪になりかねない年齢だが、当時としてはねねは結婚適齢期、秀吉はやや晩婚といったところである。*2

ねねは、イケメンではないものの卓越した知勇で出世頭になっていた秀吉のことを、当初から憎からず思っていたようだ。ところが、代々の武士の家に生まれたねねの母・朝日殿《あさひどの》は、秀吉を見下し、二人の交際を知って激怒したという。

この時、二人を結婚させるために奔走したのが、秀吉の親友・前田犬千代《いぬちよ》*3（後の利家）だった。犬千代は、四男とはいえ荒子を支配する豪族前田家の出身で、信長の小姓も務めたエリート。犬千代の説得に朝日殿も折れたのか、ねねを妹の婚家・浅野長勝《あさのながかつ》の養女にして、そこから秀吉に嫁がせている。これは、木下家と秀吉を縁戚関係にしないための苦肉の策ともいわれている。そのため秀吉とねねの結婚は、世間から「野合《やごう》」（親の許可のない密通）と見られていたようだ。

天下人《てんかびと》になった秀吉は、前田利家に加賀《かが》の二郡を加増したり、義理の父・浅野長勝の養子となった長政《ながまさ》に二一万五千石を与えたりと、恩義ある人間には気前よく高禄《こうろく》を与えているが、ねねの実家には二万五千石を贈っただけなので、結婚に反対されたことを後々まで恨んでいたことが分かる。一方の朝日殿も、秀吉が異例の出世をしても、相変わらず下賤《げせん》の者と蔑んでいたようなので、木下家への冷遇は、それも影響していたように思える。

ねねは、忙しくて家にいないのに、外で女遊びを繰り返す秀吉を、気苦労を重ねながらも支えていた。しかし積み重ねてきた不満が爆発したのか、一度だけ、つらい心境を信長に訴えたことがある。

ねねをねぎらうために信長が送ったのが、秀吉を「はげねずみ」と呼んだ有名な手紙。信長は、「いずがたをたずね候とも、それさまはどのは、また、ふたたび、かの、はげねずみ、あいもとめがたきあいだ」（どこを訪ねても、貴女《あなた》ほどの妻は、かのはげねずみには二度と求められない）と、ねねを絶賛している。信長は家臣に冷酷とのイメージも強いが、この手紙からは家臣の家庭にも気を配る細やかな一面がうかがえ興味深い。

＊1　阪急阪神東宝グループの創業者・小林一三、パナソニックを一代で築いた松下幸之助、高等教育を受けず総理になった田中角栄などが、今太閤と呼ばれてい

る。

＊2　当時の女性は、初潮を迎える一〇代前半には、結婚し出産することもあった。

＊3　秀吉と利家は若い頃から親友で、清洲時代は家が隣同士、安土時代は家が向かいにあったこともあり、秀吉の妻ねねと利家の妻まつも仲がよかった。この関係は、秀吉が天下人、利家がその配下になっても維持されている。

高貴な女性を求めた秀吉

秀吉は、自分の弱点が遊び好きにあったことを自覚していたようで、養子にした秀次《ひでつぐ》に、「ちやのゆ」（茶道）、「たかの、たか」（鷹狩《たかが》り）に加え、「女くるひ」について は「秀よしまねこわあるましき事（秀吉を真似《まね》てはいけない）」との訓戒を残している。さらに「つかひおんなの事はやしきの内にをき、五人なりとも、十人なりともくるしからす候、そとにてみたれかはしく女くるひ（中略）秀吉のことくに、いたらぬ物のかたへ一切まかり出候儀むようたるべき事」（屋敷の中に住まわせるなら、側室を五人持っても、一〇人持っても構わない。ただ、外で女と淫らな遊びをすると、秀吉のように問題を起こすことがあるので、慎むように）と続けているので、秀吉は外に囲った女（もしくは遊女と派手に遊んだこと）で、苦労したことがあったようである。

ルイス・フロイス*4は『日本史』の中で、秀吉に二〇〇人の側室がいたと書いている。ただ現在までに確認されている秀吉の側室は約二〇人で、名前が分かっているのは、淀殿《よどどの》（信長の妹お市と浅井長政の娘）、加賀殿《かがどの》（利家の娘）、松の丸殿《まつまるどの》（京極《きょうごく》高吉《たかよし》の娘）、三の丸殿《どの》（信長の娘）、姫路殿《ひめじどの》（信長の姪《めい》）など一五人ほど。フロイスは、奥向きの女性はすべて秀吉の側室と思い込んでいたようだが、二〇〇人の中には侍女も含まれていたので、側室の実数とはかけ離れていたようだ。

秀吉の側室に高貴な家の娘が多いのは、長く卑賤《ひせん》の者と侮られてきたことへの反動だったと考えられている。しかも死の直前まで、美人の側室を探し続けているのだから、その執念は凄《すさ》まじい。

特に秀吉は淀殿に執着するが、これは淀殿が、少年時代に憧れていたお市の面影を色濃く残していたからといわれている。ただ淀殿が産んだ秀頼《ひでより》は、秀吉ではなく大野《おおの》治長《はるなが》の子との風聞も残っているので、もしそれが事実ならば、淀殿は叔父《おじ》・信長ゆずりのしたたかさを身に付けていたといえる。

秀吉は、千利休《せんのりきゅう》の娘お吟《ぎん》を側室に望んだが、利休が拒んだため難癖をつけて切腹に追い込んだ、蒲生氏郷《がもううじさと》の正室で信長の次女でもあった冬姫《ふゆひめ》*5を、氏郷の没後に手に入れようとするも、貞淑な冬姫が断ったため蒲生家を九二万石から一二万石に減封《げんぽう》したともいわれているが、これらを裏付ける史料はなく、秀吉の女好きが生み出した伝説の可能性が高い。

秀吉は色好みだったが衆道には関心がなく、家臣が用意した美少年に美人の姉がいないか確かめた逸話が残っている。衆道は貴人の嗜《たしな》みなので、これには秀吉の出自が影響していたのかもしれない。

＊4　ルイス・フロイス（一五三二年～一五九七年）。ポルトガル出身のイエズス会士。一五六三年に来日し、布教活動を行う。著書『日本史』は、戦国時代の歴史の状況を伝える貴重な史料となっている。

＊5　冬姫（一五六一年～一六四一年）。織田信長の娘で、蒲生氏郷の妻。氏郷の急逝後は、蒲生家断絶の危機を何度も救っている。

◉熟女好きからロリ好きへの華麗な転身

徳川家康

【とくがわいえやす】

略歴▼一五四三年生まれ。松平広忠の子で幼い頃に今川家の人質になるが、桶狭間の戦いを機に独立、織田信長と同盟を結ぶ。信長の死後は豊臣秀吉に仕えるが、秀吉の没後に関ヶ原の合戦で勝利し天下人になり、大坂の陣で豊臣家を滅ぼしている。一六一六年没。

徳川家康は〝後家好み〟？

熟女にロリータ、巨乳、貧乳、デブ専など女性の好みは千差万別。それは戦国時代も変わらなかったようで、未亡人の側室が多かった徳川家康は、〝後家好み〟といわれていた。ライバルの豊臣秀吉は若い美女を好んだので、二人の女性観は好対照だったといえる。

戦国武将にとって、子供は政略結婚や人質に使える貴重な〝戦略物資〟だった。そのことは、実子が一人しかいなかった豊臣家が滅び、子だくさんの家康が天下を取ったことからも明らかだろう。家康が〝後家好み〟だったのは、出産を経験した女性なら、自分の子供を産んでくれる確率が高い、という合理的な判断だったとも いわれている。

家康には二人の正室と、記録に残っているだけで一五人の側室がいたが、寵愛した側室は圧倒的に未亡人である。

まず二代将軍秀忠《ひでただ》を産んだお愛《あい》（西郷局《さいごうのつぼね》）は、従兄の西郷義勝《よしかつ》と結婚（その前に一度結婚していたとの説もある）、一男一女をもうけるも義勝が戦死。温和な人柄が家康の目に止まり、側室に迎えられている。三八歳で早世した西郷局に代わり秀忠を育てた須和《すわ》（阿茶局《あちゃのつぼね》）も、今川《いまがわ》氏の家臣・神尾忠重《かみおただしげ》と結婚し、子供を一人産んでいた。だが夫と死別したため、家康の側室になっている。

また松平忠輝《まつだいらただてる》*1を産んだ茶阿局《ちゃあのつぼね》も、鋳物職人の後妻だったという。美人の評判が高かった茶阿局は、土地の代官に横恋慕された揚句、夫を殺されてしまう。代官の非道を訴えるため、一子を抱いて鷹狩りをしている家康に近付き直訴、家康も茶阿局の美貌に魅了されすぐに側室にしたとも伝えられているが、これは後世の創作との説も根強いようだ。

家臣の妻女にまで手を出した秀吉に対し、家康は強引に女を集めたとのイメージは少ない。だが、三田村鳶魚《みたむらえんぎょ》『甲州の女狩り』には、織田信長の死後、既に武田家も滅亡していた甲州に攻め入った家康は、「気兼も遠慮」もなく「女狩り」を行ったとある。信長が甲州に侵攻した時、武田家の重臣・穴山梅雪《あなやまばいせつ》は、家康を通して寝返りの打診をした。この時、梅雪は養女の下山殿《しもやまどの》を人質に差し出すが、好色の家康はその人質に手を出したとされる。だが、下山殿には、家康が甲州の「女狩り」で手に入れたとの説もあるのだ。

ただ晩年の家康は、四九歳の時に一三歳のお梶《かじ》を側室にしたのを皮切りに、二二歳のお亀《かめ》、一六歳（一七歳説もあり）のお万《まん》、一七歳のお夏《なつ》、一五歳のお梅《うめ》を次々と側室にし、六八歳の時にはお梶の部屋子で一三歳のお六《ろく》にまで手を付けている。

〝後家好み〟とは思えないロリコン趣味だが、家康は自分で薬を煎じるほど医学に詳しかったので、房中術[*2]（性医学）を使って少女からパワーを得ようとしていた可能性もある。家康は若い側室が愛《いと》おしかったのか、お万が産んだ頼宣《よりのぶ》と頼房《よりふさ》が紀州と水戸、お亀が産んだ義直《よしなお》が尾張と、それぞれ徳川御三家の藩祖となっている。

＊1　松平忠輝（一五九二年～一六八三年）。家康の六男。理由には諸説あるが、家

康は生まれた直後の忠輝を見て「捨てよ」といったとされる。徳川本家との確執は終生続き、家康の臨終の席にも呼ばれず、一六一六年には兄の秀忠に不行跡を咎められ改易、流罪となっている。忠輝が赦免されたのは、一九八四年のことである。

＊2　中国発祥の性医学。現存する日本最古の医学書『医心方』にも、房中術を紹介する一巻「房内篇」がある。

家康の側室列伝

江戸時代に入ると、女性は夫の私生活を支えるため「奥」[＊3]に押し込められるようになるが、戦国時代は女性が政策運営に関わることも珍しくなく、家康の側室も歴史の表舞台で辣腕を振るっている。

家康の側室になる前から武家の女房をしていたお愛は、家臣や侍女をまとめるのが巧《うま》く、家康が誰よりも信頼していたという。極度の近視だったお愛は、瞽女《ごぜ》（盲目の女性）の保護施設を建設するなど、奉仕活動にも積極的だったようだ。

特に活躍が目覚ましかったのは須和で、秀吉と家康が対峙《たいじ》した小牧《こまき》・長久手《ながくて》の戦いでは、家康に請われて妊娠を押して従軍したため流産、大坂冬の陣では豊臣家との和平交渉をまとめるのに一役買っている。家康がその政治的手腕を最も評価していた須和は、家康の没後も遺言によって出家が許されなかった。そのため秀忠の娘・和子《まさこ》が入内《じゅだい》する時には母親の代理として上洛《じょうらく》、後水尾《ごみずのお》天皇から従一位《じゅいちい》の位を与えられるなど、終生、徳川家の外交官として政権の一翼を担っている。

家康が聡明さを愛したとされるお梶にも、多くのエピソードが残されている。お梶を片時も手放したくなかった晩年の家康は、関ヶ原の合戦にお梶を男装させて連れていったという。無事に石田《いしだ》三成《みつなり》を破った家康は、勝利を寿《ことほ》ぐため、お梶を「お勝《かつ》」に改名させたほどである。また『故老諸談』には、家康の家臣が何が一番美味《うま》いかを議論しているのを聞いたお梶が、「美味い物は塩」「不味《まず》い物も塩」と言ったとの話が出てくる。これを、すべての食べ物は塩加減で味が決まるという意味だと看破した家康は、お梶の機転を絶賛したという。

さらに、お梶は非常時に備えて倹約に励んでいたため、家康に駿府城《すんぷじょう》の金蔵の鍵を預けられるほど信頼されていたようだ。だが、お梶については、あまりに出来過ぎた話が多いので、家康に媚《こ》びるため、お梶を過剰に美化した印象も拭えない。

日蓮宗《にちれんしゅう》の熱心な信徒だったお万は、同宗の僧・日遠《にちえん》に帰依していた。折しも、日蓮宗と浄土宗《じょうどしゅう》の宗論が開かれることになっていたが、浄土宗の家康は、日蓮宗の僧を襲わせ浄土宗を勝たせてしまう。これに激怒した日遠は再び宗論を申し込むが、日蓮宗を疎ましく思っていた家康は、日遠を磔《はりつけ》にしようとする。お万は、日遠を殺せば自分も死ぬと言って家康を脅し、死装束を縫い始めた。驚いた家康は、慌てて日遠を許したようだ。

後家グループのお愛、須和が政権中枢で活躍したのに対し、ロリ系グループのお梶、お万は非政治的なエピソードばかりが伝わっている。これは時代が安定し身分制度が確立したために、女性の活躍の場が狭められたことを意味しているのかもしれない。

＊3　大名や大身の旗本の屋敷は、政務を行う「表」とプライベート空間の「奥」が明確に分けられていた。将軍家の奥向きは、特に「大奥」と呼ばれた。

◉女の魅力で乱世を生き抜く

小少将

【こしょうしょう】

略歴▼生没年不詳。阿波守護の細川家の地侍・岡本清宗の娘とされる。細川持隆の側室となるが、持隆が謀殺された後は、主犯の三好義賢の正室となり、義賢が戦死すると三好家の家臣・篠原自遁に接近する。阿波が長宗我部元親に占領されると、元親の側室になって土佐に渡ったと伝えられている。

男を渡り歩く美女

二〇一一年のNHK大河ドラマ『江《ごう》～姫たちの戦国～』は、信長の妹お市と近江《おうみ》の大名・浅井長政との間に生まれた三姉妹の末娘・江を主人公にしていた。女性が家に隷属するようになるのは江戸時代以降のことで、戦国時代の女性は、所領を持つことも、政治的な発言をすることも許されていた。それだけに、ドラマでも乱世を力いっぱい駆け抜けた江の元気な姿が活写されていた。

江が生まれる少し前、阿波《あわ》徳島に傾国の美女がいた。それが小少将《こしょうしょう》である。

小少将は、阿波の守護・細川持隆《ほそかわもちたか》に仕える西条東城《さいじょうひがしじょう》城主・岡本清宗《おかもときよむね》の娘で、幼い頃から絶世の美女だったと伝えられている。その噂《うわさ》を聞きつけたのか、小少将は一〇代の前半で持隆に気に入られ、居城の勝瑞城《しょうずいじょう》に入って側室になっている。

小少将は、嫡男の真之《さねゆき》を生んだこともあり、奥向きでは正室も逆らえないほどの発言権を持つようになったようだ。

細川の本家（京兆家《けいちょうけ》）は、斯波《しば》家、畠山《はたけやま》家と並んで室町幕府の管領《かんれい》を務める名門。小少将が嫁いだ阿波細川家も、瀬戸内海の物流を支配して莫大《ばくだい》な利益を挙げていた有力大名で、それが京兆細川家の政治資金になっていた。その意味で細川家は、当時の政権与党だったのである。

ところが、細川家が権力者だったことが、小少将の運命を狂わせていく。

一五四九年、京兆細川家の当主・晴元《はるもと》が、家臣の三好長慶《みよしながよし》との政争に敗れ、阿波へ逃げて来る。その時、持隆は、阿波で生まれた将軍家の連枝《れんし》[*1]・足利義栄《あしかがよしひで》を擁して京に上り、長慶を討つことを主張するが、執事の三好義賢《よしたか》[*2]が強硬に反対する。それが政争に発展し、持隆は、義賢に謀殺されてしまうのだ。

阿波は、持隆の嫡男・真之が相続するが、これは傀儡《かいらい》に過ぎず、事実上の支配者は義賢となる。小少将にとって、義賢は夫を殺し、国を奪った憎むべき敵のはずだが、自ら義賢に接近し、今度は正室に収まってしまうのである。

小少将は、持隆が生きているうちから義賢と不倫関係にあり、義賢が主君を弑逆《しいぎゃく》する原因の一つには、小少将を手に入れる目的があったともいわれている。

阿波細川家を乗っ取った義賢は、やはり京兆細川家を簒奪《さんだつ》した兄の長慶と連携して、三好家の全盛時代を築く。義賢の正室になった小少将は「大形殿《おおがたどの》」と呼ばれ、嫡男の長治《ながはる》、十河《そごう》家の養子となり後に猛将として名を馳《は》せる存保《まさやす》を生んだこともあり、やはり絶頂期を迎えている。

*1　高貴な人の兄弟姉妹。
*2　三好義賢（一五二七年～一五六二年、生年には異説あり）。三好元長の次男で、四国を統治して、兄・長慶を支えた。茶道にも造詣が深く、「三日月茶壺」に三〇〇〇貫をつぎ込んだとされる。

愛憎うずまく内戦の実態

ところが、結婚から一〇年後の一五六二年、畠山高政《たかまさ》と戦っていた長慶を援助するため紀伊に出陣した義賢が、根来衆《ねごろしゅう》*3と手を結んだ畠山軍の反撃にあい戦死してしまう（久米田《くめだ》の戦い）。

三好家は嫡男の長治が継ぐが、まだ幼かったので、誰かを後見人にする必要がある。この頃、小少将は三〇代なので、まさに女盛り。妖艶な色気を武器に、義賢の重臣・篠原自《しのはらじ》遁《とん》を籠絡してしまう。

ただのお飾りとはいえ、国主の母の信任を取り付けた自遁は、増長して政治を壟《ろう》断《だん》するようになる。義賢の存命中は自遁よりも重鎮だった兄の篠原長房《ながふさ》は、亡君の妻と不倫をしている弟の自遁を諫《いさ》めようとするが、逆に小少将の怒りを買ってしまい、居城の上桜城《うえざくらじょう》に引き籠《こも》る。

この頃、勝瑞城下では、篠原兄弟を手玉に取る小少将を皮肉る「大形の心を空に篠原や　みだれにたちし名こそ惜しけれ」（大形殿に心を奪われた篠原兄弟は、淫らと噂され悔しいだろうな）という戯《ざ》れ歌が流行したようである。

自遁は、長房が謀叛《むほん》を計画していると小少将に讒言《ざんげん》[*4]して開戦の許可を取り付けると、三好長治を盟主にして上桜城を攻めた。弟の動きを察知した長房は、三好家の旧主（といっても、名目上はまだ阿波の守護だった）細川真之を担いで対抗する。

つまり阿波の覇権をめぐる篠原兄弟の戦いは、小少将の生んだ異父兄弟が争う図式だったのである。

長房は天然の要害[*5]に守られた上桜城を拠点に、地の利を活《い》かしたゲリラ戦を展開して自遁を苦しめるが、大兵力を動員して補給路を断ちながら本丸へと迫る自遁には抗しきれず、討死にしている。

この内乱で、土地は荒れ、有力な家臣が戦死、あるいは国を捨てたため阿波は疲弊していくが、そこに土佐を統一し、四国制覇を掲げる長宗我部《ちょうそかべ》元親《もとちか》が攻め込んで来る。この時、勝瑞城は小少将の息子の十河存保が守っていたが、奮戦も空《むな》しく長宗我部軍の猛攻で敗走している。

元親が阿波を制圧したのは、一五八〇年で、元親は四一歳、小少将は五〇歳を超えていたとされる。しかし持ち前の美貌はいささかも衰えていなかったようで、元親は一〇歳以上も年上の小少将の美しさに魅了されてしまい、土佐に連れ帰って側室にしている。

さらに驚くべきことに、元親の五男・右《う》近太夫《こんだいふ》は、小少将の子といわれているのだ。これには異説もあるようだが、現代でも五〇歳を超える高齢出産は危険があるので、もし事実ならば、小少将はものすごく体力があったといえる。

自分の意思で結婚相手を選び、男を替えるたびに出世した小少将は、力強い戦国女性の一つの典型であり、当時の女性が政略結婚の道具にされる哀れな犠牲者だったとの認識を覆してくれるはずだ。

＊3　紀伊国・根来寺の僧兵集団で、鉄砲を得意とし、金で戦国大名に雇われる傭兵でもあった。信長を狙撃した杉谷善住坊も、根来衆である。

＊4　他人を陥れるため、事実を曲げて悪評を伝えること。

＊5　地形が険しく、守りやすく攻めにくい場所。

細川忠興

【ほそかわただおき】

◉常識の外にある不思議な夫婦

略歴▼一五六三年生まれ。細川幽斎の子で、妻は明智光秀の娘・玉。本能寺の変の時は光秀の誘いを断り、妻とも離別したが、後に豊臣秀吉に許され再び玉を迎えている。秀吉の没後は徳川家康に近付き、関ヶ原の合戦後は豊前豊後の太守となる。茶人としても名高く、利休七哲の一人。一六四六年没。

サディスティックな細川忠興

武芸百般を修め、和歌の秘伝「古今伝授《こきんでんじゅ》」*1を継承する教養人でもあった細川幽斎《ほそかわゆうさい》の嫡男として生まれた忠興《ただおき》は、父と同様に、文武に優れた名将である。

忠興は、父の親友だった明智光秀《みつひで》の娘・玉《たま》と結婚。美男美女の二人は仲睦《なかむつ》まじい夫婦だったが、本能寺の変が運命を変える。主君の信長を弑逆した光秀は、盟友と娘婿の幽斎父子に同盟を持ちかけるが、謀叛を起こした光秀に味方する武将は少ないと判断した幽斎は、親友との関係を断絶することを決める。幽斎は玉との離縁を命じるが、忠興はこれに従わず、一五八四年までの二年間、味土野《みどの》(現在の京都府京丹後市）の屋敷に玉を隔離している。

この時、玉は、明智の姫だった頃から仕えていた小侍従、細川家の親戚筋にあたる公家《くげ》の清原枝賢《きよはらのえだかた》の娘・いとだけを味方に、心細い日々を送ったとされる。いとがマリアの洗礼名を持つキリシタンだったため、この幽閉生活が、玉が洗礼を受ける遠因になったともいわれている。*2

ただ、忠興の次男・興秋《おきあき》は、玉が細川の大坂屋敷に帰ってきた直後の一五八四年に生まれているので、忠興は幽閉先の玉を訪ねてセックスをしていたことが分かる。それだけ玉を愛していたのだろうが、忠興が九州に出征している時に、清原マリアの影響もあってキリシタンになったこと（洗礼名ガラシャ）に激怒。侍女たちが妻を唆したとして、何人かの侍女の鼻を削《そ》ぎ落としている。

忠興には、短気でサディスティックな一面があり、一五七九年に一色《いっしき》氏を滅ぼした時には、敵兵の皆殺しを命じている。また家臣を手討ちにすることも多かったようだ。忠興は愛刀の兼定《かねさだ》に「歌仙《かせん》」なる銘を付けていた。これは三六歌仙にちなんだもので、歌人としても有名だった忠興らしい逸話と思いきや、実は生涯に手討ちにした家臣が三六人だったことに由来するとの説もある。

戦国武将なのに男色が嫌いだった忠興は、家臣に同性愛を禁じている。ところが、忠興が最も信頼していた小姓が、切腹覚悟で近習《きんじゅ》と義兄弟の契りを結んでしまった。『名将言行録《めいしょうげんこうろく》』によると、二人を呼び出した忠興は「一命を掛け契約すること天晴《あっぱれ》健気《けなげ》」と絶賛。その覚悟で戦場に臨めば「一廉《ひとかど》の用に立つべき者なれば、免《ゆる》し遣はす間、兄弟の交りを為し、忠勤に励むべし」（十分に役立つ武将になるはずだから、許す。男色の交わりをして、仕事に励んでくれ）と、「懇《ねんごろ》」に申し付けた。しかし、その後は何の役職も与えなかったことから、家中での二人は「何やらん不埒者《ふらちもの》」のようになってしまい、自然と男色にふける者は減ったとある。嫌いな人間を〝ほめ殺し〟で追い込む忠興は、どうしても陰険な印象が強い。

＊1　師から弟子に伝えられる『古今和歌集』の秘伝。関ヶ原の合戦の頃、幽斎は唯一の伝承者で、秘伝が絶えることを恐れた朝廷は、三成軍に包囲された幽斎を救うため勅使を出している。

＊2　清原いと（生没年不詳）。マリアの洗礼名で有名。幽斎の母がいとの大伯母にあたる関係から、細川家の奥向を任されていた。

玉は悲劇のヒロインか？

玉は、残酷な仕打ちで侍女を虐待して棄教を迫る忠興への愛が急速に冷め、宣教師に離婚を打ち明けるようになったという。だが頼るべき実家は既に滅びていたので、我慢するしかなかった。忠興も妻の心が自分から離れていったことを感じていたのだろう。だからこそ絶世の美女と讃《たた》えられた妻への執着を募らせていき、玉の周囲に男が近付くことを禁じるほど、嫉妬深くなっていった。

ある時、屋敷で作業をしていた庭師が玉を垣間《かいま》見てしまった。庭師は美しい玉に見とれたため（一説には、会釈をしたとも）、忠興の逆鱗《げきりん》に触れてしまい、一刀のもとに切り捨てられたという。

また奉公人が不調法をした時、玉が取りなそうとしたため、激昂《げっこう》した忠興は奉公人を斬殺、刀の血を玉の小袖で拭ったこともあった。さらに、玉への当てつけから、手討ちにした家臣の首を切り、玉の部屋の棚に置いたままにしたこともあったようだ。

こう書くと、夫の虐待に絶える健気な妻のように見えてしまうが、玉も逆賊とはいえ名将・光秀の娘、ただ者ではない。忠興に小袖で刀の血を拭われると、これ見よがしに血の付いた着物を着続け、根負けした忠興が「頼むから、着物を替えてくれ」と懇願すると、「そろそろ着替えようと思っていました」と言い放ったという。忠興が家臣の首を部屋に置いた時も、血をしたたらせた首に怯《ひる》むことなく、その部屋で平然と食事をし、眠りについたと伝えられている。やはり忠興の方が先に折れてしまい、父の幽斎に頭を下げ、首を埋葬してもらっている。その意味では、玉も夫に勝るとも劣らない〝猛女〟だったといえるだろう。

関ヶ原《せきがはら》の合戦の時、忠興は家康に味方することを決めたため、細川屋敷は石田三成の軍に囲まれる。この時、玉が見事に自害(キリシタンの玉は自殺ができず、家臣に介錯《かいしゃく》させている)したため、今も〝武士の妻の鑑《かがみ》〟や〝悲劇の夫人〟として語り継がれている。ただ、同じように東軍に付き、上方屋敷を三成に攻められた武将の妻は、巧く脱出して生き延びた者も多いので、むしろ死んだ玉が例外なのだ。

忠興は、玉に「なびくなよわが姫垣の《の》女郎花男山より風は吹くとも」(垣根が低い庭にある女郎花よ、男山から吹く風になびくのではないよ)という歌を贈り、玉は「なびくまじわがませ垣の女郎花男山より風は吹くとも」(なびきませんから、安心してください）と返している。この歌が交わされた時期については、朝鮮出兵の時と関ヶ原の合戦の直前の二つの説があり、忠興が恐れていた相手は、女癖が悪かった秀吉とも、大名の妻子を人質にする機会を狙っていた三成ともいわれている。

いずれにしても玉は、このような歌を贈るほど嫉妬深い忠興の意に添ったのではなく、激しい気性ゆえ、怒りが頂点に達して突発的に死を決意したのかもしれない。

◉暴君か、それとも歴史の犠牲者か

豊臣秀次

【とよとみひでつぐ】

略歴▼一五六八年生まれ。父は三好吉房、母は秀吉の姉・日秀で、子供のいない秀吉の養子となる。秀吉が関白になると、右近衛中将となり、その後も参議、中納言と出世したため秀吉の後継者と目されていたが、一五九三年に淀殿が秀頼を生むと、秀吉に疎まれ、切腹に追い込まれた。一五九五年没。

女色にふける豊臣秀次

日本史にも暴君は多いが、その中でも希代のサディストは豊臣秀次だろう。豊臣秀吉の実姉・日秀《にっしゅう》と、秀吉の家臣・三好吉房《みよしよしふさ》の長男として生まれた秀次は、幼い頃から子供のいない秀吉の外交戦略に利用され、近江の宮部継潤《みやべけいじゅん》、ついで阿波の三好康長《やすなが》のもとへ送られる。秀吉の養子になるのは、秀吉がようやく授かった嫡男・鶴松《つるまつ》を失った一五九一年のことである。京の聚楽第《じゅらくだい》*1に移った秀次は、秀吉の後継者として政務を担当するようになり、文禄《ぶんろく》・慶長《けいちょう》の役（朝鮮出兵）の時には、軍事に専念する秀吉に代わり、内政のすべてを任されている。

順風満帆な秀次の人生に暗雲が立ちこめるようになるのは、淀殿が秀吉の嫡男・拾丸《ひろいまる》（後の秀頼）を生んだ一五九三年から。実の子供を自分の後継者にしたいと考えた秀吉は、秀次と距離を取り始める。秀吉はことあるごとに秀次の欠点を指摘、時を同じくして秀次は奇妙な行動に走るようになる。

まず秀吉が問題にしたのは、秀次の女癖の悪さ。秀次は公家の菊亭晴季《きくていはるすえ》の娘・一《いち》の台《だい》*2を継室にしていた。やがて一の台は娘を生むが、秀次はその娘ともセックスをしていたという。秀吉は、切腹した秀次と、連座制で処刑したその一族を埋めた塚を「畜生塚」と呼んでいたようだが、これは秀次の近親相姦に激怒したためといわれている。

信長に仕えた太田牛一《おおたぎゅういち》が書いた『大《たい》かうさまくんきのうち』によると、秀次と共に処刑された側室は二九人、下は一三歳（これが一の台の娘）から上は六一歳までいるので、まさに手当たり次第に手をつけたといえる。

側室の数以上に秀次の悪名を高めたのは、奇行つまりは残虐行為の数々。『大かうさまくんきのうち』は、秀次が切腹を命じられた理由を「だい一に、御おんを御おんとしろしめさず」「第二に、御しか、かつてもつてこれなし」「だい三に、あくぎようばかり御たて候」としている。つまり第一に秀吉の恩を忘れ、第二に慈悲がなく、第三に悪行を行ったというのだ。牛一は、悪行三昧の秀次に京童《きょうわらべ》が付けたニックネームが、「せつしようかんはく」（殺生関白）だったとしている。

＊1　秀吉が、現在の京都市上京区に政庁兼私邸として建設した平城。三つの曲輪を持ち、建物には金箔瓦を用いた豪壮な城だったようだ。『聚楽行幸記』によると、城の名は「長生不老の楽《うたまい》を聚《あつ》むるものなり」に由来しているという。

＊2　一の台（一五六二年～一五九五年）。当初は、秀吉の側室になるはずだったが、一の台が拒み秀次の継室となる。この時の恨みが、秀吉による秀次排斥の一因になったとする説もある。

鬼畜な「殺生関白」の実像

秀次の悪行は、正親町《おおぎまち》天皇の喪中に殺生禁止の比叡山で狩りをしたことが有名だが、こんなのはほんの序の口。江戸初期に成立した歴史物語『聚楽物語』を繙《ひもと》いてみると、拾丸の誕生で「御機嫌暴《あら》く」なった秀次は、「人を切る事を好きいで給ひて、罪なき者をも斬り給ふ」（人斬りを好み、罪なき者も斬った）ようになる。ある時は料理人を呼びだして、お前はこれが好きだろうと言って、庭の砂を口の中に入れ「一粒残さず嚙砕け」と命じた。命が惜しい料理人は「力なく氷を砕く如くに、はらはらと嚙みければ、口中破れ、歯の根も砕けて」（力なく氷を嚙み砕くように嚙むと、口の中が切れ、歯の根も砕けて）しまった。激痛のため倒れた料理人を起こした秀次は、左右の腕を斬り落とした後に、「日本一のうつけ者かな。左右の腕がなくて、命生きても甲斐あるや」（日本一の大馬鹿者だ。左右の腕がなければ生甲斐もないだろう）と吐き捨てたのだから恐ろしい。

さらに京だけでなく大坂や伏見にまで出かけて人間狩りを始めた秀次は、老人や体の不自由な人を捕らえては「毎日一人づゝ引き出しく斬り給ふ」ようになる。「肥えたるをのこ、懐妊の女抔《など》」（肥った男、妊婦など）は動きが遅いので格好のターゲット。秀次には、妊婦を攫《さら》って腹を引き裂いたとの伝説もあるが、『聚楽物語』では、「野辺で若菜」を摘んでいる妊婦を発見した秀次が、とてもお腹が大きかったので「二子」（双子）かもしれないと考え、腹を裂いて中を見ようと城へ引き立ててくるが、益庵法印《えきあんほういん》が、女は妊婦ではなく「様々の若菜を摘みて懐中へ入れ」ただけだといい出したので、その機転に皆が「打笑ひ」、秀次も「それならんはよしく」と女を帰したとしている。妊婦の腹を引き裂くという表現は、暴君を批判する時の定番のネタなので、秀次もその対象になっただけの可能性が高い。

悪行にふけった秀次は、秀吉に対する謀叛が発覚して高野山に追放され、そこで切腹している。極悪人らしい最期ともいえるが、近年の歴史研究によると、秀次は有能な武将で、美術品を収集し、和歌もたしなむ文化人であることが分かってきた。「殺生関白」が行ったとされる鬼畜な行為は、実は秀次を貶《おとし》め、切腹（実質的な処刑）を正当化するための作り話、いわば政治的な意図で書かれたSM小説に過ぎないのだという。秀吉を激怒させた近親相姦も、問題の娘は一の台と先夫の子で、秀次と血縁関係はなかった。現代なら義理の娘とのセックスは法律的にも倫理的にも問題があるのかもしれないが、戦国時代にはよくあるケース。ありもしない容疑で抹殺された秀次は、幼少期から晩年まで秀吉に翻弄された悲劇の武将なのである。

温厚とされる秀吉が、秀次と側近を惨殺し、居城の聚楽第を徹底的に破壊したこと[*3]も、事件をめぐる〝闇〟の深さを感じさせる。秀次の鬼畜伝説は時代が新しくなるほど凄《すさ》まじくなるが、これも太閤秀吉の人気が上がった分だけ、秀次を悪役にする必要があったからだろう。

『大かうさまくんきのうち』は、秀次の縁者の処刑を「親々にいだきつきける姫君を、かなぐり取りに、（中略）ひっさげあげて二刀、心もとにさしたてて、投げだすていを見るときは、鬼神よりなを恐ろしや」（親に抱きついている姫君を引き剝がし、刀を心臓に突き刺しては投げ捨てる現場を見ていると、鬼神より恐ろしい）と伝えている。無実の罪で甥《おい》を殺し、その血族を虐殺した秀吉こそ、本物のサディストかもしれない。

＊3　二〇一二年の調査で、聚楽第の石垣の基礎が発見され話題となった。

江【ごう】

◉将軍も恐れた猛女

略歴▼一五七三年生まれ。父は浅井長政、母は織田信長の妹・市。長姉は豊臣秀吉の側室・淀、次姉は京極高次の正室・初。母が再嫁した柴田勝家が滅ぼされると、秀吉の庇護を受け、佐治一成、豊臣秀勝、徳川秀忠と結婚。秀忠との間に、三代将軍となる家光などをもうけている。一六二六年没。

江は奔放だった？

二〇一一年のNHK大河ドラマ『江～姫たちの戦国～』は、秀吉の側室として嫡男の秀頼を生み、秀吉の死後は政治も動かした長女の淀殿、衰退していた名家・京極《きょうごく》家に生まれた高次《たかつぐ》に嫁ぎ、夫を支えて京極家を再興、大坂冬の陣では和議の取りまとめにも尽力した次女の初《はつ》と比べると影の薄かった浅井三姉妹の末娘・江（小《お》督《ごう》、江《え》与《よ》とも）を、誰もが知るヒロインに押し上げた作品となった。

江は、一五七三年、近江《おうみ》の大名・浅井長政*1と織田信長の妹お市との間に生まれたが、同じ年に、信長に攻められた父・長政が自害。母や二人の姉と共に救出された江は、信長の弟・織田信包《のぶかね》に預けられている。信長が本能寺の変で倒れると、母が再嫁した柴田勝家*2の領地・越前《えちぜん》北ノ庄へ移るが、賤ヶ岳《しずがだけ》の戦いで勝家が秀吉に敗北すると、母は勝家と共に自害。北ノ庄を脱出した三姉妹は、秀吉の庇護《ひご》を受けることになる。

秀吉は、信長の姪《めい》という〝名門の血〟を引く三姉妹を、徹底して政略に利用、江はまず信長の甥にあたる佐治《さじ》一成《かずなり》と結婚させられる。しかし、秀吉と家康が直接対決した小牧・長久手の戦いの直後、一成は三河《みかわ》へ帰る家康に船を提供したとして秀吉に叱責され、江は離縁させられている。続いて、秀吉の甥で養子に迎えられていた豊臣秀勝《ひでかつ》*3に再嫁するが、秀勝は文禄の役《えき》の時に戦地で病没。三人目の夫に選ばれたのが、徳川秀忠である。

ところが、『柳営婦女伝系《りゅうえいふじょでんけい》』には、「秀吉また（江を）養女として九条左府《くじょうさふ》藤原道房《ふじわらみちふさ》公に嫁せられ、九条の政所《まんどころ》と称せられ、御息女一人を産し給《たま》ふを、台徳公《たいとくこう》（秀忠）御養女として、二人ともに本願寺東西両門跡に嫁せしめ」とあり、江が、秀忠と結婚する前に、公家《くげ》の九条道房と結婚し、二人の女の子をもうけたとある。

続けて同書は、道房は結婚から三年後に享年三九で亡くなったため、秀忠と結婚したと書いているが、そもそも道房は一六〇九年の生まれなので年代が合わないし、東西本願寺の門跡と結婚した娘も該当者がいないのだ。

もしかしたら、江は親権者の秀吉が認めていない男、しかも史書には書けないような身分の低い男と駆け落ちし、密《ひそ》かに子供を生んだのではないか。江が市井の女性であれば、それも許されただろうが、運命のめぐり合わせで徳川二代将軍の正室になってしまった。そこで将軍家の体面を気にしながら、嘘は書きたくなかった後世の歴史家が、苦肉の策として、秀吉に懇願された江が、高貴な公家と結婚したという形に史料を改竄《かいざん》したのではないか。そう考えると辻褄《つじつま》が合う。

さらにいえば、江が一成と離婚した後に、経歴不詳の丹波黄門《たんばこうもん》なる人物と結婚したと伝える史料もある。丹波黄門は、丹波中納言《ちゅうなごん》の別名で呼ばれた（黄門は、中納言の唐名）秀勝と同一人物とする説もあるが、もし別人だったとすれば、この時も江は駆け落ち同然で結ばれ、その事実が隠蔽されたことになる。

江が、好きな男とならば駆け落ちも辞さない奔放な女性だったとすれば、一成との結婚にも別の見方が出てくる。佐治家の系図や家伝には、江と一成が結婚した時期や事情が、まったく記録されていないのだ。これが、史料に残せない事情とするなら、秀吉にも、佐治家にも無断で結婚した可能性が出てくる。『徳川幕府家譜』は、一成に激怒した秀吉が江を「取返シ玉ヒ」と書いているが、これは文字通り、勝手に家を抜け出した江を「取返シ」ただけだったのかもしれない。

＊1　浅井長政（一五四五年～一五七三年）。北近江の戦国大名。信長が妹のお市を嫁がせるほど信頼していたが、信長が朝倉家を攻めると、古くから縁の深い朝倉方に付き、それが原因で信長に滅ぼされる。夫の裏切りを知ったお市が、信長の陣中に、両端を結んだ袋に入れた小豆（袋の鼠の意味）を送ったのは有名だが、当然ながら史実ではない。

＊2　柴田勝家（生年不詳～一五八三年）。当初は信長の弟・信行に仕えたが、後に信長の家臣となる。猛将として知られ、近江長光寺城を六角承禎に攻められた時は、背水の陣で臨むため飲料水の入った瓶を割って出陣したことで、「瓶破柴田」の異名で呼ばれた。信長の死後は秀吉と対立、賤ヶ岳の戦いで秀吉に敗れ、自刃している。

＊3　豊臣秀勝（一五六九年～一五九二年）。秀吉の姉・日秀と三好吉房の子で、秀吉の養子。「殺生関白」で有名な豊臣秀次は、兄にあたる。

二代将軍秀忠を尻に敷く

紆《う》余曲折《よきょくせつ》を経て秀忠と結婚した時、江は二三歳、秀忠は一七歳。六歳上の姉さん女房だった。しかも江は、天下人・秀吉の養女であり、秀忠は一大名の嫡男に過ぎない。圧倒的に上位に立った江は、完全に秀忠を尻に敷いたようである。

江は、結婚から二年後に千姫《せんひめ》を生んでから、珠姫《たまひめ》、勝姫《かつひめ》、長丸《ちょうまる》、初姫《はつひめ》、家光《いえみつ》、忠《ただ》長《なが》、和子《まさこ》を立て続けに生んでいる。

ただ長丸については、『幕府祚胤《そいん》伝』は母を「御台所《みだいどころ》」としているが、『徳川幕府家譜』は「御母公ハ家女」、つまり秀忠が侍女に手を付けて生まれた子としている。長丸が生まれたのが一六〇一年一二月三日、初姫が生まれたのが翌年の七月七日なので、確実にどちらかは江の子でない（最近の研究で、長丸が庶子だったことが分かっている）。

長丸はわずか九ヵ月で早世、これは侍女が男子を生んだことに嫉妬した江が、灸《きゅう》をすえて殺したとの説もある。秀忠は、武家のプライベート空間である「奥」に側室を置かなかったようだが、これも嫉妬深い江から、側室の命を守るためだったといわれている。

江の嫉妬の犠牲になったのが、秀忠の庶子・保科正之《ほしなまさゆき》*4である。正之の母は、秀忠の乳母《うば》・大姥局《おおうばのつぼね》の侍女・静《しず》で、『柳営婦女伝系』によると、板橋郷竹村の大工の娘だったという。秀忠のお手が付いて懐妊した静だが、城には嫉妬に燃える江がいる。そこで静は見性院《けんしょういん》（武田信玄の次女で、穴山梅雪の正室）に預けられ、足立郡大間木村、あるいは浦和宿近郊など諸説あるが、民家でひっそり生んでいる。

この出産は、秀忠と側近の数名しか知らなかったようなので、秀忠がどれほど江を恐れていたかが分かるだろう。

江の猛女ぶりは、嫡男の家光より弟の忠長をかわいがり、家光の乳母・春日局《かすがのつぼね》と対立した話としても有名である。江の横槍《よこやり》で、家光が次期将軍になれないかもしれないと考えた春日局は、密かに江戸城を脱出して家康のいる駿府城へ駆け付け、長幼の序の重要性を説いた。春日局の説得に感動した家康は、三代将軍を家光に決めたとされるが、これは後世の創作である。実は、忠長も乳母の朝倉局《あさくらのつぼね》が育てており、江が特に忠長を溺愛したことはなかったようである。

＊4　保科正之（一六一一年～一六七三年）。三代将軍家光の異母弟。家光と四代将軍家綱を補佐した有能な政治家で、会津松平家の祖。正之の定めた家訓『会津家訓十五箇条』は、佐幕派の中心として薩長軍と戦った第九代藩主の松平容保まで守られた。

夜の日本史｜第五章

江戸時代

松平忠直【まつだいらただなお】

◉「暴悪な君主」説は真実なのか？

略歴▼一五九五年生まれ。徳川家康の次男・結城秀康の長男。父の領地だった越前を相続し、二代将軍秀忠の三女勝姫を妻に迎える。理由には諸説あるが、参勤交代に応じないことが数年続いたため、藩政の乱れを理由に豊後萩原へ流され、豊後目付の監視下におかれたまま一六五〇年に没している。

史上最大の暴君・松平忠直

海音寺潮五郎[*1]は「松平忠直《まつだいらただなお》」（『悪人列伝《あくにんれつでん》』所収）の中で、忠直を「日本史上類例のない暴悪な君主」としている。忠直＝暴君の図式を決定付けたのは菊池寛[*2]『忠直卿行状記《きょうぎょうじょうき》』だろうが、菊池は家臣が槍《やり》の試合で自分にわざと負けていることを知った忠直が、それまでの人間関係がすべて虚構ではないかと考えるようになり、「臣下が忠直卿を人間扱い」しないため忠直も「臣下を人間扱いしなくなった」として、人間性を抑圧する封建体制を批判、忠直に同情も寄せている。

『忠直卿行状記』の発表は、一九一八年。時代の制約もあり、忠直の乱行は、真剣での勝負を命じて家臣を斬るなど、男への仕打ちが中心。領内の女性や家臣の妻を次々と陵辱するエピソードもあるが、これは自分が大名だから女性も夜の相手をすると考えた忠直が、本当の愛情とは何かを確認するために行ったとされている。

ただ、『真雪草紙《みゆきぞうし》』には、忠直が「妊女《はらみおんな》を殺して御覧せられし、妊女を俎板《まないた》に載せて殺したる、東光寺《とうこうじ》（城南）の庭中の池の中に埋めたり」というエログロな逸話も紹介されている。菊池も忠直の残虐行為として「石の俎《まないた》」の話が伝わると書いているが、妊婦の腹を引き裂いて胎児を取り出したことには触れていない。ちなみに、後藤宙外《ごとうちゆうがい》撰《せん》『通俗日本全史』第一二巻はさらに過激で、忠直の悪行を「孕婦の腹を刳り、胎児の男女を検し、人の肢腿を断ち、臓腑を剖き見るを以て楽みとする」と書いている。

家康《いえやす》の息子で、二代将軍の座を最後まで徳川秀忠《とくがわひでただ》と争った結城秀康《ゆうきひでやす》の嫡男として生まれた忠直は、一二歳の時に父を亡くし、越前《えちぜん》七五万石を相続。秀忠の娘の勝姫《かつひめ》を正室に迎えているので、徳川一族から遇されていたことが分かる。

大坂冬の陣には兵一万を率いて参陣するが、真田幸村《さなだゆきむら》に翻弄され大敗。夏の陣でも、友軍が攻撃を受けているのに大酒を飲んで救援に向かわず、家康から叱責されている。これに懲りた忠直は、抜け駆けしてでも手柄を立てることを決意、最終決戦となった天王寺岡山《てんのうじおかやま》の戦いでは、友軍を騙《だま》して天王寺口に陣を構え、一度は陣形を崩されて幸村軍に家康本陣への突入を許すも、すぐに態勢を整えて反撃、幸村軍の首三六〇〇余を奪う奮闘をみせている。幸村の首を討ち取ったのも、忠直配下の西尾仁左衛門宗次《にしおにざえもんむねつぐ》である。

忠直の乱行が始まるのは、輝かしい武勲を挙げた大坂夏の陣の直後からである。まず恩賞として家康から賜わった「初花《はつはな》」なる茶入を、忠直が叩《たた》き壊したというのである。大坂夏の陣の直後、忠直は大幅な加増を約束されていたという。だが実際に渡されたのは茶器ひとつだけ。これに激怒した忠直は、徳川宗家《そうけ》に不信を抱き参勤交代を拒否。ひたすら女遊びと暴虐にふけるようになったというのだ。

＊1　海音寺潮五郎（一九〇一年～一九七七年）。戦後『武将列伝』『悪人列伝』などで、歴史小説より史実を忠実に再現する「史伝」の復活を行った。
＊2　菊池寛（一八八八年～一九四八年）。純文学作家だったが、『真珠夫人』からは通俗小説も発表するようになる。作家が自由に発表できる場を提供するため、文藝春秋社を創業した。

傾国の美女「一国」

『御夜話集《おんやわしゅう》』には、忠直が「狂気」に陥りかけた頃のエピソードが出ている。忠直が、参勤交代の途中で小姓を折檻《せっかん》したというのだ。小姓に天目茶碗《てんもくぢゃわん》ほどある灸《きゅう》をすえた忠直が、「何とあつく候や」（どうだ熱いだろう）と聞くと、小姓は「かほどの灸あつくなかるべく候」（これくらいの灸が熱いはずはありません）と答える。が、次の瞬間、怒った小姓は忠直に斬りかかり傷を負わせるものの、すぐに「斬り伏せられている。

だが、忠直の「狂気」を最も象徴しているのは、美女一国《いっこく》への耽溺《たんでき》である。

ある夏の日、忠直が天守閣で涼を取っていると、美女の絵が舞い込んでくる。絵の女に魅せられた忠直が家臣に女の居場所を探させたところ、京の木綿問屋に瓜二《うりふた》つの美女がいるという。忠直は大金を積んで美女を側室に迎え、その美貌は一国に匹敵するとして、一国と名付けた。

ある日一国は、「私はまだ人が殺されるところを見たことがありません。武士に仕える女として、人が殺されるのを見て心を鍛えたいのです」と言い出す。一国の言葉に納得した忠直は、城に死刑囚を呼んで、一国の前で斬殺した。一国にはサディスティックな性癖があったのか、残虐なセレモニーをことのほか喜び次々と処刑を見たいと言う。

溺愛する一国の要求に応《こた》えるため、忠直は毎日のように死刑囚を斬った。ついに死刑囚が足りなくなると、軽微な罪の者も処刑し、それでも人が足りなくなると、無実の領民を攫《さら》っては斬殺するようになり、その中には妊婦も含まれていたというのだ。

快楽殺人を繰り返す忠直の行状は、勝姫から幕閣へ伝えられ、一六二三年には秀忠から隠居を命じられる。その後、忠直は豊後《ぶんご》に流され五六歳で没している。

忠直と一国が異常性欲の世界にのめり込む物語は、忠直の死後二〇〇年近く後に書かれた『片聾記《へんろうき》』が出典。だが黒田伝兵衛《くろだでんべえ》『松平忠直卿』は、殿様が絵に描かれた美女を探し、国を傾けるというのは教訓譚《きょうくんたん》として各地に伝わる説話「絵姿女房《えすがたにょうぼう》*3」を換骨奪胎《かんこつだったい》したものに過ぎないとしている。妊婦の腹を割くというのも、『日本書紀《ほんしょき》』の武烈天皇《ぶれつてんのう》から『大《たい》かうさまくんきのこと』の豊臣秀次《とよとみひでつぐ》まで、暴君とされる人物の悪行を指摘する時によく用いられるパターンなので、忠直が実行した保証はない。

事実、忠直の同時代に書かれた史料には、病気を理由に参勤交代を中止したこと、重臣を斬ったことなどの「不行跡」は記録されているが、『片聾記』ほどの派手さはない。忠直が割ったとされる「初花」も、実際は松平家の家宝として受け継がれ、忠直が治めた越前では、街道の整備や新田の開発などに力を入れた名君とされているので、忠直＝暴君説には陰謀の臭いがする。

徳川家には、悪事を捏造《ねつぞう》してまで忠直を陥れる必要があったようだが、その理由は忠直＝キリシタン説や、お家騒動を避けるために失脚させたなど様々。歴史学では再評価が進んでいるだけに、忠直に新たな光を当てる歴史小説の誕生が待たれる。

＊3　昔話。竜宮から来た美女が、片時も離れたくないという夫に自分の絵を持たせる。その絵が風に飛ばされ、殿様の目に止まる。殿様は美女を探し出し城に連れてくるが、女は別れる時、夫に物売りの格好で城に来るように伝える。女は城に来てから笑わなかったが、物売りの姿を見て初めて笑った。殿様は、女を喜ばすため物売りと服を交換するが、城を追い出され、殿様の服を着た夫が新たな城主となる。

◉春日局を心配させた男好き

徳川家光

【とくがわいえみつ】

略歴▼一六〇四年生まれ。徳川秀忠の嫡男で、一六二三年に三代将軍となる。将軍と先代将軍（大御所）が合議で政治を行う二元政治を廃して将軍親政を始め、老中、若年寄、大目付など幕府の職制を定め、参勤交代の確立、キリシタン禁令と鎖国の実施など、幕藩体制を整備した。一六五一年没。

男色将軍・徳川家光

天下を取った徳川家康、何度も実戦を経験している二代将軍の秀忠に対し、江戸幕府開府の翌年に生まれた三代家光《いえみつ》は〝生まれながらの将軍〟と呼ばれている。

ただ幼い頃の家光は、言葉の発達が遅く吃音《きつおん》もあったことから、父親の秀忠は聡《そう》明《めい》な弟の国松《くにまつ》（後の忠長《ただなが》）を溺愛、三代将軍の座をめぐって家督争いが起こってしまう。この時、家光の乳母お福《ふく》（春日局《かすがのつぼね》）が駿河《するが》の家康のもとへ走って秀忠の非道を訴えたことで、家光の将軍継承が決まったエピソードは有名だが、これは後世に創作された俗説のようである。

将軍に限らず武家の第一の使命は、子供を作って家名を存続させることだが、家光が第一子の千代姫《ちよひめ》をもうけたのは三三歳の時。どう考えても遅過ぎるが、これには家光の衆道《しゅどう》趣味が関係している。

衆道は主君と家臣の絆《きずな》を深める行為なので武家社会では常識だが、元服する頃には女性とも関係を持ち始める。当時も真性のホモセクシャルはいただろうが、我慢してでもバイセクシャルのフリをするのが武士だったのである。ところが衆道にのめり込んだ家光は、一九歳の時に公家《くげ》の鷹司《たかつかさ》家から正室を迎えているが、大奥に足を運ぶことは少なかったようだ。

その代わりに家光が寵愛《ちょうあい》したのが、堀田正盛《ほったまさもり》*1、酒井重澄《さかいしげずみ》*2、阿部《あべ》忠秋《ただあき》*3、阿部重次《しげつぐ》*4といった側近。岡谷繁実《おかのやしげざね》『名将言行録《めいしょうげんこうろく》』には、「家光が射猟に出遊」する時は、常に正盛、忠秋、重次が付き添い、家光が早駆させた馬についてこられたのも三人だけと記している。太平の世に生まれた家光が馬術巧者とは思えないので、お気に入りの美少年と遊んだというのが実情だろう。正盛については、わざわざ「性聡敏儀容美なり」（性格も、頭脳も、容姿も優れている）と書かれているので、かなりの美貌だったようだ。

家光は衆道相手をことごとく出世させている。中でも出世頭は堀田正盛で、家光の小姓になった頃は四千石程度の旗本に過ぎなかったが、加増に次ぐ加増で約一〇年で川越《かわごえ》藩三万五千石を与えられ、さらに松本《まつもと》藩一〇万石に移封されている。

正盛を始めとする家光の〝恋人〟は、江戸幕府の基礎を固めた能吏だったので〝尻〟だけで（家光はネコだったとの説もあるので、その場合は〝摩羅《まら》〟だけでとなろうが）出世をしたのではない。だが側近ばかりを出世させたので、酒井忠世《ただよ》*5のように、家光の人事を苦々しく思っていた老臣もいたようだ。こうした恩に報いるためか、堀田正盛と阿部重次は、家光が亡くなると殉死している。

＊1　堀田正盛（一六〇九年～一六五一年）。家光の側近。春日局は継祖母にあたる。
＊2　酒井重澄（一六〇七年～一六四二年）。堀田正盛と並ぶ家光の寵臣。
＊3　阿部忠秋（一六〇二年～一六七五年）。由比正雪の乱の処理に辣腕を振るうなど、幕政の安定に貢献し、その政治手腕が高く評価されている。重次は従兄にあたる。
＊4　阿部重次（一五九八年～一六五一年）。武蔵岩槻藩第二代藩主、老中。
＊5　酒井忠世（一五七二年～一六三六年）。新井白石『藩翰譜』では、土井利勝、青山忠俊と共に家光の師匠となった「三臣師伝説」の一人に数えている。

春日局の策略

ただ家光の〝恋人〟が、すべて幸福な人生を歩んだわけではない。家光は一六歳の時、『徳川実紀《じつき》』が「家光公へ恋慕し奉り、衆道の御知音也」と伝える坂部《さかべ》五左衛門《ござえもん》（右衛門とも）を斬っている。理由は書かれていないが、風呂場で小姓と関係を持っている五左衛門を目撃した家光が、我を忘れて斬り付けたとの説が流布している。

〝男の嫉妬は女より恐《こわ》い〟といわれるが、先の小姓よりも過酷な運命をたどったのが酒井重澄。重澄は高山《たかやま》藩主・金森可重《かなもりよししげ》の七男として生まれたが、三河《みかわ》時代から徳川家に仕える側近中の側近・酒井家の家号を名乗ることを許されたばかりか、下総《しもうさ》に二万五千石の所領を与えられたので、堀田正盛と並ぶ寵臣と見なされていた。だが一六三三年に改易、お預け先の福山《ふくやま》藩で食を断ち自殺している。重澄が改易された表向きの理由は職務怠慢だが、三田村鳶魚《みたむらえんぎょ》『月夜の三代将軍』によると、男色で「寵愛」した重澄が、「病気療養を申し出て引き籠《こも》り、二年の間に妻に二人、妾《めかけ》に二人の子供を産ませた」と聞いた家光が、「婦女に現《うつつ》を抜かしたと聞いて」激怒したからとしている。

家光の男好きに手を焼いたのが、乳母の春日局。男同士では絶対に子供は生まれないので、家光の目を女性に向けさせなければならない。そこで春日局は、蒲生家《がもう》の家臣を父に持つお振《ふり》を大奥に入れると、男装させて家光のもとへ送り込んだ。一六三六年、春日局の計略は成功し、お振の方は家光の初の側室になっている。その三年後、今度は、伊勢慶光院《いせけいこういん》*6に尼僧《そう》が家光に謁見した。この尼僧は公家の六条家《ろくじょうけ》の娘で、一五歳の美少女。小笠原省三『秘密の国史』によると、「美少年好きの家光が、若く美しい尼さんを見て、忽《たちま》ち気に入った」。それを知った春日局は、「比丘尼を其のまゝ奥に止め置き、髪の延びるのを待つて家光へ差し出した」という。これがお万《まん》である。お楽《らく》も、まだ性が未分化な一三歳の頃、中性的な魅力が春日局の目に止まり、町でスカウトしたとされているので、家光の側室には男色の匂いも濃い。

お振、お万らによって女性とのセックスを覚えた家光は、少しずつ衆道にふけることを控えるようになる。だが徳川家では、公家と宮家が将軍の外戚になることを警戒しており、お万は家光のタネを宿すことのないよう、春日局一派によって、密《ひそ》かに避妊薬を盛られていたとも、妊娠するたびに堕胎薬を飲まされていたとも伝えられている。いかにも大奥にありがちなドロドロしたエピソードだが、どこまでが真実かは分からない。

理由はどうあれ、お万が子供を生むことはなかったが、家光の愛情はまったく衰えない。しかも公家の娘で高い教養を持つお万は、大奥の女たちに礼法を教えることで勢力を拡大していった。お万に危機感を覚えた春日局は、寛永寺《かんえいじ》に参拝した時にお万に瓜二つの少女お蘭《らん》に目を止める。お蘭の父は禁猟《きんりよう》の鶴を撃った罪人だったが、春日局は構わず大奥に連れ帰り、家光の側室にする。このお蘭が、四代将軍・家綱《いえつな》を生むことになる。なお春日局が大奥を作ったのは、家光に女性の味を教えるためとの説もあるが、現在では否定されている。

＊6　伊勢にあった臨済宗の尼寺。江戸時代は、朝廷、将軍家から祈禱を依頼される名刹だったが、明治の廃仏毀釈により一八六九年に廃寺となった。

◉大名も虜にした三浦屋の名花

高尾太夫

【たかおだゆう】

略歴▼高尾は吉原の三浦屋に伝わる遊女の大名跡で、何代目まで続いたかには諸説ある。仙台藩主伊達綱宗に身請けされた高尾は、反抗したため隅田川で斬られたとも、お相の方と呼ばれ長く綱宗に仕え、一七一六年に七八歳で没したともいわれている。綱宗が愛した高尾も、二代目説と初代説がある。

歴代高尾太夫の肖像

江戸吉原《よしわら》の高尾太夫《たかおだゆう》は、大坂新町《しんまち》の夕霧太夫《ゆうぎりたゆう》、京嶋原《しまばら》の吉野太夫《よしのたゆう》とともに三名妓《めいぎ》と呼ばれた遊女である。高尾を抱えていた三浦屋《みうらや》では、吉野、薄墨《うすずみ》なども代々受け継がれる名跡だったが、その中でも高尾は最高位で、美貌と教養を兼ね備えた女性しか名乗ることが許されなかった。

これだけの大名跡なのに、高尾が何人いたか、確かなことは分かっていない。これは三浦屋が襲名の時に「何代目高尾」ということを明らかにしなかったからとされている。そのため庄司勝富《しょうじかつとみ》『洞房語園《どうぼうごえん》』や原武太夫《はらぶだゆう》『高尾考』は七人、山東京《さんとうきょう》伝《でん》『近世奇跡考《きんせいきせきこう》』や山東京山《きょうざん》『高尾考』は一一人いたとしているが、そのほかにも六人、九人など諸説ある。

高尾の名は、一七四一年に落籍された一一代目が、郭《くるわ》を出る時に大門に盛塩をするなど傍若無人な振る舞いをしたため襲名が途絶えたとされる。吉原では一七六〇年頃から高級遊女を太夫と呼ぶ習慣や、客が揚屋に遊女を呼んで遊ぶしきたりが廃れていったので、歴代高尾はまさに吉原が最も華やかだった時期に活躍していたといえる。

高尾がいた頃の吉原で太夫を張るには、美貌はもちろん、舞や管弦、茶道に華道、和歌、俳諧、書道などにも秀でている必要があった。これは遊女を〝高嶺《たかね》の花〟に仕立てて、金を払ってでも会いたいと客に思わせる戦略でもあったのだが、遊女に古典文学の教養を身に付けさせるため、京から公家を招いて『源氏物語』[*1]を講義させたとの話も伝わっているので、その教育は徹底していたようだ。

それだけに、厳しい競争を勝ち抜いて高尾太夫となった女性たちは、多くの伝説を残している。特に、引退後に妙心《みょうしん》という尼になった初代高尾（別名・妙心高尾）、水戸藩の為替御用《かわせごよう》を務める水谷六兵衛《みずたにろくべえ》に落籍されたものの、六兵衛の下人、浄瑠璃語りなど何人もの男を渡り歩いた奔放な三代目高尾（四代目説あり。別名・水谷高尾）、花魁《おいらん》道中を見て一目《ひとめ》惚《ぼ》れした高尾に会うため三年かけて金を貯《た》めた染物職人・久蔵《きゅうぞう》の情熱にほだされて、年季が明けると久蔵に嫁いだとの話が、落語『紺屋《こうや》高尾』になった五代目高尾（六代目説もあり）などは有名。だが最も異彩を放っているのは、伊達《だて》騒動の原因になったとされる二代目高尾（初代説もあり。通称・仙《せん》台《だい》高尾）だろう。

遊女のエピソードをまとめた胡蝶女《こちようめ》『はちす花《ばな》』によると、二代目高尾の経歴はよく分かっていないが、幼名は「小《こ》よし」で「生まれつき花のかほばせ、柳のすがたのみか、心ばえ優にやさしく、雅《みや》びたることを好みて、文の道に暗からず。和歌・俳諧を能《よ》くして、又物かくことに工《たく》みなりき」（生まれつき花のような容貌、柳のような体型、心は優しく、風流なことが好きで、学問も得意だった。和歌、俳句をたしなみ、また文章も巧《うま》かった）という。才色兼備の太夫だけに、客は「文武の道に秀でたる、或《あ》るは貴人《あてびと》」（文武の道に秀でた者、もしくは高い身分の人）ばかりだったようだ。

＊1　現在でも、水商売で働く女性の通り名は「源氏名」と呼ばれるが、これは遊女が『源氏物語』に登場する女性にちなんだ通り名を使ったことに由来するとの説もある。

吊し切りは真実か？

この二代目高尾に、東北の雄藩・陸奥仙台藩三代目藩主の伊達綱宗《つなむね》が懸想してしまった。ちなみに、綱宗は〝独眼龍〟で有名な政宗《まさむね》の直系の孫である。

文章がうまい高尾は、綱宗と別れるたびに「けさの御わかれなみのうへの御帰路御やかたの御しゆびいかが御あんじ申候《もうしそうろう》わすれねばこそおもひ出さずかしく」(今朝お別れすると、貴方は船で帰っていくのでしょうね。お別れがなければ、貴方の思い出にすがる必要もないのに)といった手紙を書いていた。今でも別れ際に名刺の裏に一筆添える風俗嬢はいるようだが、それは客を繋ぎ止める手管。高尾も同じ気持ちだったのだが、綱宗は本気になり、高尾を身請けしてしまう。高尾は島田重三郎《だじゅうさぶろう》という男と将来を約束していたのだが、所詮は〝籠の鳥〟。大大名の積む黄金の力には勝てず、泣く泣く綱宗のもとへ行くことを承諾する。

当時の吉原は、現在もソープ街として有名な台東区千束の一画。昔のお大尽は吉原へ行く時は船を使っていて、大川《おおかわ》から山谷堀《さんやぼり》へ入れば、吉原は目の前。綱宗は逆のルートで高尾を連れ帰ろうとしたのだが、三又《みつまた》（永代橋《えいたいばし》の上流）で言うことを聞かなくなる。そこで重三郎の存在を知った綱宗は怒り心頭、高尾を吊《つる》し切《ぎ》り*2にして殺してしまうのである。

だが太田百祥《おおたひゃくしょう》『古今史料《ここんしりょう》　高尾考』によると、吊し切りは伝説に過ぎず、高尾と綱宗は仲睦《なかむつ》まじかったという。高尾は病気療養のために、綱宗のところへ行くのを延ばしていたが、「短慮」な綱宗は一刻の我慢もできず「御屋形《おやかた》に参らば病の世話も行き届くなり」（屋敷に来れば、万全の体制で治療ができる）と主張して、強引に駕籠《かご》に乗せてしまう。しかし高尾の病は思った以上に重く、慌てて近くの寺に立ち寄って介抱したものの、そのまま亡くなってしまったというのである。

ただ両方の説とも、その後の展開は共通している。粗暴もしくは愚かな綱宗は高尾に溺れたことを咎《とが》められ、幕府の命令で二一歳の若さで隠居させられ、二歳の長男・綱村《つなむら》が家督を継ぐ。綱村の後見人の座をめぐって一門が対立し、これが伊達騒動へと発展したというのである。

最近の研究では、綱宗が隠居した頃に三浦屋に高尾を名乗る太夫はおらず、惨殺説も、病死説もフィクションとされている。おそらく三大お家騒動の一つ（後の二つは加賀《かが》騒動と黒田《くろだ》騒動）として話題を集めた伊達騒動が歌舞伎や講談になる時に、綱宗が夢中になる遊女といえば高尾太夫クラスだろう、という作家の想像力が、高尾の悲劇を生んだのだろう。

＊2　鮟鱇の吊し切りのように、人間を逆さ吊りにして切り刻むこと。ただ、船の中でどのようにして吊し切りをしたのかは不明。「伊藤晴雨」の項も参照のこと。

◉将軍が作ったイケメンパラダイス

徳川綱吉

【とくがわつなよし】

略歴▼一六四六年生まれ。徳川家光の四男。家光の死後、上野国に一五万石を与えられていたが、兄の四代将軍家綱の死で五代将軍となる。文治政治を進めたため、初期の政策は「天和の治」と称されたが、生類憐みの令が庶民の生活を圧するようになったため、晩年の評価は低い。一七〇九年没。

マザコン将軍の女性遍歴

生類憐《しょうるいあわれ》みの令で庶民を苦しめ、赤穂《あこう》事件では、喧嘩《けんか》両成敗の原則を破って浅野《あさの》内匠頭《たくみのかみ》を一方的に断罪したこともあって、五代将軍徳川綱吉《つなよし》の評判は悪い。

江戸時代は将軍批判など絶対のタブーだったが綱吉のスキャンダルは広く知られていたし、徳川の威光が衰えた明治になるとその数はさらに増えている。

綱吉には世継ぎの男子が生まれず、それを心配した生母の桂昌院《けいしょういん》が僧の隆光《りゅうこう》に相談したところ、殺生を戒めれば子宝に恵まれると言われ、それを信じた綱吉が生類憐みの令を出したとされる。

綱吉にはマザコンの気《け》があり、桂昌院の言葉は素直に信じ、女性が賜ることができる最高の冠位である従一位《じゆいちい》を母親に贈るため朝廷工作まで行っている。桂昌院はもとをたどれば京の八百屋の娘なので朝廷はなかなか首を縦に振らなかったが、綱吉はごり押しをして冠位を贈ることを認めさせている。この時の幕府と朝廷の確執が、内匠頭刃傷《にんじよう》の原因とする説もあるのだ。

それはさておき、愛する母親が低い身分の生まれだったためか、綱吉は左大臣の娘だった正室の信子《のぶこ》とは折り合いが悪く、もっぱら桂昌院付きの侍女で黒鍬《くろくわ》組の家に生まれたお伝《でん》を寵愛していた。プライドの高い信子は、下級武士の娘に負けたことに我慢できず、京から美貌と教養を兼ね備えた水無瀬《みなせ》信定《のぶさだ》の娘・常磐井《ときわい》を呼び寄せる。すると信子と仲の悪かった桂昌院とお伝の連合軍も、京から才色兼備と評判の高い別の女性を招いて対抗したという。将軍の正室と生母が大奥の覇権を握るため、美女を使って戦うドロドロ劇は、大奥もののドラマを見ているようである。

妻と母親があてがう女性だけでは飽き足らず、綱吉は家臣の妻に手を出したともいわれている。綱吉は側用人《そばようにん》*1だった牧野《まきの》成貞《なりさだ》に美貌の妻・阿久里《あぐり》*2を差し出すことを命令、さらに娘の安《やす》も強引に奪ったという。成貞は妻子を将軍に捧《ささ》げた代償として和泉《いずみ》、下総、常陸《ひたち》などに計七万三千石の領地を得たともいわれている。

一方、同じ側用人でも最も信頼されていた柳沢吉保《やなぎさわよしやす》は、綱吉から側室を下賜されている。『護国女太平記《ごこくおんなたいへいき》』によると、吉保の愛妾《あいしょう》だった染子《そめこ》は綱吉の拝領妻。吉保に贈った後も染子の肌が忘れられない綱吉は、密かに染子を大奥に招き入れては、かわいがっていたらしい。したたかな吉保は主君のわがままを怒るどころか、染子を通して甲府《こうふ》に百万石の領地を賜る工作を進めた。吉保の計画は成功の一歩手前まで行くが、綱吉の急逝によって挫折したというのである。

染子は吉保に下賜された時、既に妊娠しており、柳沢家で男子を産んだともいわれている。綱吉は、この男子を嫡男にしたいと考えていたが、正室の信子が強硬に反対。ついに信子は大奥の宇治《うじ》の間で、綱吉を刺殺して自害したという。これは俗説だろうが、宇治の間に幽霊が出るとの怪談は、現代まで伝わっている。

＊1　将軍の命令を老中に伝える役職。将軍の側に仕え、信任が厚い人物が選ばれることから、将軍の権威を盾に、幕政を左右するほどの力を持つ者もいた。柳沢吉保、間部詮房、田沼意次はその典型といえる。

＊2　ちなみに、浅野内匠頭の正室も「阿久里」、吉良上野介の娘も漢字は違うが「阿久利」である。

イケメンパラダイスを作る

綱吉は、生類憐みの令にからんで世継ぎを欲しがったとの話が有名になったため、女性関係ばかりがクローズアップされがちだが、男性関係も派手だった。

綱吉が将軍だった元禄《げんろく》時代は、合戦を知らない武士が増えた反動から、戦国時代の気風に憧れる懐古《かいこ》趣味が流行《はや》っていた。その一つが衆道の復活で、『元禄世相志』も「男色の不倫を愛するもの、多かりしも、時代風尚《ふうしょう》とは云ひながら、奇しき顕象《けんしょう》なり」と書いている。

衆道ブームの影響を受けたのではないのだろうが、綱吉もことのほか男色を好んでいた。戸田茂睡《とだもすい》『御当代記《ごとうだいき》』によると、当時の若い武士は「一しほだてにきれいに見ゆる」ため、「さかやきをちいさくすり、びんをあつくして、手の一筋もそゝけぬやうに、伽羅の油美清香を以てつけ、黒繻子の如くに作」る「ゆすびん」というスタイルを好んだという。綱吉は「こうした器量のよき若き男」を厳選して、

「御小姓、中奥、桐野間」などに採用したようだ。側用人の牧野成貞は妻子を差し出す前から、綱吉の愛人だから出世できたと噂されていたし、柳沢吉保も若い頃から綱吉の寵愛を受けている。

武家の男色は主従の絆を深める儀式だったので、世継ぎが生まれないというデメリットがあっても容認されていた。ところが綱吉は、武家とは無関係の能役者にも手を伸ばしているのだ。三田村鳶魚の『元禄の能役者』によると、綱吉は歴代将軍の中でも能楽を優遇し、優秀な役者は武士に登用していたようだ。その結果、能楽の地位は向上したが、[*3]綱吉の目的は芸術への援助などではなく、男色相手を手っ取り早く探すため、美少年が多い能役者に目を付けたということのようである。

さらに美少年を求める綱吉の欲望は、家臣や大名の子弟にまで及んでいく。綱吉は女性同様、男色相手も身分にこだわらず、入澤達吉《いりさわたつきち》の研究によると、集められた美少年は「小姓近臣の外、諸大名の子弟、大国の世子《せし》」まで幅広かったようである。綱吉は選《よ》りすぐりの美少年を集めて男性版大奥を作り、「最も鍾愛《しょうあい》せるもの二十余人は濫《みだ》りに他との交通を禁じ、幽閉同然」に扱っていたという。

これは綱吉が嫉妬深かったというよりも、同性のジェラシーは異性よりも恨みが根深く、三代将軍家光が男色がらみの嫉妬から坂部五左衛門《さかべござえもん》を手討ちにした故事[*4]を踏まえ、二度と悲劇を繰り返さないための措置だったとされている。

これらの逸話は信頼性の低い史料の記録なので、真偽は不明。ただ犬公方《いぬくぼう》と揶揄《やゆ》された綱吉への不満が、一連の悪評の原点になったことは間違いあるまい。

＊3　鳶魚によると、綱吉が召し抱えた能役者の葛野九郎兵衛は、『猿楽伝記』に「男もよし」と書かれていたという。

＊4　「徳川家光」の項を参照のこと。

◉家臣に〝淫乱〟と批判された女

本寿院

【ほんじゅいん】

略歴▼一六六五年生まれ。生家については、江戸の商家、大工、浪人など諸説ある。尾張三代藩主・徳川綱誠の側室となり、四代藩主の吉通を生んだ。『鸚鵡籠中記』は「貪婬絶倫」とするが、綱誠の死後に政治に介入をした本寿院への憎悪が、淫乱という俗説を生んだとの説もある。一七三九年没。

「貪婬絶倫」な本寿院

尾張《おわり》藩三代藩主・徳川綱誠《つななり》*1は、正室のほかに側室を一三人も抱え、四〇人（二二男一八女）の子供を作った絶倫大名である。この綱誠に最も寵愛された側室・本寿《ほんじゅ》院《いん》も、主人に勝るとも劣らない淫乱ぶりで歴史に名を残している。

本寿院は、尾張藩士・坂崎勘左衛門義高《さかざきかんざえもんよしたか》*2の次女で、名はお福《ふく》。少女時代から美貌で評判だったというが、性的には早熟かつ奔放なところがあり、近所に住む田島新《たじましん》兵衛《べえ》安雄《やすお》と恋仲になり、手に手を取って家出をしたものの、しばらくして家に戻るという事件を起こしている。

類まれな美貌が綱誠の目に止まり側室になったお福は、主人からの寵愛を一身に集め、蔦姫《あつひめ》、立姫《たつひめ》、吉通《よしみち》（後の尾張藩四代藩主）、岩之丞《いわのじょう》の二男二女をもうけているので、奥向きでは誰も口がはさめないほどの発言権を持つようになる。

お福の美しさに溺れた綱誠は、おねだりされたものは何でも与えてやるようになっていたという。一六九八年、綱誠に従って江戸へ上ったお福は、かつての恋人・田島安雄を江戸に呼んで欲しいと頼む。田島は、綱誠の弟・松平義行《まつだいらよしゆき》の小姓という役職を与えられるが、これはあくまで表向き。お福が愛人を呼び寄せたというのが実態だったようだ。

二人の関係が長く続いていれば、いずれは綱誠も知ることになっただろう。だが幸か不幸か、翌年、綱誠が四七歳で急逝してしまう。これがお福による謀殺なら芝居の筋書きのようで面白いのかもしれないが、お福は淫乱であっても残酷ではなかったようで、綱誠の死因は美食が祟《たた》っての食中毒[*3]で間違いないようだ。

お福は落飾して本寿院と号するが、この時、三五歳の女盛り。熟れた女体がセックスレスの状態に我慢できなかったのか、江戸藩邸に次々と男を引き入れるようになる。尾張藩士の朝日《あさひ》重章《しげあき》が書いた『鸚鵡《おうむ》籠中記《ろうちゅうき》』は、主君の母でありながら本寿院を「すぐれて淫奔にわたらせ給《たま》ふ」（ものすごく淫乱であらせられた）、または「貪婬《たんいん》絶倫」と批判し、その性生活を克明に記録している。

まず「或は寺へ行きて御宿し、又は昼夜あやつり狂言にて諸町人役者等入込み、其の内御気に入れば誰によらず召して婬戯す」（ある時は寺で宿泊し、ある時は浄瑠璃を鑑賞するといって役者や町人の中に入り、お気に入りがいたら、誰であっても呼び寄せてセックスをした）、「本寿院様御好みにより江戸にて相撲取り一人御抱へ」（江戸では贔屓《ひいき》の力士を抱えていた）とあるので、気に入った僧侶、役者、力士と肉体関係を持っていたことが分かる。ただ、一部の寺[*4]はやんごとなき女性に美男の僧をあてがっていたし、当時の役者や力士は贔屓の客に抱かれるのも仕事のうちだったので、ここまでは後腐れのないプロとのお付き合い。だが本寿院の乱行はとどまることを知らず、エスカレートしていく。

＊1　徳川綱誠（一六五二年～一六九九年）。幼少の頃より英邁で、藩の地誌『尾張風土記』の編纂を命じるなどしたが、一方で側室一三人を持ち、二二男一八女をもうけている。

＊2　このほかにも、本寿院の父については、商人、大工、浪人など諸説ある。
＊3　苺による食中毒との説もある。
＊4　本書の「徳川家斉」、「日潤」の項を参照のこと。

凄《すさ》まじき中年女の性欲

『鸚鵡籠中記』には、「本寿尼を汚す輩《やから》、役者、町人、寺僧および御中間《ちゅうげん》らまで甚《はなは》だ多し。軽き者は御金を拝領すること多し」とも書かれており、身分の低い町人や中間には、金を渡してまでセックスの相手をさせていたようなのだ。

尾張藩士の安井《やすい》家が父祖の経験をまとめた『趨庭雑話《すうていざつわ》』には、「はじめて江戸へ下りし者は、時にふれて御湯殿へ召され、女中に命じて裸になし、陰茎の大小を知り給ひ、大なればよろこばせ給ひより交接し給ふことありき。また御湯殿にてもまま交合の巧拙を試み給ふ事ありしと也」とあり、本寿院が家臣の〝逸物《いちもつ》〟を比べて巨根の持ち主をセックスの相手に選んだことや（「はじめて」ということは、それ以外の家臣のサイズは把握していたのか？）、セックスのテクニックを競わせたことまでが書かれている。

避妊法[*5]が未熟な時代だけに、本寿院が妊娠することもあった。その時は御典医《ごてんい》の山本道伝《やまもとどうでん》が、密かに堕胎していた。道伝も本寿院の愛人だったが、本寿院との関係に疲れたのか、度重なる堕胎が嫌になったのか、『鸚鵡籠中記』は「道伝江戸へ不《くだ》下《らず》。自今以後も参らず」（道伝は江戸へ下るように、という命令を無視した。これ以降も命令に従わなかった）と、本寿院と決別したことを匂わせている。

　本寿院の不行跡は、幕閣でも問題になり、一七〇二年には、尾張藩の家老・鈴木《すずき》伊予守《いよのかみ》が老中に呼び出され、「尾張の御家中へ町人出入りし憚《はばか》らざる体に見ゆ。事長じなば御家のため汝等《なんじら》までもあしかりなんと咄《はなし》これありと」（尾張家に町人が出入りしているとの噂は、体面にさしさわるのではないか。このまま話が大きくなれば、お家のためにも、貴殿のためにもならない）と警告された。尾張藩は本寿院の説得を試みたが改心することはなく、三年後、「公儀より御内意」を受けた吉通は、実母の本寿院に「蟄居《ちっきょ》」の処分を下し、四ツ谷の屋敷に「御入候に付、御門等堅く相守り、諸商芸人」（商人、芸人などの出入り）を厳しく吟味するよう厳命した。

　人一倍性欲の強い本寿院が禁欲生活を強《し》いられたのだから、想像を絶する苦しみがあったのだろう。蟄居から一〇年、五〇の坂を越えた本寿院は、「御乱髪なんどにて、御屋敷の大もみの木なんどへのぼり玉《たま》ふ事ありといふ也」（『鸚鵡籠中記』）とあるので、木に股間をこすりつけてオナニーでもしていたのではないか。その後も本寿院の蟄居が解かれることはなく、幽閉から三四年後の一七三九年、七五歳で没している。

ちなみに、落城寸前の大坂城から救出された徳川家康の孫・千姫《せんひめ》*6が、屋敷に男を誘い込んでは玩《もてあそ》んで殺したという「吉田御殿伝説」は、本寿院の実話を参考に講釈師が作ったとの説もあるようだ。

＊5　妊娠のリスクが高い遊女屋では、セックス後の洗浄や、性器に上質の吉野紙を詰めるなどの避妊法が行われていたようだが、これらが庶民に伝わっていたかは不明。避妊よりも、妊娠後に中条流（堕胎）の医師にかかったり、出産後に間引いたりといった方法が一般的だったかもしれない。

＊6　千姫（一五九七年〜一六六六年）。徳川秀忠の長女で、七歳の時に豊臣秀頼と結婚。大坂城の落城後は、本多忠刻と再婚するも、我が子が次々と夭逝したため、本多家を出て江戸で出家している。

おさん

【おさん】

◉大作家を魅了した心中事件のヒロイン

略歴▼生年不詳。一九歳の時に大経師・浜岡意俊と結婚するが、下女たまの手引きで手代の茂兵衛と密通をするようになり、ついに駆け落ち。丹波国柏原挙田に隠れ住むが、一六八三年に捕縛され、茂兵衛と共に市中引廻しの上、磔となっている。

浮気で死刑になったおさん

江戸時代、結婚している女性の浮気は不義密通という犯罪だった。といっても家名が重んじられた江戸時代は、夫婦のトラブルを訴訟沙汰にすることは少なく、内々に処理するのが普通だった。

京の大経師《だいきょうじ》・意俊《いしゅん》の妻おさんと茂兵衛《もへえ》の密通が大きく報道され、井原西鶴《いはらさいかく》、近松門左衛門《ちかまつもんざえもん》という人気作家が事件をモデルに作品を書いたのも、密通が表に出るのが珍しかったからと考えて間違いあるまい。

京都所司代《しょしだい》の判例集には、おさんが「磔《はりつけ》」、茂兵衛が「獄門」、二人を手引きした下女《げじょ》たまも「引廻しの上、粟田《あわた》口《ぐち》にて被行刑罰」（三人とも死罪）とあるので、厳しい処分だったことが分かる。

意俊の家業・大経師は、屏風《びょうぶ》や襖《ふすま》を表装する職人仕事なのだが、暦を売る商人でもあった。不義密通が処罰されるのは武家だけなので、本来ならおさんが罪に問われることはないのだが、意俊は苗字帯刀《みょうじたいとう》[*1]を許された大商人。これが禍《わざわい》して、おさんは断罪されたのである。

　意俊は天才的な商人だったが、美女好みのため、なかなか結婚しなかったという。[*2]ようやく巡りあったのが、今小町《いまこまち》と呼ばれていた評判の美少女おさん。理想の女性と結ばれる夢をかなえた意俊だけに、裏切られたことを知った時の怒りは大きく、これが姦婦《かんぷ》を訴える原因になったのではないだろうか。おさんと茂兵衛が死罪になったことは周知の事実だが、二人がどのように出会い、関係を深めていったのかは、今もよく分かっていない。

　事件の顛末《てんまつ》を歌にした『大経師おさん歌祭文《うたざいもん》』によると、大経師の手代《てだい》だった茂兵衛は、かねて美貌の若奥様おさんに想いを寄せていて、主人の意俊が江戸へ行った隙に、下女のたまに「とがむる方もあきの方（中略）一よ計の御なさけ」（咎める旦那も留守なので、一晩くらいあなたを抱きたい〉との手紙を託したという。おさんは手紙を無視するが、さらに茂兵衛は「此《この》おへんじのよしあしで、けふかあすかの其内《そのうち》に、くびをくゝりてしなん」（貴女のお返事によっては、今日か明日かのうちに、首をくくって死ぬかもしれません）という脅しともとれる手紙を送る。それを読んだおさんは、これほど想っていてくれる人となら、一回くらいはいいかなと考えてしまうのである。

ようやくおさんに認められた茂兵衛は有頂天。たまを仲人《なこうど》に見立てて、おさんの部屋に忍んで行く。おさんとセックスをするという悲願を現実にした茂兵衛は、「誠に君が情には、恋ぢのやみもはれわたる」（本物の貴女の愛情に接し、恋路の闇も晴れました）と漏らすほど感動したようだ。

だが茂兵衛はすぐに主人を裏切ったことを後悔し、僧になるといい出す。それを押しとどめたのは、一回の関係で茂兵衛に夢中になったおさん。それから二人は密会を重ねること二一〇日、とうとうおさんが妊娠してしまう。窮地に陥った二人は、家の金を持ち出して逃亡する。妻を寝取られ、金も持ち逃げされた意俊は追手を放ち、潜伏中の二人を捕まえたというのである。

*1　江戸時代、苗字と帯刀は武家の特権だったが、家柄、功績などを領主が認めると町人や農民にも、その権利が与えられた。

*2　芥川賞作家の西村賢太は、テレビ番組で「金さえあれば独身は楽しい」と発言したが、意俊も同じ考えだったのかもしれない。

おさんの浮気の原因は？

『大経師おさん歌祭文』は、おさんと茂兵衛が自分たちの意思で浮気をしたとしているが、西鶴や近松の解釈は異なる。

西鶴は、『好色五人女《こうしょくごにんおんな》』*3の第三話「中段に見る暦屋物語」で事件を取り上げている（作中では、茂兵衛が茂右衛門《もえもん》、たまがおりんなどに変えられているが、ここでは史実通りの名前を使う）。

西鶴によると、商用で江戸へ行くことになった意俊は、留守中の助けにと、おさんの実家で働く茂兵衛を呼び寄せた。茂兵衛はたまが好きだったが奥手でラブレターも書けなかったため、おさんが代筆してやる。その時、純真な茂兵衛をからかうことを思い付いたおさんは、茂兵衛がたまの部屋へ夜這《よば》いに来るのを見越し、たまと入れ替わる。しかし、おさんは蒲団《ふとん》に隠れている間に寝入ってしまい、たまを抱くためにやって来た茂兵衛は、中にいるのがおさんと知らず関係を持ってしまう。その事実を知ったおさんは、悔いても仕方ないので、身を捨てて汚名をすすごうと考え、茂兵衛と心中するため家を出る。二人は死に場所を求めて放浪するも、ついに囚《とら》われの身となり処刑されてしまうのである。

一方、近松の『大経師昔暦《むかしごよみ》』*4では、意俊（近松も以春という変名を用いているが、やはり史実通りの名前を使う）が女中のたまに色目を使う好色漢とされており、おさんは意俊がたまの寝室に忍んで来ることを知って、たまと入れ替わったとしている。ところが、寝室に来たのは、たまに好意を持っていた茂兵衛だった。二人は、偶然に偶然が重なり不義の関係になってしまうことになる。

夫への意趣返しとはいえ、不倫をした事実は動かしがたく、絶望した二人は、手に手を取って大経師の家を出る。やがて二人は捕まり、刑場に引き出されるのだが、そこに東岸和尚《とうがんおしょう》なる人物が現れ、二人を救い出してしまうのである。

このように、おさんと茂兵衛の密通の原因には三つの説があるのだが、おさんが巻き込まれる形で茂兵衛と関係を持ったとする西鶴と近松は、女性は自発的に浮気などしないという前提に立っており、男尊女卑の枠の中で事件を捉えている。その意味では、二人が自由恋愛に走ったという過激な解釈をした『大経師おさん歌祭文』が、事件の実像を最も正確に伝えているように思える。

＊3　一六八六年に刊行された浮世草子。おさんと茂兵衛のほかに、姫路で起きたお夏と清十郎の駆け落ち、恋人に会うため放火した八百屋お七など、実際の事件をモデルにした五作が収録されている。

＊4　一七一五年、大坂竹本座で初演。

◉セレブ妻の杜撰な殺人計画

白子屋お熊

【しらこやおくま】

略歴▼一七〇三年生まれ。日本橋の材木問屋「白子屋」の長女で、父は正三郎、母はつね。婿の又四郎の殺害を計画したとして、一七二七年、市中引廻しの上獄門の刑に処せられた。引廻しの時、白無垢の襦袢に黄八丈の小袖を重ねていたともいわれ、それが狂言『恋娘昔八丈』などの由来となった。

大岡越前が裁いた白子屋お熊

捕物帳《とりものちょう》や時代劇の影響もあって、江戸町奉行所を警察署や裁判所と考えている人も多いように思える。だが実際の奉行所は、司法機関に都庁と消防署を加えた巨大組織。奉行は都知事に近く、裁判だけを行っているわけではなかった。

大岡越前守《おおおかえちぜんのかみ》 忠相《ただすけ》*1といえば、母親を名乗る二人の女に子供の手を引っ張らせ、先に手を離した方を本物の母親と決める話*2や、拾得物をめぐるトラブルを解決した三《さん》方一両損《ぽういちりょうぞん》でも有名だが、これらは中国の公案（裁判）小説*3を翻案した創作。江戸町奉行時代に大岡忠相が裁いたのは、白子屋《しらこや》お熊《くま》の一件のみといわれている。

『近世江都著聞集』によると、材木商の大店・白子屋の婿養子になっていた又四郎が、下女の菊《きく》に剃刀《かみそり》で切られたと訴え出たことが事件の発端となる。

　当初は菊による無理心中と考えられていたが、又四郎の周辺を奉行所が調べたところ、妻のお熊は手代の忠七《ただしち》と不倫をしており、母のお常《つね》、下女のお久《ひさ》、忠七と共謀して邪魔な又四郎を殺す計画を立てていたことが発覚。忠相の下した判決は、主犯のお熊と忠七が市中引廻《ひきまわ》しのうえ獄門《ごくもん》、犯罪計画を立案、実行したお久と菊が市中引廻しのうえ死罪、お熊の父・正三郎《せいざぶろう》は江戸所払い、母のお常は遠島《えんとう》というものだった。

　豪商の一人娘として生まれたお熊は、セレブなのはもちろん「容顔《ようがん》甚美《はなはだうつ》くし、傾国《けいこく》の粧《よそお》ひありて、多くの心を通はす者」（容姿はとても美しく、国を傾けた伝説の美女を思わせ、想いを寄せる男も多かった）とあるほどの美人で、「恋路の道の山をなし、引手《ひくて》あまたの身」だったという。

　マンガやドラマでは、美人で金持ちは傲慢なキャラを振られるのが定番。お熊も「衣装の拵《こしらえ》、髪形の風俗も、芝居役者を見るごとくに仕立、浄瑠璃、三味《しゃみ》線《せん》の外、正しき事を一つも知らざれば、然《しか》と悪道へ心をかたぶけり」（衣装や髪形、持ち物は、役者のように派手で、浄瑠璃や三味線などの芸事のほかは正しい道を知らず、当然のように悪い道へ興味を持った）と書かれているので、ファッションセンス以外は取り柄のないバカ娘と見られていたようだ。

ただお熊の性格形成には実母お常の影響もあったようなので、お熊だけを責めることはできない。お常はおとなしい夫の正三郎を完全に尻に敷いていて「内証《ないしょう》にて密夫《みっぷ》」を作っていたどころか、「伊達《だて》衣装」に着かざり、お熊や召使いにも豪華な衣装を着せて「今日は上野《うえの》のはな、明日は角田川《すみだがわ》*4の舟遊び、芝居の見物」などと毎日のように遊び歩いていた。

正三郎は商売が下手《へた》だったので白子屋は傾いていたものの、奥向きを取り仕切るお常とお熊は贅沢三昧《ぜいたくざんまい》。ようやく危機に気付いたお常は、持参金目当てにお熊に金持ちの婿を迎えることを思い付く。そこで白羽の矢が立ったのが、大伝馬町《おおでんまちょう》の地主の息子・又四郎だったのである。

＊1　大岡忠相（一六七七年～一七五二年）。八代将軍徳川吉宗から町奉行に任じられると、町火消の結成、小石川養生所の設置、物価の引き下げなどの改革を実

施した。こうした活躍が、講談のジャンル「大岡政談」もののベースになったとされている。
＊2　元ネタは、宋代に書かれた『棠陰比事』。
＊3　中国の裁判小説。実在した宋代の名判事・包拯を主人公にした『竜図公案』が代表作。
＊4　隅田川のこと。古い表現で、「墨田川」との表記もある。

セレブ妻の謀略

突然の結婚話に慌てたのがお熊。実はお熊は、両親には内緒で手代の忠七と付き合っていたのだ。二人は「夫婦の契約して、神々をおどろかす起請《きしょう》の数々」を取り交わしていたようなので、肉体関係を持っていたことは間違いないだろう。忠七は「器量」もよく、商売も上手。正三郎の名代《みょうだい》として会合にも参加していたので、お熊は黙っていても忠七が婿になると踏んでいたのかもしれない。白子屋が順調ならお熊の願いもかなったかもしれないが、お常は五〇〇両の持参金に目がくらみ、勝手に結婚を決めてしまう。

芝居好きのお熊は、忠七との心中を考えるほど思い詰めるが、母親を見習ったのか、とりあえず又四郎と結婚して、忠七とは不義密通をする道を選ぶ。

奥様も若奥様も不倫をしているのだから家内の風紀も緩んでしまい、白子屋では「下女、下男もとも〴〵に姦淫《かんいん》」にふけり、「引受金」を持ち逃げする手代も増え、お熊の愛人・忠七も店の金を使い込んで悪所《あくしょ》*5通いをするようになる。

妻と義母が「分限《ぶげん》より不相応に奢《おご》」っているのだから、又四郎の持参金はすぐに底をつく。又四郎はお熊に「質素を第一」にすることを説き、必死に商売を続けるが、ついに資金繰りに行き詰まる。

お熊はいつも口うるさい夫を疎ましく思っていたが、離婚すれば持参金を返さなければならない。そこでお熊は、お常とお久、忠七に相談。持参金はそのまま、さらに又四郎の実家から借りた金を踏み倒すため、又四郎の殺害を目論《もくろ》む。

四人は、まず又四郎の朝食に「一口喰ふとすぐに死」ぬ毒を入れるが、又四郎の下男・長介《ちょうすけ》の機転で未遂に終わる。

すぐに妻の計画を察知した又四郎が警戒を強めたため、四人は下女の菊に、剃刀で又四郎を襲って心中だと騒げと命じる。お熊は離婚原因は夫の浮気と言い立て、持参金の返還を免れようとしたのである。当初は嫌がっていた菊も、お熊がちらつかせる「衣服、金銀」に心が揺らぎ、ついに計画に加わる。菊は又四郎の寝室に忍び込むが、逆に又四郎に取り押さえられ、事件が露見するのである。

翻って現代を見ても、セレブな生活を維持するため、男から金を貢がせた揚句に殺害したり、夫に多額の保険金をかけて殺害したりする事件が後を絶たない。白子屋お熊の一件は、こうした事件の原点なので、男性は恐怖を感じるのではないだろうか。多くの庶民が身につまされたからこそ、河竹黙阿弥《かわたけもくあみ》の狂言『梅雨小袖昔八丈《つゆこそでむかしはちじょう》』などのように、事件が歌舞伎や講談になって語り継がれたように思える。

＊5　遊廓、岡場所などのこと。

◉〝風流大名〟の粋な半生

榊原政岑

【さかきばらまさみね】

略歴▼一七一三年生まれ（異説あり）。旗本・榊原勝治の次男だが、兄の急死で家督を継ぎ、さらに本家の政祐の末期養子となり大名になった。八代将軍吉宗の倹約令を無視したため、隠居を命じられる。家督は嫡男の政永に譲ることが許されたが、高田藩へ懲罰的に移封させられた。一七四三年没。

高尾を身請けした榊原政岑

徳川八代将軍吉宗《よしむね》が出した倹約令に逆らった大名は、御三家の尾張《おわり》藩主・徳川宗《むね》春《はる》が有名だが、播磨《はりま》姫路《ひめじ》藩の藩主となった榊原政岑《さかきばらまさみね》も、その一人である。

本多《ほんだ》忠勝《ただかつ》、井伊《いい》直政《なおまさ》、酒井《さかい》忠次《ただつぐ》と並び〝徳川四天王〟と呼ばれた榊原康政《やすまさ》を初代とする榊原家は、孫の忠次《ただつぐ》が姫路藩主となるが、五代目の政倫《まさみち》が三歳で家督を継いだため、交通の要衝にある姫路は任せられないとして、越後《えちご》村上に移封された。次の政邦《まさくに》の時に姫路に復帰した榊原家は、善政を行ったことで領民も歓迎。七代当主の政祐《まさすけ》も父・政邦に匹敵する名君だったが、在位六年、二八歳の若さで急逝。一七三二年に子供のいない政祐の末期《まつご》養子*1になったのが、政岑である。

政岑は、榊原家の分家で旗本の榊原勝治《かつはる》の次男だったが、兄の急死でまず榊原家の当主となり、次いで本家に入って大名になったのだから、運だけで出世したといえるが、先代の方針を踏襲したこともあって領民には慕われていたようである。

一七三五年には、側室が後に姫路藩四代藩主となる政永《まさなが》を生み、同じ年には白河《しらかわ》藩主・松平基知《まつだいらもとちか》の養女を正室に迎えている。だが、結婚から二年後に正室が亡くなると、政岑は放蕩《ほうとう》を始める。

『播州色夫録《ばんしゅうしきふろく》』には、「身持あしく衣類等にいたるまで、けしからざる華美《かび》をいたされ、北国の遊里にひたもの通」い（身持ちが悪く、衣類などが派手になり、遊廓に通い詰めた）、その揚句、「あまつさへ三浦《みうら》の太夫《たゆう》高尾《たかお》*2を身請けし千金をつひやし」とある。政岑が、三浦屋の名妓《めいぎ》・高尾を身請けしたのは事実のようだが、何代目かについては、七代、一〇代、一一代など諸説あり、確かなことは分かっていない。

政岑は、乱行が吉宗の耳に入ったことで蟄居を命じられる。政永に家督を譲ることは認められたものの、姫路を追われ、越後高田へ移封を命じられている。『洞房《どうぼう》語園《ごえん》』には、「七代目播州より越州へうつり玉へる御方に逢、終《つい》に召連られて今越州高田に尼と成て在世《ざいせ》するとぞ」（七代目高尾は、政岑と共に越後へ行き、今も尼になって生きている）と書かれており、この記述を信じるならば、政岑が身請けしたのは、七代目となる。

さらに『洞房語園』は、七代目を贔屓にしていた「貴公子」（政岑か？）との興味深いエピソードを紹介している。

「貴公子」は、出入りの八百屋・新介《しんすけ》がお気に入りで、よく吉原に連れて行っていた。将棋が好きな「貴公子」は、七代目が将棋が得意と聞いて、三人で指すことにした。ただ指すだけでは面白くないので賭けをすることになり、負けた時は、新介が「大鉢《おおばち》にて酒を飲む」、七代目が「何なりとも望に任せんと仰《おお》せあれ」（何でも相手の望みをかなえる）、「貴公子」が「金千両」を払う取り決めになった。「貴公子」と七代目の対局は「二手三手あそばされて、我負たりと望の如《ごと》く金子《きんす》とらせよと仰せ有て、御側に居たる蔵人《くろうど》といへるに命ぜられて、金子を下されける」（二手三手指しただけで、「負けたので約束通り金を払う」といって、側近に命じて金を届けさせた）とあるので、金を渡すためにわざと負けたように思える。新介と七代目の対局を見た「貴公子」は、「新介よりは抜群強く在しとかや」（新介よりは、七代目の方がかなり強いようだな）との言葉を残したとのことである。

＊1　跡継ぎのいない武家の当主が急死した時、家の断絶を防ぐため緊急になされる養子縁組のこと。江戸初期には禁じられていたが、跡継ぎがいないことで断絶する家が続出、主家を失って町にあふれた浪人が深刻な社会問題になったことで、一六五一年から認められるようになった。
＊2　「高尾太夫」の項も参照のこと。

「ゆかた祭り」の起源

政岑の派手な遊びは、高尾の身請けだけでは終わらなかった。『播州色夫録』は「三千両の金にて、五丁町惣《そう》くるわの遊女を惣上げ」（三千両で、すべての店のすべての遊女を買い取る）、「遊女は高尾に限らず、度々請出」していたと伝えている。高尾を連れて姫路に帰る時には大坂に立ち寄り、許可なく有馬温泉へ三日滞在したうえに「湯女三人」を連れ出し、「姫路城下の有徳なる町人の妻、城中の奥方」のところに隠してしまった。温泉宿は何度も政岑に返還を求めるが、取りあってくれなかったので、仕方なく京の町奉行所に訴え、返してもらっている。

さらに八月の月見の宴《うたげ》では、「酒宴乱舞の上十六人持の台の物、大山を取《こし》らへ、すゝきに月の出るていを拵《こしら》へ座中へさし出され、酒宴なかば、式部大輔《しきぶだいふ》どの（政岑）手をうたれ候《そうら》へば、彼の山二ツにわれて中より、金銀のかんざし天女のよそおひなるおどり子十二人とび出し、あられぬ乱舞」（政岑が手を叩《たた》くと、大山のハリボテが二つに割れて、中から天女の衣装を着た踊り子が一二人も飛び出して、淫らな舞）を踊るという余興を用意したというのだから驚かされる。

また『老《おい》の寝覚《ねざめ》』は、政岑が友人たちと吉原に登楼した時の逸話を伝えている。一〇人ほどの踊子に酌をさせていた宴会が盛り上がった頃、政岑が席を立った。皆は「小用になど行かれし事」と思っていたが、しばらくすると用人が奥座敷へと案内する。そこで待っていると「チヨンチヨン」と拍子木《ひょうしぎ》が鳴り「浅黄《あさぎ》に金にて車の紋縫《もんぬい》つけた裃《かみしも》を着し、見台《けんだい》を置いて豊後節《ぶんごぶし》」（派手な衣装で浄瑠璃）を語る政岑が登場。「余りの事に人々も皆驚き呆《あき》れて互に目を見合す許《ばか》り」だったということである。

不行跡によって越後へ移される直前、政岑は領民が気軽に参拝できるよう城内にあった長壁《おさかべ》神社を外へ移築して遷座祭を開催、式服がない町人にはゆかたでの参加[*3]を認めた。これが現在まで続く「姫路ゆかたまつり」の起源とされている。

ただ一説には、高尾から神田明神《みょうじん》の祭礼には町人がゆかたで参加すると聞いた政岑が、自分も楽な格好で楽しむためにゆかたの着用を思い付いたともいわれている。

いずれにしても、地元の姫路では〝風流大名〟の異名で親しまれている政岑らしいエピソードといえるのではないだろうか。

＊3　当時、ゆかたは下着であり、そのまま外に出ることは少なかったようだ。こう考えると、政岑の提案は大胆だったといえる。

◉肉蒲団を愛用していた大茶人

川上不白

【かわかみふはく】

略歴▼一七一六年生まれ。紀州新宮藩士・川上五郎作の次男。一七三四年に如心斎千宗左に入門。大徳寺の大竜和尚のもとに参禅し、宗雪と号す（不白は、隠居後の号）。如心斎、又玄斎一燈らと茶道の作法「七事式」の作成に参加。一七五〇年に江戸へ下向し、江戸千家の祖となっている。一八〇七年没。

有名茶人のスキャンダル

一八〇一年一一月六日、小日向水神社《こびなたみず》の近くで相対死《あいたいじに》（心中）があり、一五歳の少年と一六歳の少女の死体が発見された。『享和雑記《きょうわざつき》』巻之二「水道端にて相対死の事」によると、少年は少女を「突殺《つきころ》し」た後に自害していて、二人は着物の上に「南無阿弥陀仏《なむあみだぶつ》」と書いた「白木綿《しろもめん》のゆかた」を着込んでいたという。

これが恋に憧れる少年少女が起こした心中なら問題はなかったが、少女が江戸の大茶人・川上不白《かわかみふはく》の愛妾《あいしょう》だったことから、大スキャンダルに発展する。

一七一六年、紀伊《きい》藩江戸家老を務める水野《みずの》家の家臣、川上五郎作《ごろうさく》の次男として生まれた不白は、主君に茶頭になることを命じられ、京で表千家《おもてせんけ》七代如心斎《じょしんさい》に師事している。

熊田《くまだ》葦城《いじょう》『茶道美談《さどうびだん》』によると、表千家の「蘊奥《うんおう》（奥義）を究め」た不白は、江戸で指南所を開くが、弟子は集まらなかった。主君から「畢竟《ひっきょう》是れ修行の尚《な》ほ足らざるが為めならん、今一度上京して、充分に研究すべし」（それは修行が足りないのだから、もう一度、京で研究してきなさい）と勧められ、再び如心斎に師事。不白は、新し物好きの江戸っ子向けに「古法」だけでなく、当世風の茶も熱心に習得、再び江戸で指南を始めると、「此度は大に用ひられ」たようである。

江戸に千家流を伝えた不白は、それに独自の工夫を加えたことから、〝江戸千家の祖〟と称され、七代如心斎とその弟で裏千家八代の又玄斎一燈《ゆうげんさいいっとう》と共に、茶の修行法「七事式《しちじしき》」を制定するなど、茶道の歴史に偉大な足跡を残している。

だが『享和雑記』は、不白の持つ「花入茶杓或《はないれちゃしゃくあるい》は墨跡《ぼくせき》の類《たぐい》」を求めようと思えば、最低でも「銀壱枚」が必要。しかも「茶杓も花入も細工人[*1]を抱置て、不白は墨を引のみ」、つまり茶器を作るのはお抱え職人で、不白は箱書きをするだけと非難している。

不白の屋敷には、「高貴富家の此道好める方へは出入」していて、日々門人から届けられる進物で埋まっていたとまで書いているのである。

話を元に戻すと、『享和雑記』の「頭書」（注釈）には、少年の名は横瀬兵十郎《よこせへいじゅうろう》だが、不白は中川運平《なかがわうんぺい》と呼んでいたとある（以下、兵十郎とする）。兵十郎は将棋が得意で、心中を決意した日、少女の薄情を非難し「男子の為にハ死を以て志を表する」ように迫る。すると、少女は「男子の志さへ変わらざれば、死は鴻毛《こうもう》より軽し」（貴方の志が変わらなければ、命など羽毛より軽いです）と答え、心中に向かったようだ。

だが、少女が不白の愛妾、少年が男色相手だったことが判明したのをきっかけに、さらなる醜聞が暴かれていく。

*1　茶道具の世界では、有名な茶の宗匠が箱に署名をすると、それだけで価値が高まった。

肉蒲団で眠る不白

愛妾と稚児《ちご》が心中したのは、不白が八二歳の時。茶人として名を成していた不白の家は、『享和雑記』によると、「家作より始器財道具物数寄」（内装から家具、道具類まで風流）を尽くしていたようだ。居間の一室にあてられた八畳間には、「三ツ蒲団をうつ高く敷上て、休む時は肉屏の女二人側をはなれず」、つまり三枚の蒲団を重ね、そこで休む時には女二人を肉蒲団にしていたのである。

不白の肉蒲団役を務めていたのは「妾五人」で、「内二人は愛妾にて年頃也、三人は白歯の女也」とあるので、二人は熟れ頃の年増、三人はまだ少女だったことが分かる。

しかも不白が熱心だったのは女性だけでなく、「仲間の与力《よりき》の次男、容貌人並に勝レ、利口弁佞なる生れにて習ふとも無く、茶湯を能《よ》く覚へて、年に似合ず取廻す」（仲間の与力の次男は、容貌が優れ、利口でずる賢いところもあるので、習うともなく茶を覚え、年に似合わず達者である）美少年も寵愛。「五人の妾に交へて是も肉屏の伽《とぎ》」に加えていた。この男色相手が、兵十郎だったのである。

不白は、すぐに愛妾と稚児が恋仲になったことに気付いた。「妾は五人も七人も時を移さず」召し抱えるのも簡単だが、兵十郎のように「超然たる優秀の才高世絶倫」な若者は、「金銀の山を積」んでも探せないので、いずれは二人を結婚させて、兵十郎を与力に取りたててやるつもりだった。ところが、少女の妊娠が発覚したため、不白の心を知らない二人は思い詰め、心中に至ったのである。

二人の死を知った不白は、「不慮の事出来て愁傷云計なし」（突然の悲劇で泣き崩れた）とあるほど嘆き悲しんだ。だが『享和雑記』の作者は、「富て奢る事なきは君子の道也、妾を抱へ若衆を愛する事なくば此歎き有間敷也」（富があっても傲慢にならないのが君子だ。妾と若衆がいなければ、悲しみもなかっただろう）と突き放している。これは「頭書」の中で、探幽《たんゆう》*2の書に誤りがあるのに気付かず、それを高額で買い求める茶人は、「皆不学文盲ナル者」（皆無知《むち》蒙昧《もうまい》な輩）であり、時の権力者に認められながら最期は切腹した利休*3と織部《おりべ》*4の名を挙げ「茶ノ湯ニテ天下治ルト心得タル痴人アリ、目出度者也」（茶道で天下が治まると考える愚か者は、おめでたい限りだ）と書くほど茶人を嫌っていたことも大きいように思える。

一方で、茶人を讃《たた》える『茶道美談』を書いた熊田葦城は、この心中事件にまったく別の解釈を与えている。二人の失踪を知った不白が、少女の手文庫を調べると「若干の金子《きんす》」が残っていた。驚いた不白は、多くの門人を動員して行方を探させたが間に合わず、二人の死体が発見されてしまう。それを知った不白は「汎そ男女共出奔するに、金子を持ち去る時は、大抵生命の憂ひなきものなれども、金を置きて行く時は、必ず其生命危し、扨《さ》て〳〵手後れになりて、不愍の事をなせり」と漏らしたという。

不白はこの後悔を踏まえ、「悟入《ごにゅう》」（物事の理解を深める）したとされていて、醜聞を美談に変えているのが面白い。

＊2　狩野探幽（一六〇二年〜一六七四年）。江戸時代の狩野派を代表する天才絵師で、後世の狩野派に絶大な影響を与えた。『二条城障壁画』『名古屋城障壁画』などが代表作。

＊3　千利休（一五二二年〜一五九一年）。わび茶の完成者と知られる茶人。織田信長、豊臣秀吉に仕え、理由ははっきりしないが、秀吉に切腹を命じられている。

＊4　古田織部（一五四四年〜一六一五年）。戦国武将で、利休の高弟「利休七哲」の一人。江戸で、徳川二代将軍秀忠の茶の師匠だったが、大坂方に内通したとの疑惑をかけられ自刃している。

日潤

【にちじゅん】

◉江戸版ホストクラブの経営者

略歴▼生年不詳。谷中にあった日蓮宗延命院の僧。参詣に来た女性と関係を持った女犯の罪で、寺社奉行の脇坂安董に捕縛され、死罪の判決を受け即日執行された。この迅速過ぎる処置は、日潤と関係を持った女性に大奥の関係者がいて、醜聞を広めないための措置ともいわれている。一八〇三年没。

江戸のホストクラブ延命院

大奥には、数多くのスキャンダルがある。その中でも、絵島生島《えじまいくしま》事件[*1]、感応寺《かんのうじ》事件[*2]と並ぶほど有名なのが、日蓮宗《にちれんしゅう》の僧・日潤《にちじゅん》が、大奥で働く女性を誘惑したとして処刑された延命院《えんめいいん》事件である。

延命院は、三代将軍家光の側室お楽《らく》の方（宝樹院《ほうじゆいん》）が、参詣の直後に四代将軍になる家綱を妊娠したことから、子授けと安産を祈願する女性で賑《にぎ》わっていた。

そこにイケメンのうえに、美声で説法をする僧・日潤が現れた。日潤はすぐに参拝客のアイドルになり、松林伯知《しょうりんはくち》の講釈本『徳川栄華物語』によると、日潤が説法する日は「世の中にあんな尊《とう》とい御方《おかた》はない、ほんにあの御方の説法は面白い、あゝ云《い》ふ坊さまに引導渡して貰《もら》つたらばなどと言つて浮気女も大分押掛ける」ようになった。

日潤の人気に目をつけたのが、先輩の柳全《りゅうぜん》。日潤には病気平癒の法力があると宣伝し、欲求不満の女性たちを呼び込んでは日潤にセックスの接待をさせ、多額のお布施をもらうようになったのだ。

柳全は、日潤を目当てにした女性たちのために大金を使って隠し部屋を建設。日潤のほかにも、女性を接待するために美男の役者を集めていたので、まさに江戸のホストクラブ。女犯《にょぼん》は犯罪なので、隠し部屋には寺社奉行に踏み込まれた時の用心に、「壁と思ふと其壁がドーンと廻つて座敷になる、軸物《じくもの》が掛つて居ると思ふと其軸物を取れば壁に穴があつて逃げ道になつて居る」（『徳川栄華物語』）といった忍者屋敷のような仕掛けまでが用意してあったという。

普段は仕事として女性を接待している日潤だが、ある日、病気平癒の祈願に訪れた小間物屋の美人妻に一目惚れしてしまう。得意の色気を使って誘惑するも、女は身持ちが固かったのか、なかなかなびかない。業《ごう》を煮やした日潤は、眠り薬を使って女を隠し部屋に連れ込み、無理矢理犯してしまった。女は妊娠してしまい、実家に帰って自殺したということである。

三田村鳶魚『御殿女中続考《ごてんじょちゅうぞくこう》』には、美男の日潤が、二代目尾上菊五郎《おのえきくごろう》[*3]だったとの説が紹介されている。初代の息子・丑之助《うしのすけ》は大坂で二代目を襲名するが、三田尻《みたじり》へ行く船中で急死した。だが、これは表向きの話で、二代目は人を殺したため大坂から逃走、江戸で知り合った男色相手がいた延命院に潜伏し、そのまま僧になったというのである。

鳶魚も真偽不明としているので、これは日潤が菊五郎ばりの美男子だから生まれた都市伝説だと思うが、延命院事件を題材にした河竹黙阿弥の狂言『日月星享和政談《じつげつせいきょうわせいだん》』[*4]では、日潤をモデルにした「日当《にっとう》」を、五代目菊五郎[*5]が演じていて偶然だが面白い。

*1　徳川七代将軍家継の生母・月光院に仕える大奥お年寄の絵島が、歌舞伎役者の生島新五郎と恋愛沙汰を起こしたとして、遠島に処せられた事件。現在では、絵島は幕閣の権力闘争に巻き込まれたとの説が有力。

＊2　「徳川家斉」の項を参照。
＊3　二代目尾上菊五郎（一七七一年〜一七八七年）。父は二代目大谷廣次で、母が初代と再婚したことで養子となる。初代の没後二年目に二代目を襲名するが、二年後に急死した。
＊4　一八七八年初演。
＊5　五代目尾上菊五郎（一八四四年〜一九〇三年）。九代目市川團十郎、初代市川左團次と共に、「團菊左時代」と呼ばれる歌舞伎の黄金時代を作った名優。

寺社奉行　日潤

日潤の評判は、大奥にも届く。最初に日潤と関係を持ったのは、次期将軍として西の丸で暮らしていた家慶《いえよし》の奥向きで働く女中のころ。男子禁制の奥向きで働くころは、積極的に日潤に言い寄り、関係を持つようになる。

一説には、ころの兄は、若い頃に歌舞伎役者の弟子をしていて、丑之助を名乗っていた頃の日潤と親しかったという。少女時代からお兄さんの友人に憧れていたころは、延命院での再会を運命と思い、日潤に急接近したというのだ。

このエピソードは後世の創作だろうが、ころが大奥の女性たちを延命院に連れて行ったのは、事実のようである。

当時は、一一代将軍家斉《いえなり》の時代で、家斉には四〇人の側室がいたので、将軍の寵愛をめぐる大奥の権力闘争は熾烈《しれつ》を極めていた。そのため大奥の女中たちは、日潤とのセックスで、日々のストレスを発散していた。このあたりは、ホストにはまるキャリアウーマンに似ていなくもない。

延命院には、大奥の女中だけでなく、大名家の奥女中や豪商の妻も入り浸るようになり、女犯の噂が寺社奉行所に届き始める。時の寺社奉行は、脇坂淡路守安董《わきさかあわじのかみやすただ》。アンタッチャブルの大奥がからんでいることに加え、隠し部屋で繰り広げられる房事を暴く必要があるだけに、捜査を指揮する脇坂淡路守も頭を悩ませるが、ついに密偵を使った囮《おとり》捜査を実行に移す。

危険で困難、しかも貞操を危機にさらす必要もあるので、脇坂淡路守は密偵の人選に苦慮するが、家臣の娘に白羽の矢を立てる。娘の名は「竹川《たけかわ》」というのが一般的だが、これは『日月星享和政談』の役名で、実際の女探偵の名前は伝わっていない。

黙阿弥は、「竹川」が書棚の奥に隠されていた艶書*6を見つけ、「皆言交したお方より、送りし文でございまするが、幾人となく此様に忍び女子を引入れながら、ようも是迄私を、あなたはお騙しなされましたなあ」と、「日当」を問い詰める場面を書いたが、これも史実ではないだろう。ただ女探偵が、重要な情報を摑《つか》んだことは確かで、日潤は脇坂淡路守が直々に逮捕している。

日潤は、僧になって捕まるまでの八年間に、五九人の女性と関係を持ったとされるが、訴状に書かれたのは、大奥部屋方ころ、尾張家若年寄なを、谷中《やなか》善光寺門前家持《いえもち》源太《げんた》郎《ろう》妹きん、一橋殿御用人井上藝十郎《いのうえげいじゅうろう》娘はなら六名。この処置は、大奥に配慮した結果で、日潤の死罪は口封じも兼ねていたようである。

延命院事件を解決した脇坂淡路守は一躍時の人となるが、女探偵は存在自体が秘密なので、報償を与えることも、父を出世させることもできなかった。女探偵のその後も不明で、純潔を失ったことを思い悩み自殺したともいわれている。

＊6　恋文。

大田南畝

【おおたなんぽ】

◉吉原の〝裏〟も〝表〟も知る男

略歴▼一七四九年生まれ。御徒の吉左衛門正智の子。学問による立身を志し松崎観海に師事するが、戯れに作った狂詩が認められ、江戸狂歌の第一人者として洒落本や黄表紙の執筆も行う。だが寛政の改革が始まると文壇とは絶縁し、学問吟味を首席で合格し、幕臣として昇進している。一八二三年没。

吉原を研究した南畝

天明期《てんめい》の狂歌界を牽引《けんいん》し、戯作《げさく》、狂詩の名手でもあった大田南畝《おおたなんぽ》だが、御徒《おかち》の吉《よし》左衛門正智《ざえもんまさとも》と利世《りせ》の嫡男なので、れっきとした幕臣である。下級武士の家に生まれた南畝は、幼い時から学問による出世を目指して猛勉強をしており、後に文人仲間となる内山賀邸《うちやまがてい》*1、松崎観海《まつざきかんかい》*2らとは、一五歳の頃には出会っていたようだ。

一七六七年、南畝が一九歳の時に発表した狂詩集『寝惚先生文集《ねぼけせんせいぶんしゅう》』は大評判となり、一七八三年には、朱楽菅江《あけらかんこう》との共編で『万載狂歌集《まんざいきょうかしゅう》』を刊行し、狂歌ブームの火付け役となる。折しも時代は、重商主義政策を採った田沼意次《たぬまおきつぐ》の登場で享楽的なムードに包まれており、南畝も時代の寵児《ちょうじ》になっていったのである。

南畝は、二三歳の時に里与《りよ》と結婚し、三人の子供をもうけている。貧しい幕臣の家に生まれ、学問一筋だった南畝は遊里とは無縁の人生を送っていたが、流行作家になったことで一転、吉原の常連になっていく。当時の文人は、武家や豪商の余技と考えられていて、版元も豪華な接待を原稿料代わりにしていた。南畝のスポンサーが、吉原のガイド『吉原細見《よしわらさいけん》』を出していた蔦屋重三郎《つたやじゅうざぶろう》*3だったことも、遊びに拍車をかけることになる。

そのため南畝には、遊里を題材にした随筆も多い。おそらく、蔦屋に頼まれたのだろう。『吉原細見』に、「花は千本を根こぎにして、中の町の鉢植にし、月は最中*4を煎餅にして、きの字屋松蔭*5にみる。雪はもとより豊年の、貢物より居つゞけの、馴染《なじ》みの茶屋のおくり物、旨いかな〳〵」（春には、外から持って来て植えた人工的な桜を眺め、吉原名物の「最中の月」をつまみ、「きの字屋」の仕出し弁当を食べる。雪が豊かな実りをもたらすように、馴染みの茶屋には贈り物をするより、長《なが》逗留《とうりゅう》した方が喜ばれる）という、吉原に精通する南畝らしい洒脱《しゃだつ》な序文を寄せている。

随筆『一語《いちご》一言《いちげん》』には、「けさの御わかれなみのうへの御帰路御やかたの御しゅゆびいかが御あんじ申《もうし》候《そうろう》わすれねばこそおもひ出さずかしく」からなる「遊女三浦屋高尾ふみ」の全文を収録。江戸の文人は、物の歴史や来歴を調べる考証を好んでおり、南畝の知的探求心が、吉原も対象にしていたことがよく分かる。

男ざかりの二〇代、三〇代を遊里で過ごした南畝は、三八歳の時、二〇歳になるかならないかの松葉屋《まつばや》の新造《しんぞ》・三保崎《みほさき》に夢中になり、ついに身請けした。三保崎は本名の阿賤《おしず》に戻り、南畝が用意した妾宅に入った。しかし病弱な阿賤を心配した南畝は、自宅を増築して妻妾同居を始めている。正妻の里与も、妾の阿賤もおとなしい女性だったようで、八年後に阿賤が早世するまで、静かな毎日を送っている。

＊1　内山賀邸（一七二二年〜一七八八年）。江戸狂歌界の重鎮で、四方赤良、唐衣橘洲、朱楽菅江らは門下生。
＊2　松崎観海（一七二五年〜一七七六年）。漢学者で、詩人としても名高い。
＊3　蔦屋重三郎（一七五〇年〜一七九七年）。朋誠堂喜三二、山東京伝、喜多川歌麿、東洲斎写楽などを世に送り出した版元。レンタルビデオで有名な「TSU

TAYA」の店名は、蔦屋に由来している。
＊4　和菓子の最中は、吉原の菓子屋「竹村伊勢」が公案した、満月をかたどった煎餅のような「最中の月」が起源とされる。
＊5　吉原の料理店。大きな台に乗せた仕出し料理が評判となった。

男の逸物を比べる

南畝は、阿賤から吉原の行事やしきたりを聞いて、それを『松楼私語《しょうろうしご》』にまとめている。この作品は、吉原の風俗を伝える史料として、今も評価が高い。

だが阿賤を身請けした翌年から、田沼意次を追い落とした松平定信《さだのぶ》が寛政《かんせい》の改革を始め、南畝は政権に批判的な文人と見なされる。そのため、狂歌師、戯作者としての活動は止めて職務に専念、文人としては随筆をまとめるくらいになってしまうのである。

その意味で三保崎の身請けは、吉原における南畝の最後の輝きといえよう。南畝は「遊女賛」の中で、「まことはうその皮、うそはまことのほね。まよへばうそもまことなり、さとればまこともうそとなる。うそとまことの中の町、まよふもよし原、さとるもよし原」と書き、続けて「けいせいのまこともうそも有磯《ありそ》海《うみ》の浜の真砂の客の数々」という狂歌を詠んでいる。これは、客と遊女が恋愛ゲームを繰り広げる吉原は、北陸の名所「有磯海」の砂浜の砂が無限のように、客が尽きることがないという意味である。それと同時に、大泥棒・石川五《いしかわご》右《え》衛門《もん》の辞世の句とされる「浜の真砂は尽きるとも世に盗人の種は尽きまじ」のパロディにもなっていて、遊びを極めた南畝らしい感想といえる。

　文壇の一線を退いたとはいえ、強い影響力を残していた南畝は、晩年、文人仲間の喧嘩を思わぬ方法で解決している。

『半日閑話』《はんにちかんわ》巻八によると、一八一五年三月六日、国学者の高田《たかだ》与清《ともきよ》*6の家に大窪《おおくぼ》天民《てんみん》*7、岸本由豆流《きしもとゆずる》*8、鳥海松亭《とりのうみしょうてい》*9、南畝らが集まったので、上野へ花見に行くことになった。途中で清水浜臣《しみずはまおみ》*10に出会ったので彼も誘い、筵《むしろ》を敷いて酒を飲み始めると、天民が漢詩を詠み、他のメンバーが続きの句を付ける遊びが始まり、場は盛り上がった。

　ところが、「あすの暁此地に花を見る約」があるといって天民が帰ると、与清と浜臣の間がぎくしゃくし始める。二人は「和歌の事」で揉《も》めていたのだ。

　それを察した南畝は、今日は花見だから、男の逸物を比べて「大なる方を勝《かち》」とし、それで仲直りしろと命じる。

酔いも手伝ったのか、まず浜臣が逸物を出すと「ものふとくたくましきいきほいを添えて」とあるので、勃起して隆々とそそり立っていて、見ている人は驚いた。続けて与清が出すと、大きさは浜臣に劣らなかったが、「いきほひなくへなく」していたため、「おとりて」見えてしまった。一同が大爆笑し、座が元通り和んだのを見た南畝は、「松の屋の松たけよりもさゞなみや志賀の浜松ふとくたくまし」（松屋＝与清の号の逸物は松茸《まつたけ》よりも小さくてさざなみのようだが、志賀の浜松＝清水浜臣のもじりは、ふとくてたくましい）の歌を心の中で詠んでいる。

南畝は、浮世絵に関する随筆も数多く残しているが、『俗耳《ぞくじ》鼓《こ》吹《すい》』には、「枕絵に女の孔門《シリノアナ》を絵かざるは西川祐信《にしかわすけのぶ》*11よりこのかた也と、山岡明阿《やまおかみょうあ》の話也」という興味深い話が出ている。真っ当な浮世絵研究家なら相手にしないネタだが、現代のインディーズ系AVは、アナルにモザイクをかけないこともあるので、正反対なのが面白い。

＊6　高田与清（一七八三年～一八四七年）。国学者。有職故実に通じていた。

*7 大窪天民（一七六七年〜一八三七年）。〝江戸の四詩家〟と称される漢詩人。
*8 岸本由豆流（一七八九年〜一八四六年）。国学者。三万巻の蔵書を持ち、平安文学の研究を行った。
*9 鳥海松亭（一七七二年〜一八一九年）。国学者。日本語の研究を行い、言文一致を提唱している。
*10 清水浜臣（一七七六年〜一八二四年）。国学者。江戸古学派の重鎮。
*11 西川祐信（一六七一年〜一七五〇年）。浮世絵の世界では珍しく、京で活躍した絵師。

小林一茶

【こばやしいっさ】

◉セックスライフを日記に書く

略歴▼一七六三年生まれ。北国街道柏原宿の農家の長男だが、義母と不仲で一四歳で江戸へ出る。二五歳の時に小林竹阿に俳諧を学び、諸国を旅して俳諧修行をする。三九歳で父を亡くすと、遺産相続をめぐり義母と一二年争う。五〇歳の初婚以来、三度妻を迎えているが子供はいない。一八二八年没。

女郎を詠んだ一茶

「我と来て遊べや親のない雀《すずめ》」や「やせ蛙《がえる》負けるな一茶《いっさ》これにあり」などの名句で知られる小林《こばやし》一茶は、故郷への愛や弱者への共感を好んで詠んだ田園派の俳人との印象が強いかもしれない。

一七六三年に信濃柏原《しなのかしわばら》宿（現在の長野県上水内《かみみのち》郡信濃町）に生まれた一茶は、三歳で生母を亡くし、八歳から新しい母に育てられるが、継母《ままはは》との折り合いが悪く、一四歳の時から江戸で奉公をしている。

俳諧を学び始めたのは二五歳の時で、二九歳で故郷に帰るもすぐに俳諧修行の旅に出る。三九歳の時に父を亡くすと、遺産相続をめぐって継母と対立。一〇年以上も骨肉の争いを続けるなど、世俗的な一面も持ち合わせていた。事実、一茶には「店賃《たなちん》の二百を叱る夜寒哉《よざむかな》」「米と銭篩《ふるい》分けゝり初時雨《はつしぐれ》」といった生活苦を題材にした作も少なくない。

一茶の世俗性は、娼婦《しょうふ》を詠んだ句が多いことからもうかがえる。長く放浪生活を送っていた一茶は旅先で娼婦を買うことも珍しくなかったようで、「涼しさにぶらく地獄巡り哉」は、地獄＝私娼窟《ししょうくつ》をひやかした時の状況を詠んだものである。

俳人として歩み始めたものの一茶の生活は安定せず、門弟の援助や句会[*1]を開くなどで食い繋《つな》いでいたに過ぎなかった。そのため、一茶の敵娼《あいかた》は安く買える岡場所の女か、町角で客を引く夜鷹《よたか》[*2]が中心。「寝むしろやたばこ吹かける女郎花《おみなえし》」「女郎花あけっらこんと立ちにけり」は、まさに街娼を詠んだ一句。ここでの女郎花は、植物の女郎花を、同じ漢字を使う女郎になぞらえたものである。「寝むしろ」を背負った夜鷹は、時代劇に登場する姿そのままなので、当時の性風俗を知るうえでも興味深い。

「きぬぐ[*3]やかすむ迄《まで》見る妹《いも》が家」は、岡場所からの帰り道、敵娼への断ちがたい想いを詠んだ句。「小女郎が二人がかりの団扇《うちわ》哉」は、岡場所でほかの客が二人の遊女と戯れている一場面を切り取ったものである。中には舟から客を引く女郎[*4]がうっとうしかったのか、「遊女めが見てケツカルぞ暑い舟」というコミカルな句も作っており、一茶が夜遊びに詳しかったことがよく分かる。

貧しい生活を送っていた一茶は、同じような境遇の娼婦を上から見下ろすようなことはなく、「じゃらつくなどっこいそこな女郎花」「七転《ななころ》び八《や》起《おき》の花よ女郎花」といった遊女の強さを賞賛したり、遊女を勇気づけたりするかのような句も作っている。このあたりには、弱者をいたわった一茶の特色もよく出ている。

＊1　一茶が江戸で暮らしていた頃は、一般の愛好家から募った句を採点する「月並俳諧」が流行していた。この流行は地方へも波及しており、一茶はこうした俳句ファンを相手に金を稼いでいたようだ。「月並俳諧」への投稿料は、八文程度だったようである。

＊2　街頭で春を売る女性。日が暮れると出没したので、夜行性の鳥になぞらえて夜鷹と呼ばれた。

＊3　「衣衣」「後朝」とも。一夜を共にした男女が別れる時の慣用表現。

＊4　いわゆる船饅頭。船代がかかるため、夜鷹よりも費用がかかった。

妻とのセックスを記録

継母との相続争いに決着をつけた一茶は、一八一二年に故郷の柏原に戻り、二年後初めての妻お菊《きく》を迎えている。この時、一茶は五二歳、お菊は二八歳。家庭の事情があったにせよ、相当な晩婚である。それから三年後、一茶は『七番日記《しちばんにっき》』と『九番日記《くばんにっき》』の中で妻とのセックスを記録するようになる。一茶が自身のセックスについて書いたのは、一八一六年から一八二二年の間だけ。当然ながら、これ以外の時期もセックスはしていたはずなので、なぜ一茶が期間限定で性生活を書いたのかは、今もよく分かっていない。

『七番日記』にある最初のセックス記事は一八一六年一月二一日で、「墓詣《はかまいり》　夜雪《よるゆき》交合《こうごう》」とある。その後、しばらくセックス関係の記述はなくなるが、同年の八月に復活。八日には実家に戻っていたお菊が帰宅したためか「夜交合五回」と、五回戦に及んだようである。それからの連戦は凄まじい。まず八月一二日は「夜三交」。一五日は「婦夫月見[*5]　三交」とあるので、月見の後に三回やったのだろう。翌一六日は、「白飛二十六夜セント行クニ留守」（門弟の白飛が二十六夜待ちに行って留守）だったので「三交」。一七日は「墓詣　夜三交」。一八日も「夜三交」。一日おいて二〇日も「三交」。二一日は「隣旦飯　四交」、つまり隣家の仏壇にお参りして朝食をご馳走になった後に、四回もセックスをしているのだ。墓前や仏壇に参った後にセックスをした記録が多いのは、一茶は厳粛な場に行くと反動でムラムラしたためか？

一茶は「三交」と「夜三交」を区別しているので、前者は昼夜あわせて三回、後者は夜だけで三回のことと思われる。五〇代半ばなのに、毎日のように三回（しかも時には昼日中から！）も妻の肉体を求めているのだから、一茶はかなりの絶倫だったといえる。

続いてセックスの記述が出てくるのは一八一七年八月。一四日に「三交　墓詣」とあるので、前年とは逆に、一茶はセックスをした後に墓参りをしたようだ。翌日は「二交」とあり、それからしばらく飛んで、一二月一五日と二一日、二三日から二五日まではいずれも「一交」。二九日には「五交」しているが、年齢のためか回数は確実に減っている。一八二二年一月三日には、姫始《ひめはじ》めと妻の名をかけて「寅刻《とらのこく》菊始《きくはじめ》」と書いているので、俳人らしい洒脱さも見て取れる。

年齢や作風に似合わぬ性豪ぶりを誇った一茶だが、それが思わぬ悲劇を招いている。

愛妻のお菊が、結婚からわずか九年で亡くなったのだ。お菊の死因については諸説あるが、一茶から毎日のように体を求められて衰弱死した、もしくは一茶に性病をうつされたと主張する研究者もいる。若い頃から娼婦と遊んでいた一茶は性病だったとしても不思議ではなく、お菊が生んだ三男一女は全員夭折《ようせつ》しており、この原因が性病の母子感染と考えれば、お菊が性病で死んだとの説にも説得力がある。

お菊の死後、一茶は再婚するも破局。すぐに三度目の妻を迎えるが、妻の妊娠中に六四歳で没している。最期まで女性を求めた一茶にとって、セックスは〝生〟そのものだったのかもしれない。

＊5　月が出るのを待ちながら、深夜まで飲み食いをする夏の行事。

徳川家斉

【とくがわいえなり】

◉精力剤を愛用した絶倫将軍

略歴▼一七七三年生まれ。一橋治済の長男で、一〇代将軍家治の養子となり、一五歳で将軍となる。家治の側用人・田沼意次を廃し、松平定信と寛政の改革を断行。だが定信が失脚すると、水野忠成を側用人にした大御所時代になり、豪奢な生活を送るようになり、化政文化にも影響を与えた。一八四一年没。

絶倫将軍、騒動を巻き起こす

東大の赤門[*1]と、藤沢周平『義民が駆ける』で農民直訴の原因となった〝三方国替え〟の共通点は？　答えは、徳川家斉の子だくさんが起こした事件であること。

徳川幕府一五代の将軍の中でも、最も絶倫だったのは一一代将軍家斉だろう。世継ぎがいないとお家断絶となる武士は、家を守るため正妻のほかに何人もの側室を抱えて子作りに励んでいた。有力な武士が多くの側室を揃《そろ》えていたのは、決して〝英雄色を好む〟の類いではないのだが、さすがに家斉は常軌を逸していた。

確認されているだけで家斉の妻妾《さいしょう》は一六人（一七人説も）、子供は男子二八人と女子二七人の五五人（五三人、五四人説もあり。そのうち成人したのは二五人とされる）。家斉に次ぐ子だくさんは初代将軍家康の一七人、その次が一二代将軍家慶の八人なので、どれほど家斉が絶倫だったかが分かるだろう。家斉は、膃肭臍《オットセイ》のペニスを粉末にしたものを精力増強のために愛用していたことから〝膃肭臍将軍〟とも呼ばれていた。

将軍ともなれば子供にも格式があるので、衣装代や様々な行事にも莫大な費用がかかる。その出費で財政が苦しくなった幕府は、子供たちの結婚相手探しに奔走する。東大は加賀前田家の上屋敷跡に作られたもので、有名な赤門は家斉の三四子・溶姫《ようひめ》が前田家一二代当主斉泰《なりやす》に嫁いだ時に建てられた。大名家に嫁いだ将軍の娘が暮らす屋敷は、門を丹《に》塗りにすることが決められていたので赤門も前田家の専売特許ではないが、当時のまま現存しているのは東大の赤門だけである。

一方、『義民が駆ける』で有名になった〝三方国替え〟は、庄内藩の酒井《さかい》家を長岡藩へ、川越藩の松平家を庄内藩へ、長岡藩の牧野《まきの》家を川越藩へそれぞれ移転する複雑な計画。事件の発端は川越藩主の松平斉典《なりつね》が、実子がいるのに家斉の二五男斉《なり》省《さだ》を養子に迎えたこと。将軍に恩を売ったことで発言権を増した斉典は、庄内藩が裕福との噂を聞きつけ国替えを申し出る。ただ川越藩と庄内藩を国替えしたのでは、あまりに露骨で世間の目もうるさい。そこで幕府は間に長岡藩を嚙ませる〝三方国替え〟を思い付いたのだ。コネと欲望が招いた〝三方国替え〟がどのような顚末をたどったかは、『義民が駆ける』を読んで確認していただきたい。

徳川家のオフィシャルな歴史書『続徳川実紀』によると、家斉は一年中生姜《しょうが》を食し、「寛政の始め」頃から「牛乳を求めしめ。敷石を得て酪を製」して作った「白《はく》牛酪《ぎゅうらく》」*2なる乳製品を好んでいたという。七世紀に天武《てんむ》天皇が出した殺生禁断以来、日本では獣肉を食べることがタブーになっていた。当然ながら、牛乳や乳製品をとる習慣もなかった。実際には猪、鹿などを料理するももんじ屋*3はあちこちにあったので、現代人が考えているほど獣肉へのアレルギーはなかったが、それは日常的な食事というよりも、滋養や精力をつける〝薬食い〟としての側面が強かったようだ。「白牛酪」は「広く衰老の者にほどこしあたへ」られたとあるので、有名な膃肭臍のペニスと同じように「白牛酪」も精力剤だったのかもしれない。

＊1　正式名称は「旧加賀藩屋敷御守殿門」で、国の重要文化財。東大の象徴になっ

ているが、正門ではない。

＊2　牛乳と若干の砂糖を鍋に入れ、それを煮詰めて固形物にした乳製品。初めて作ったのは、八代将軍吉宗ともいわれている。

＊3　「ももんじい」は、毛深い化物の意味で、獣肉料理屋の総称。『麴街略誌稿』によると、江戸時代には麴町に有名なももんじ屋が十数軒あり、現在でも食べられている猪、鹿、熊などのほかに、狐、狼、川獺、鼬、猫、山犬の肉を出す店もあったようだ。

愛妾お美代も大暴走

家斉は松平定信と寛政の改革を進めるなどしているので決して無能な将軍ではなかったが、改革の過激さに嫌気がさし父・治済《はるさだ》と謀って定信を罷免。この頃から政治は老中に任せ、大奥で豪奢《ごうしゃ》な生活を送り始める。将軍が大奥に入り浸りなので、次第に大奥が政治に影響を及ぼすようになり、特に家斉が寵愛したお美代《みよ》（院号・専行院《せんこういん》）＊4は、大奥の歴史の中でも最大級のセックス・スキャンダルに関わっている。ちなみに東大赤門建設のきっかけとなった溶姫は、お美代の子である。

お美代の父は、法華宗《ほっけしゅう》の僧侶・日啓《にっけい》。当時の法華宗は妻帯を禁じていたので、日啓は破戒僧ということになる。お美代は、家斉に法華宗の感応寺《かんのうじ》を建てることをおねだり。完成した感応寺は、お美代の威光もあって大奥の女中が自由に出入りしていた。感応寺は〝官能寺〟のシャレではないのだろうが、そこで行われていたのは、奥女中に美男の僧侶をあてがう大乱行。やがて感応寺の裏の顔は露見し、常連だった大奥御年寄の瀬山《せやま》は追放処分を受けている。

一方、お美代の実家・智泉院《ちせんいん》は兄の子・日尚《にっしょう》が継いでいた。もともと破戒僧の日啓一族も奥女中を悦ばす方法を熟知していて、男子禁制の大奥で暮らす女中の欲求不満を解消するため、美男の僧を取り揃えていた。寺社奉行は智泉院の内情を察知していたようだが、捜査の前には将軍に守られたお美代が立ちはだかる。ところが頼みの家斉が亡くなるとお美代の権力も失われ、日啓と日尚は女犯の罪で遠島処分となる。ところが二人とも島送りの前に獄死、これはスキャンダルが表に出ることを恐れた幕閣が、密かに二人を暗殺したともいわれている。お美代も無罪放免とはいかず、西の丸大奥の筆頭女中だった花園《はなぞの》、養父の中野《なかの》清茂《きよしげ》と共に押込（蟄居）を申し渡されている。

『続徳川実紀』は、家斉が「つねぐ〳〵倹素を守り。（中略）倹素をこゝろがけずして窮迫を嘆くは。一己の失たるべし」と言って倹約を推進したと伝えるが、家斉が大奥で楽しい毎日を送っているので、誰も耳をかさなかった。

だが家斉が大奥を巻き込んで起こしたゴージャスな風は、絢爛《けんらん》で退嬰《たいえい》的な町人文化・化政文化《かせいぶんか》を生み出す源になったので、絶倫将軍が後世に与えた影響は、決して悪いものばかりではなかったのである。

晩年のお美代については、江戸城から追放されたので、娘の溶姫が加賀前田屋敷に引き取ったとも、二の丸に居室を与えられ、家斉の菩提《ぼだい》を弔っていたともいわれているが、確かなことは分かっていない。

＊4　専行院（生年不詳〜一八七二年）。俗名は美代だが、伊根との説もある。

竹本小伝

◉名優を魅了した「かわらけ」

【たけもとおでん】

略歴▼生年不詳。江戸木挽町の船宿扇屋を経営する萬五郎と初代小伝の娘。母同様に美貌で多くの有名人と浮き名を流した。中でも、三代坂東三津五郎と五代瀬川菊之丞との関係は、江戸庶民の耳目を驚かせている。没年は一八二八年とされるが、異説もある。

〝間男七〇人〟の竹本小伝

歌舞伎や江戸文化（特に艶本《えんぽん》*1や枕絵《まくらえ》*2）に詳しくなければ、竹本小伝《たけもとおでん》と聞いても誰か分からないのではないだろうか。

女義太夫として人気のあった小伝は〝間男《まおとこ》七〇人〟と呼ばれ、何より歌舞伎界で大スキャンダルを巻き起こしたことで有名。小伝の淫乱ぶりは瓦版で報じられたのはもちろん、その生涯が（脚色されながらも）戯作や浮世絵の題材にもなっている。その意味で、幕末を代表する女傑といえるだろう。以下、歌舞伎界の裏話をまとめた『多話戯《たわけ》雑帋《そうし》』を参考に、小伝の生涯を紹介していきたい。

小伝（幼名おむら）は、船宿を営む扇屋萬五郎《おうぎやまんごろう》の二女として生まれた。姉のおみねと共に美人と評判で、おみねは中津《なかつ》藩江戸留守居役《るすいやく》の側室、おむらは芝口二葉町《しばぐちふたばちょう》の御用達《ごようたし》（どこかの藩の御用商人だったようだが、詳細は不明）秋山新三郎《あきやましんざぶろう》の側室となったこともあり、扇屋は金には困らなかったようである。

おむらに「淫婦」の評判が立つのは、女義太夫の竹本小桝《こます》へ弟子入りし、名を「小伝」と改めた頃からである。小伝の生年には諸説あるが、改名したのは一五、六歳の頃と思われる。小伝は、先の秋山に加え、福岡の大府《だいふ》（三田村鳶魚は『女傑《じょけつ》竹本小伝』の中で、「福岡侯の江戸家老某」としている）にも手を出し、大府を怒らせてしまう。これで小伝の評判が悪くなったため、父の萬五郎は深川《ふかがわ》の新地《しんち》に女郎屋・五明楼《ごめいろう》を開く。娘が大府を怒らせたことと、女郎屋開店の関係はよく分からないが、「淫婦」の噂を逆手に取ったといったところだろうか。

福岡の大府と揉めた後、小伝は再び秋山のもとへ戻るが、今度は定廻同心《じょうまわりどうしん》の飯《いい》尾藤十郎《おとうじゅうろう》とくっついたのである。当然、秋山と飯尾は揉めるが、当の小伝は芝居茶屋に贔屓《ひいき》の三代目坂東三津五郎《ばんどうみつごろう》*3を呼んで熱烈に接待。飯尾も秋山も捨てて、「是非是非三津五郎の女房にならねばならぬ」といい出すのだ。

当時、三津五郎にはお貞《さだ》という、その名の通り貞淑な女房がいたが、小伝はついにお貞を追い出し、正妻の座に就くことになる。これは現代でいえば、人気絶頂の女性歌手が、妻子ある歌舞伎役者に対し、略奪愛を仕掛けたようなもの。江戸は、この話題で持ちきりになる。

＊1　性風俗を題材にした江戸の小説。春本。
＊2　性交を題材にした絵画の総称。笑い絵、ワ印とも。幕末になると、浮世絵と同じく版画で大量生産されものもあり、性教育などにも用いられたとされている。
＊3　三代目坂東三津五郎（一七七五年～一八三二年）。『伽羅先代萩』の足利頼兼、『一谷嫩軍記』の熊谷直実などを当たり役にした歌舞伎役者。踊りの名手でもあり、日本舞踊の五大流派の一つ坂東流の流祖でもある。

「かわらけ」は名器？

念願の三津五郎を手に入れたものの、小伝の浮気癖は続く。小伝は結婚してからの一〇年で、三津五郎の弟子・三津右衛門《みつえもん》、二世關三十郎《せきさんじゅうろう》、七世市川團十郎《いちかわだんじゅうろう》、三桝《みます》源之助《げんのすけ》ら名だたる名優と関係を持ち「淫の限りを尽くす」と評され、小伝の間男を紹介する番付も刊行されている。だが三〇歳後半の女盛りの頃、年下の五世瀬川菊《せがわきく》之丞《のじょう》*4と関係を持つと、浮気ではなく本気になってしまうのだ。

名女形《おやま》だった菊之丞は七世團十郎の若衆（男色の相手）だったが、初共演した三津五郎が、あまりの美貌に手を付けてしまう。これだけでもややこしいのに、小伝が菊之丞に惚《ほ》れてしまう。その頃、「三津五郎は酒を過し、閨中も絶くゆへ、おでんはけたるく思い居し所にて、血気の路考（菊之丞の俳号）にくつ付し故、おでんは有頂天」（酒の飲み過ぎで不能になっていた三津五郎に不満だった小伝は、血気盛んな菊之丞と深い仲になれて有頂天）になった。何度も密会を重ね、そのたびに「余りに派気にせし」、つまり激しく求めあったので「三津五郎の耳に入」り、当然ながら「気をもミ大混乱」になってしまう。そこで小伝は、「しばらく仲人へ預ケ」られている。

小伝と菊之丞の仲はすぐに広まり、二人をモチーフにした艶本までもが出版されてしまう。それでも密通を知ってから離縁まで三年以上かかっているので、三津五郎が小伝に執着していたことが分かる。離婚後、小伝は菊之丞と旅芝居に出るが、翌年には江戸に帰り、その翌年の一八二八年に亡くなっている。享年四三と伝えられる。小伝の没後三年目には三津五郎が死亡、その翌年に菊之丞が三一歳の若さで亡くなっているので[*5]、小伝が二人を死の世界に招いたとする艶本まで残されているほどである。

『多話戯雑帋』は、小伝について「陰毛なかりしとか、世にかハら毛おでんと云有名なる淫婦なり、春画一枚摺りなどいろ〳〵あり」とある。「かわらけ」は素焼きの陶器のことで、現代的に表現すれば陰毛のないパイパンのこと。そのため小伝には「かわらけ小伝」なる異名もあった（男を悦ばす絶妙の味加減だったことから、「あんばいよしの小伝」とも呼ばれていた）。

なぜ小伝は、「かわらけ」と伝えられているのか？　江戸時代の艶本『素婦色早指南《じいろはやしなん》』は、「蛸、戸鎖《とだて》、巾着、上り、饅頭玉門《ぼぼ》、毛薄、土器《かわらけ》」を「上あじ」としており、どうも幼女のような「かわらけ」は、いつまでも処女のような味わいがあると信じられていたようだ。だが、同じ頃に書かれた艶本『教訓女才学《きょうくんおんなさいがく》』には、「あぢハひよからず、されども此玉門の女ハ荒淫にて、男のよしあしにかまハず、誰にてもいやといわぬ性」とされ、味は期待できないが、淫乱なのですぐにセックスができる〝尻軽〟としている。

こうした艶本を踏まえると、小伝は本当にパイパンだったというよりも、三津五郎を虜《とりこ》にしたのは「かわらけ」で名器だったから、あるいは淫乱だったのは「かわらけ」だったから、という俗説から生まれた噂だったようにも思える。

小伝は旅芝居時代には下品なヤジに悩まされたというが、当時、書かれた艶本などを読むと、それほど悪女とはされていない。これはキリスト教的な価値観が入ってきた明治とは異なり、性に大らかだった江戸時代ゆえのことだろう。

＊4　五代目瀬川菊之丞（一八〇二年〜一八三二年）。三代目の娘婿・瀬川路三郎の次男。女形として人気を集め、特に色女方を得意とした。

＊5　三津五郎の命日が旧暦の一二月二七日、菊之丞の命日が翌年の旧暦一月七日。三津五郎の葬儀が一月九日、菊之丞の葬儀が翌年の一月一〇日と一日違いというのも、因縁を感じさせる。

◉江戸の風俗王

越前屋六左衛門

【えちぜんやろくざえもん】

略歴▼生没年不詳。江戸の情報屋ともいえる藤岡屋由蔵が、幕閣の動きから町の噂話までをまとめた『藤岡屋日記』に記述がある。その生涯については、本文を参照のこと。

実録『黒い太陽』

親の借金を返済するためキャバクラのボーイになった立花篤《たちばなあつし》が、キャバクラからソープまでを経営する風俗王・藤堂猛《とうどうたけし》に戦いを挑んでいく新堂冬樹『黒い太陽』は、テレビドラマ化されたこともあって話題を集めた。

裸一貫から幾つもの風俗店を持つまでになった六左衛門《ろくざえもん》は、まさに『黒い太陽』を地で行くような男である。

越前《えちぜん》で生まれた六左衛門は、若い頃に江戸へ出て、木戸番をしながら金を貯めたという。町の境界に作られた木戸は、夜四つ（午後十時頃）に閉じられ、それ以降は木戸番のチェックを受けなければ通ることができなかった。木戸番の給料は決して高くなかったので、六左衛門が粘り強く金を貯めたことがうかがえる。

六左衛門が、なぜ女郎屋を買うことを思い立ったかは分かっていない。

ただ、江戸の風物を活写した式亭三馬《しきていさんば》『浮世風呂《うきよぶろ》』*1には、女たちが「他者好きのぼろッ買いという者が性悪」（素人娘に手を出すような男は最悪）、「男なら男のように、売物買物が能い」（男なら男らしく、商売女を買った方がよい）と語っている一節があるので、素人娘に手を出すよりは、風俗へ通う男の方が真っ当と見なされていたことがうかがえる。

また、江戸の女郎は親のために苦界《くがい》に身を沈めた孝行者と考えられていて、身請けされたり年季が明けたりして堅気《かたぎ》の男と結婚しても色眼鏡で見られることは少なかったようだ。このあたりは、男が風俗に通っていても、それが大っぴらにできず、自由意思で働いている女性が多いだけに風俗嬢への偏見が根強い現代とは、隔世の感がある。

それはさておき、風俗を差別する感情が希薄だったこともあり、江戸には合法非合法を問わず風俗店がひしめいていた。その中で最初に六左衛門が買ったのが深川の女郎屋。富岡八幡宮《とみおかはちまんぐう》の門前町として栄えていた深川は、江戸を代表する風俗街（いわゆる岡場所）だったのだ。

江戸の風俗店で幕府が許可していたのは吉原と江戸四宿（品川《しながわ》、内藤新宿《ないとうしんじゅく》、板橋《いたばし》、千住《せんじゅ》）のみ。当然ながら、六左衛門の女郎屋も非合法なのだが、風俗通いが庶民のささやかな娯楽であることを知っていた奉行所は、上から強く取り締まりの命令が出ない限りは、熱心に摘発することはなかった。このあたりは、現在の風俗店と警察の関係を思わせるものがある。

店は手に入れたものの、六左衛門は女郎屋商売はまったくの素人。コツコツと金を貯めるほど堅実な六左衛門は、業界の裏も表も知り尽くす元女郎と結婚、店の経営や抱えていた女郎のマネージメントを妻に一任したのである。開店当初は、この妻が客を取ることもあったようだが、次第に店は繁盛《はんじょう》していったようである。

＊1　『浮世風呂』四編九冊（一八〇九年～一八一三年）。庶民の社交場だった銭湯を舞台に、そこに集まる人々の会話をユーモラスに描いた滑稽本。身分や地域によって異なる登場人物の語り口を写実的に再現しており、国語学の資料として

も用いられている。

ついに頂点へ

深川で成功した六左衛門は、その資金で谷中にも女郎屋を開業。江戸では、昼が六〇〇文《もん》、夜が四〇〇文の女郎屋を四六見世《しろくみせ》と呼んでいて、谷中の店はこの四六見世だったようだ。続いて、根津《ねづ》にも女郎屋を開いた六左衛門は、官許の遊廓《ゆうかく》・吉原の中に経営難に陥っている妓楼《ぎろう》があることを聞きつけ、買収を決意する。

これは非合法のデリヘル経営から身を起こした男が、営業許可を受けた高級ソープを手に入れたようなもの。六左衛門は、ついに風俗業界の頂点を極めたのである。

ここまで六左衛門は仕事一筋だったようだが、成功して気が緩んだのか、谷中の店の女郎お時《とき》に手を付けてしまう。

貧乏時代の六左衛門を、文字通り身を売って支えた妻は、お時の存在を知って怒り心頭。心労から寝ついてしまう。体調がどんどん悪化する妻は死期を悟ったのか、枕元に六左衛門を呼び、恨み言を囁《ささや》いた後に「ほかの女と再婚するのは構わないが、お時と一緒になることだけは許さない」との遺言を残したという。

ところが妻の葬式が終わると、六左衛門は、すぐにお時と再婚する。すると、谷中の店に死んだ妻の幽霊が出るとの噂が広がり、客足も遠のいてしまう。

仕方なく六左衛門は、お時を吉原に移し、自分が谷中の店に住んで女房の霊と向き合おうとした。その矢先の一八四二年、谷中で火事が起こり、六左衛門の女郎屋も焼けてしまった。もしかしたら、この火事も女房の祟《たた》りだったのかもしれない。

ただ江戸では火事は珍しくないので、六左衛門はすぐに谷中の店の再建を始めるが、今度は水野《みずの》忠邦《ただくに》が進めた天保《てんぽう》の改革*2の嵐に巻き込まれてしまうのである。

江戸の違法風俗店は、奉行所が事実上黙認していたが、水野忠邦が贅沢《ぜいたく》の禁止と風紀の取り締まりを厳命したことで、状況は一変する。奉行所は、非合法風俗店とそこで働く女郎の一斉摘発に乗り出し、個人営業をしている女郎（いわゆる夜鷹）から「隠売女に紛敷《まぎらわしき》」堅気の女性にまで法の網をかぶせていく。

江戸市中の違法風俗業者は何度も営業再開の嘆願書を出しているので、これに六左衛門も加わっていたと思われるが、当然ながら奉行所は嘆願を却下。六左衛門は、深川、根津、谷中の女郎屋をすべて失ってしまうのである。

その後六左衛門は、お上《かみ》公認なので摘発とは無縁だった吉原で商売を続け、それなりに成功したようだ。その意味で六左衛門は、水商売に手を染めながら、どこまでも手堅い商人だったといえる。

＊2　老中首座の水野忠邦が進めた改革運動。倹約と風俗の取り締まり、物価の抑制、江戸に出てきた農民を故郷に戻す人返し、江戸、新潟湊、大坂の最寄地を大名から取り上げる上知令が柱となっていた。

◉尊王の志士のアイドル

中西君尾

【なかにしきみお】

略歴▼一八四四年生まれ。丹波船井郡出身。一七歳で祇園の座敷に出ると、すぐに美貌が評判となる。高杉晋作、井上馨ら勤王の志士に目をかけられ、「勤王芸者」と呼ばれた。品川弥二郎との間に、娘の巴をもうけている。辞世の句は「白梅でちよと一杯や死出の旅」。一九一八年没。

井上馨を愛した勤王芸者

勤王派と佐幕派が血で血を洗う抗争を繰り広げた幕末の京では、町衆も勤王支持、幕府支持に分かれていた。これは芸者の世界でも同じで、薩摩藩士や長州藩士が贔屓にしている芸者は、佐幕派のお座敷に出るのを嫌がったようである。

当時は、照香《てるか》、四十吉《よそきち》といった勤王芸者がいたが、最も有名だったのが中西君尾《なかにしきみお》。ここでは小川煙村《おがわえんそん》『勤王芸者《きんのうげいしゃ》』を基に、君尾の人生を振り返ってみたい。

君尾は、俠客《きょうかく》の西田友七《にしだともしち》と美貌の女房お袖《そで》の間に生まれ、「色白で器量よしで、近くは京大坂遠くは江戸三界」でも騒がれるほどの美少女だった。しかし、その美貌が禍し、出刃安《でばやす》なる俠客に岡惚《おかぼ》れされてしまう。蝮《まむし》の勝次《かつじ》と手を結んだ出刃安は、君尾の父を惨殺、君尾を誘拐する。この危機を救ってくれたのが、肥前《ひぜん》鍋島藩の武士で、君尾の勤王好きは、これが遠因になったようである。

その後、君尾には大名の側室になる話もあったが、すぐに立ち消えになり、一七歳の時に祇園《ぎおん》の芸者になっている。

持ち前の美貌に加え、芸事にも精進した君尾は、披露目の日から「逢状《あいじょう》の引く手」が絶えなかった。特に君尾を気に入ったのが長州藩の高杉晋作《たかすぎしんさく》*1。勤王の志士と聞くと、脇目も振らず国事に奔走していたとのイメージが強いかもしれないが、実際は、遊び人も多かった。粋人の高杉晋作が、まだ遊び慣れていなかった井上聞多《いのうえもんた》(馨《かおる》*2)の「情婦《いろおんな》」として白羽の矢を立てたのが、君尾なのである。

聞多は山出しの田舎侍だったが、「人と契るなら姿や顔に惚れるな、男は男らしい根性を持つ人こそ真の男」と両親に教えられていた君尾は、すぐに聞多の人間的な魅力に気付き、「情婦」になる。その直後、君尾は、聞多と高杉が切腹の練習をしている現場を目撃。同僚と「咽喉《のど》のつき方」を教わっているので、二人の良好な関係が見て取れる。

だが二人の仲は、聞多のイギリス留学が決まったことで、一時、引き裂かれてしまう。君尾は別れ際に「記念《かたみ》」の品として愛用の鏡を渡し、聞多は「鏡は女の魂（中略）乃公《わし》も代りに之を記念に贈る」と言って小柄《こづか》を与えている。

聞多は、第一次長州征伐で恭順論を主張したため、反対派の俗論党に襲撃され、瀕死《ひんし》の重傷を負っている。聞多は脇腹を刺されたのだが、懐に入れていた君尾の鏡が盾となり、一命をとりとめた。聞多は、友人や側近にこのエピソードを繰り返し語っていたようなので、本当に君尾に感謝していたことがよく分かる。

＊1　高杉晋作（一八三九年～一八六七年）。幕末の長州藩における討幕派の中心人物で、農民などで組織した奇兵隊を創設した。明治維新を見ることなく、結核で死去した。

＊2　井上馨（一八三六年～一九一五年）。木戸孝允、高杉晋作らと討幕運動に従事し、維新後は要職を歴任し、伊藤博文、山縣有朋と共に〝明治の三元老〟と呼ばれ政界の重鎮となる。

近藤勇に口説かれる

君尾は誰よりも聞多を想っていたが、商売がら他の座敷にも出なければならない。そこで、佐幕派の要人から口説かれることもあったようである。

まず君尾を気に入ったのは、公家の九条《くじょう》家に仕え、井伊直弼《いいなおすけ》*3の命令で尊王攘夷《そんのうじょうい》運動を弾圧した島田左近《しまださこん》。左近はスマートな遊び人だったが、自分の権力、財力を前面に押し出して君尾に言い寄っているので、執着の深さがうかがえる。

聞多一筋の君尾は、左近の猛攻を「柳に風」と受け流していたが、これに聞多の同僚・寺島忠三郎《てらしまちゅうざぶろう》が目をつける。忠三郎は、君尾に左近の女になって佐幕派の動きを探るスパイになるよう依頼したのだ。君尾は「愛と忠義」に引き裂かれるが、忠三郎の頼みを聞き入れる。

後に左近は勤王派に暗殺されるが、君尾はこの事件に直接関与していない。ただ左近は何度も勤王派に狙われながら、運よく逃げのびていたが、馴染みの芸者・君《きみ》香《か》と酒を飲んでいるところを襲撃され絶命しているので、結果的に女で身を滅ぼしたといえるかもしれない。

続いて君尾に懸想《けそう》したのは、新選組の近藤勇《こんどういさみ》。*4 近藤は、初めて座敷に呼んだ君尾に「其方《そち》に逢ふは始めてぢゃが、其方の噂《うわさ》は聞き知ってゐる、此《この》噂に惚れた、其方は意気地の強い酔興《すいきょう》な女と見た、さゝ其方に何《どん》な客人があるやら云はぬ、知らぬ、ぢゃが乃公を女にしたら其方のやうな、勿論《もちろん》顔形は兎《と》に角《かく》心が、心がぢやよく似た者が出来やうと思ふ（中略）三日でもよいから我物になつてくれぬか厭《いや》なら厭でよい（中略）さつぱりといふてくれ」と言って君尾に迫った。

君尾は、心のこもったセリフに心動かされたが、そこは聞多を「情婦」に持つ勤王芸者。「天子様の為めにお尽くし下されば、禁裏《きんり》様の御世《みよ》にするやうにお骨折り下さらば君尾は貴客《あなた》の仰有《おつしや》る通り、身をも心をも差し上げますョ」と啖呵《たんか》を切る。それを聞いた近藤は、「芸妓風情《げいしゃふぜい》の言葉に動いたとあつては世間の評判も面白くないと申せば其方とは最早無い縁ぢや」と笑って答えたようである。

後に君尾は、高杉晋作と桂小五郎《かつらこごろう》の密談を聞いたとして新選組の屯所に連行される。緊縛され、あわや拷問というところに現れたのが近藤。近藤は、「新撰組は無益な殺生は致さぬ、女風情殊に芸者の一人を殺して生かして、ハゝ、其方の生命を取らぬから安心せい」と言葉をかけると、縄を解いてくれた。君尾は、再び近藤の俠気に胸を打たれるが、グッとこらえ祇園へ帰っていったのである。
残念ながら、君尾は聞多と結ばれることはなく、命を救った品川弥二郎《しながわやじろう》*5と恋仲になり、子供をもうけている。官軍の軍歌『宮《みや》さん宮さん』は、品川の詞に、大村益次郎《おおむらますじろう》*6が曲をつけたとされているが、恋人だった君尾が節をつけたとの説もある。
君尾は維新後も芸者を続け、一九一八年に七五歳で亡くなっている。

*3　井伊直弼（一八一五年～一八六〇年）。彦根藩一五代藩主で、幕末に開国を進めた幕府の大老。尊王攘夷を弾圧する「安政の大獄」を行ったため、桜田門外で暗殺された。

*4　近藤勇（一八三四年～一八六八年）。天然理心流三代宗家・近藤周助の養子で、門下生と京で新選組を組織。討幕軍に追われ、各地を転戦した後、捕らえられ斬首されている。

*5　品川弥二郎（一八四三年～一九〇〇年）。高杉晋作らの同志で、戊辰戦争では、奥州鎮撫総督参謀として活躍。維新後は、内務少輔、農商務大輔などを歴任している。

*6　大村益次郎（一八二四年～一八六九年）。長州藩の医師の家に生まれたが、フランスを参考に日本の近代的な軍制を作り上げた。維新直後に、不平士族に暗殺された。

岩崎弥太郎

【いわさきやたろう】

◉経営も女遊びも強引が持ち味

略歴▼一八三五年生まれ。土佐の地下浪人・岩崎弥次郎の長男。土佐と江戸の塾で学んだ後に藩の貿易に従事、長崎出張では各国との交渉で商売の腕を磨いている。維新後は土佐藩の商会を買い取って三菱商会を設立。政界との太いパイプを持つ政商として、三菱を大会社に押し上げた。一八八五年没。

弥太郎の豪快な女遊び

二〇一〇年のNHK大河ドラマ『龍馬伝《りようまでん》』は、香川照之演じる岩崎弥太郎《いわさきやたろう》の視点から坂本《さかもと》龍馬の生涯を描いていた。

弥太郎は、土佐藩の地下《じげ》浪人（郷士《ごうし》株を売った最下層の武士）から三菱財閥総帥《みつびしざいばつそうすい》にまで上り詰めた立志伝中の人物ながら、政府高官との癒着や部下に絶対服従を強いる独裁的な性格、ライバルを蹴落とすためなら手段を選ばない強引な経営を行ったことから敵も多かった。ドラマは、剛腕な弥太郎と清冽《せいれつ》な龍馬を対比しながら物語を進めていたので、拝金主義を批判することがテーマになっていたのではないだろうか。

弥太郎が頭角を現すのは、後藤象二郎《ごとうしょうじろう》*1に長崎留守居役と藩の商業組織・土佐商会の主任を命じられた一八六七年。明治維新後、土佐商会の後身の組織を買い取る形で設立したのが三菱財閥である。

長崎留守居役時代、弥太郎は一人の芸妓《げいぎ》と交際している。この芸妓は若くも美人でもなかったが、国際商業都市で水商売をしているだけに最新の情報に精通しており、弥太郎はそこが気に入ってしまった。この芸妓の働きは弥太郎の成功を助けたようで、後に弥太郎は東京に芸妓を呼び寄せ、終生面倒を見ている。

政商として莫大《ばくだい》な富を手にした弥太郎は、派手な女遊びを始める。弥太郎の遊び方は、札びらで顔をはたくような強引なものか、政府高官を招いての接待が中心。しかも弥太郎は酔えば酔うほど毒舌になり、芸妓に暴言を吐くことも珍しくなかった。それだけにスマートなお座敷に慣れていた東京の芸妓は、弥太郎を野蛮な田舎者と蔑み、敬遠していたようだ。

だが置屋にとっては、大会社の社長で政府高官とも親しい弥太郎は、どんな手を使っても繋ぎ止めておきたい〝太客《ふときゃく》〟*2。そのため置屋の女将《おかみ》に説得され、泣く泣く落籍された芸妓も多かったという。

弥太郎の剛腕伝説は、枚挙にいとまがない。ある日、座敷に上がっていた半玉《はんぎょく》*3の娘が気に入った弥太郎は、酒に酔った勢いもあって、面倒な手続きをすっ飛ばし、その夜のうちに水揚げ*4を済ませてしまった。翌日、同じ店に上がった弥太郎が、座敷で自分が水揚げをした娘を見かけたので酌をするよう命令するが、娘はきょとんとしたまま。周囲も「あれは別の娘ですから」と言って、弥太郎をたしなめる。「いくら酔っていても、一度抱いた娘を忘れるか」と弥太郎が怒鳴ると、女将が現れ「あれは、双子の妹です」と事情を説明する。同じ顔を持った妹も気に入った弥太郎は、やはりその晩に水揚げを済ませてしまったのだ。

ただ双子の芸妓をモノにする話は伊藤博文《いとうひろぶみ》にも残されているので、これは都市伝説か、遊び好きの著名人を揶揄する時の定番のネタだった可能性も高い。

*1　後藤象二郎（一八三八年～一八九七年）。土佐藩士で、大政奉還の建白運動を主導した。維新後は参議となるが、征韓論に破れて下野。この時、炭坑経営を行うが失敗している。自由党の結成には副党首格として参加するが、党の方針

に反し政府への協力に転じる。その後は、逓信大臣、農商務大臣などを歴任している。

＊2　「太っ腹な客」の略で、風俗店で大金を使う客のこと。

＊3　見習い芸者のことで、一人前の芸者に渡すご祝儀「玉代」が半分であったことに由来する。

＊4　芸者や遊女が、初めて客と寝ること。

弥太郎と井上馨のバトル

全国を飛び回る弥太郎には、各地に馴染《なじ》みの芸妓がおり、大阪のお雄《ゆう》もその一人。若い頃に伊藤博文の世話になっていたこともあるお雄も、粋とは無縁の弥太郎を嫌っていたが、女将の説得と自分に夢中になる子供のような弥太郎にほだされ、旦那として受け入れる。ところが、ことあるごとに伊藤との仲を詮索する弥太郎にお雄が激怒。そこに井上馨が現れる。当初は弥太郎に義理立てしていたお雄だが、次第に強引な井上に魅《ひ》かれていき、ついに肉体関係を持ってしまう。悪事千里を走るの諺《ことわざ》ではないが、二人の関係はすぐに弥太郎の知るところとなる。

井《い》筒月翁《づつげつおう》の『維新俠艶録《いしんきょうえんろく》』によると、一八七一年、大阪造幣局の開所式の後、東京へ帰る政財界の大物の送別会が開かれた。その席には、お雄、弥太郎、井上が顔を揃えていて、お雄が弥太郎にお酌をしようとすると、弥太郎が立ち上がって井上の所へ行き、「貴様に今遣《や》るものがある！」という。弥太郎はおもむろに襖《ふすま》を開けると、用意してあった長さ五尺（約一五〇センチ）の熨斗《のし》を取り出し、お雄の背中に貼り「品物はこれだッ」といい放つ。

大勢の前で恥をかかされたお雄は、岩崎家の家紋入りの着物を返してパトロン関係を解消、井上にも別れを切り出す。井上も責任を感じたのか、お雄に大阪では二度と女を抱かないと誓ったという。

しかし、その舌の根も乾かぬうちに井上は女遊びを再開。それを知ったお雄が「お雄の顔をどうして下さる」と詰め寄ると、井上は「そう怒るな」とたしなめる。井上の態度にキレたお雄は、顔に青痰《あおたん》を吐きかけたそうである。

弥太郎には、正妻のほかに六人の妾がいたとされるが、全員が岩崎邸で同居していた。長男で後に三菱財閥三代目総帥となる久弥《ひさや》*5は正妻の子、その下の秀弥《ひでや》、康弥《やすや》、正弥《まさや》は妾腹だが、正妻の子として育てている。弥太郎は正妻と妾腹の子を差別するようなことはしていないので、その点では平等だったといえる。

だが、一八八五年に弥太郎が亡くなると、妾の山田《やまだ》ツナが、康弥と正弥は自分の子であるとして、戸籍変更の訴訟を起こしたのである。当時は妾腹の子が旦那の戸籍に入ることは珍しくないだけに、事件を報じた一八九二年七月一七日の「朝野《ちょうや》新聞」は、「近来の一珍事」であり、ツナの目的は岩崎家の財産ではないかと推測している。没後に女性から訴えられるのは金持ちの艶福家《えんぷくか》らしいが、絶対に真似たくないエピソードである。

弥太郎は金儲《かねもう》けにしか興味がなかったが、三菱財閥二代総帥になった弟の弥之助は、貴重な古典籍と古美術を収集し「静嘉堂文庫《せいかどうぶんこ》」を設立、三代総帥の久弥は、東洋に関する文献を網羅する「東洋文庫」を作るなど、文化活動も積極的に行っている。

＊5　岩崎久弥（一八六五年～一九五五年）。ジョサイア・コンドルが設計した岩崎家本宅（現在は、旧岩崎邸庭園として一般公開されている）は、久弥が建てたものである。

夜の日本史｜第六章

明治・大正・昭和

◉子供の数が分からなかった経済通

松方正義

【まつかたまさよし】

略歴▼一八三五年生まれ。薩摩藩士・松方正恭の四男だが、幼い頃は極貧生活を送る。討幕運動に加わり、維新後は要職を歴任。一八八一年の政変で大隈重信が追放されると、大蔵卿に就任し、松方デフレを実施する。首相も務めるが、日本銀行の創設など財政面の業績が大きい。一九二四年没。

艶福家の大蔵大臣

内閣総理大臣を二度、大蔵大臣を七度も務めた松方正義《まつかたまさよし》は、いわゆる「松方デフレ」を実施して財政再建を成功させた明治時代を代表する財政通である。

一八三五年、薩摩《さつま》藩の郷士の家に生まれた松方は、一三歳までに両親を亡くしたこともあって極貧生活を送っていた。しかし、一六歳で御勘定所出物問合方へ出仕すると頭角を現し、やがて明治政府で大蔵省の要職を歴任するまでになる。

どん底からはい上がった松方は、同じ薩摩出身の西郷従道《さいごうじゅうどう》*1、黒田清隆《くろだきよたか》*2と並び称されるほど、派手な女遊びをし始める。

バブル崩壊後の一九九八年、大蔵省のキャリアが銀行からノーパンしゃぶしゃぶで接待を受けたと話題になったが、松方はこうした大蔵省〝下半身〟スキャンダルの元祖といえるかもしれない。

それはさておき、長田偶得《ながたぐうとく》『明治六十大臣　逸事奇談《いつじきだん》』には、松方と西郷が「一時花柳界《かりゅうかい》の相場を狂はした」芸者の桃太郎《ももたろう》を争ったエピソードが紹介されている。二人は「何《いづ》れが不破《ふわ》やら、名古屋《なごや》やら、互ひに競ふ意気地から、飛んだ鞘当《さやあて》*3」を繰り広げた（遊女・葛城《かつらぎ》をめぐって争った不破伴左衛門《ばんざえもん》と名古屋山三郎《さんさぶろう》のようなライバル関係になった）ようである。ある日、松方邸を訪ねた西郷は「女ならば、十六七の色艶めかしい」白桃の盆栽を発見。それを見て桃太郎を思い出した西郷は、「ドウか例の白桃をオイドンに譲つて呉《く》れ、オイドンも手活《てい》けの花として、十分眺めて見たいから」と頼み込むと、松方は大笑いして「善《よ》し、チト惜いが、譲ろう」と答えたという。その結果、桃太郎は西郷の手に落ちたのだが、「ナーニ、競争の結果、松方が西郷に負けたのぢや」との噂も根強かったとのことである。

数多くの妾《めかけ》を抱えていた松方には、徳富猪一郎《とくとみいちろう》『公爵松方正義伝』によると一九人、実際は早世した二人も含め一五男一一女の計二六子がいた（諸説あり）ようだ。

そのため、明治天皇から子供の数を聞かれた時「後日、取り調べて奏上《そうじょう》申し上げます」と答えたとされる。ただ、この逸話には、男子と女子の数を聞かれ即答できない松方を見て、盟友の西郷が「算盤《そろばん》を貸していただけないでしょうか」とウィットに富んだ回答で切り抜けたという別バージョンもあるので、史実ではなく創作の可能性が高いように思える。

実は、松方の女遊びには、妻の満佐子《まさこ》も協力していたようなのだ。晩年の松方は、那須《なす》の別荘で過ごすことも多くなっていたが、満佐子はそこへ女を連れていくと自分はすぐに帰って来た。そのことを不思議に思った知人から理由を聞かれた満佐子は、「旦那さまは国事に奔走なさっています。私はお役御免ですから、代わりに若くて奇麗な娘を連れて行くんです」と平然と答えたというのである。

＊1　西郷従道（一八四三年〜一九〇二年）。西郷隆盛の弟で、海軍大臣、内務大臣などを歴任した薩摩閥の政治家。

＊2　黒田清隆（一八四〇年〜一九〇〇年）。枢密顧問官、逓信大臣、枢密院議長などを歴任した薩摩閥の重鎮。

＊3　不破名古屋ものは、江戸の文芸では定番の題材で、近松門左衛門『傾城反魂

香』、山東京伝『昔話稲妻表紙』などが代表作。

『母の訓』のすごい中身

薩摩藩は男尊女卑の風潮が強いだけに、薩摩藩士の娘として生まれた満佐子も、幼い頃から徹底して男に尽くす教育を受けてきたのだろう。おそらく松方に妾をあてがったのも、満佐子にとっては夫への献身の延長に過ぎなかった。

そのことは、やはり薩摩出身で、乃木希典《のぎまれすけ》*4に嫁いだ静子《しずこ》が愛読していたとされる『母の訓《おしえ》』を読むとよく分かるのだ。

この本は、女性向け教訓書「女大学」*5の一種なのだが、閨《ねや》の作法までが事細かく書かれているところに特徴がある。

「御色気薄きは情なく情なければ御夫妻の御中睦《むつ》からず（中略）しかれども色は乱れ易《やす》きものにして愛想をつかさるるは最も多く候故《そうろうゆえ》に閨中《けいちゅう》においては特に御淑徳《しゅくとく》を尊び順を以て助け、礼を以て乱を防ぎ恥を以て色を補ふ事に候」（色気がないと夫婦仲に影響するが、かといって淫乱にならず、礼と恥じらいを忘れてはならない）は、まだ抽象的な総論だが、「如何《いか》に心地好く耐りかね候とも、たわいなき事を云ひ、又は自分より口を吸ひ或は取りはづしたる声など出し給《たま》ふべからず」（セックスの途中でどれだけ感じても、淫語を発したり、キスを求めたりしてはダメ）、「興に乗じて種々嬲《なぶ》り給ふことありとも荒々しく之《これ》を拒むは情を失ふ」（男は興奮してくると乱暴になるが、拒んではいけない）、「又佳境に入り給ふには殿御より先に又は同時に入り給ふべし」（夫より先か同時にイクべし）になると完全にセックスの指南である。「閨の用事終れば始末し給ふに紙の音など殿御の耳に入らぬ様心掛けらるべく候」（セックスが終われば後始末をしなければならないが、その時は紙の音が夫の耳に届かないようにすべし）と、終わった後の始末のマナーにも気を配っているのだから驚かされる。

また、男は「枕辺《まくらべ》に笑絵《わらいえ》*6を開き之を眺め、またはさぐりなどし給ふこと」、つまりエロ本を見てオナニーをすることもあるが、その時は見て見ぬフリをするよう指導しているので、どこまでも行き届いている。

だがこうした教育は、本当に満佐子の嫉妬を抑えるのに役立ったのだろうか？岩崎徂堂《いわさきそどう》『明治大臣の夫人』は、満佐子が実子も妾腹《しょうふく》の子も分け隔てなく、『春秋左氏伝《しゅんじゅうさしでん》』にある「子を育つる猛なるに如《し》かず」（子供を育てるのは、厳しくするのが最も良い）との教育方針に従い、厳しく育てた賢夫人と絶賛している。

その一方で、「却々《なかなか》の質素屋」だった松方が、満佐子には「純金製の、田舎《いなか》の秋の夜が、彫刻してある」「その眞中に、大きなダイヤモンドが、這入《はい》」った高価な「帯留」を贈ったとも書かれている。これは満佐子の怒りを鎮めるための、お詫《わ》びの品だったのかもしれない。

＊4　乃木希典（一八四九年～一九一二年）。陸軍将校として、西南戦争、日清日露の戦役を勝利に導くが、西南戦争では軍旗を奪われ、日露戦争では多くの戦死者を出すなど、その指揮能力には賛否が分かれる。明治天皇の大喪儀の日、妻の静子と自刃している。

＊5　江戸中期から女性教育に使われた教訓書の総称で、良妻賢母になるための教えが中心。貝原益軒『和俗童子訓』をベースに作られており、昭和初期まで様々な人物が執筆している。

＊6　春画、枕絵のこと。

◉『論語』を信奉した本当の理由

渋沢栄一

【しぶさわえいいち】

略歴▼一八四〇年生まれ。武蔵国の名主の長男だが、後の一五代将軍慶喜の家臣となる。徳川昭武の随員としてパリ万博を見学。維新後は大蔵省に入るが、予算をめぐる対立で退官。その後は、多くの民間企業の設立に関わり、東京商工会議所の設立など、財界の組織化にも尽力した。一九三一年没。

パリの街娼に面罵された渋沢

リーマン・ショックから始まる不況に苦しんでいた二〇〇八年頃の日本では、投機に走って失敗した反省もあって、利潤と倫理を両立させる「道徳経済合一説」を唱えた渋沢栄一《しぶさわえいいち》への関心が高まっていた。

渋沢の商道徳は、『論語《ろんご》』をベースにしていた。と聞くと清廉潔白な人物を思い浮かべるかもしれないが、渋沢自身が「明眸皓歯《めいぼうこうし》*1に関することを除いて、俯仰天地《ふぎょうてんち》*2に恥じない」と語っているように、美女にだけは目がなかった。

豪農の家に生まれた渋沢は、一八歳の時に従妹の尾高千代《おだかちよ》と結婚。しかし、すぐに尊王攘夷《そんのうじようい》運動にのめりこみ、妻と別居生活を送ることになる。真面目に政治活動に取り組む一方、京に上った渋沢は、ある女性をめぐって新選組とトラブルを起こしている。ある日、新選組隊士が、仲間を連れて渋沢の家に乗り込んで来た。渋沢は、斬り合いを覚悟したが（渋沢は神道無念《しんとうむねん》流を学んでいる）、この時は話し合いで円満解決したようだ。

やがて幕臣になった渋沢は、徳川昭武《とくがわあきたけ》の随員としてフランスを訪れるが、そこで女性の美しさに衝撃を受けている。

嬌溢生《きょういつせい》『名士奇聞録《めいしきぶんろく》』に収録されている「渋沢栄一美人に凹《へこ》まさる」によると、お気に入りの街娼《がいしょう》ができた渋沢は、「御身と我と東西国を隔てゝ生るれど一旦相会して交情魚膠《にべ》よりも密なり、寅縁《いんえん》は道と共に長し、来れ親愛なる美人、来つて日東の風月を偕《とも》にせよ。然《しか》れ共《ども》我今公務を帯びて　恣《ほしいまま》に婦を携ふる能はず美人請ふ跡より日本に来れ」（貴女と私の生まれた国は東西に分かれていますが、一度セックスをすれば粘着力の強い膠《にかわ》より親密になります。これも何かの縁なので、美人よ、私のもとへ来てください。そして両国の関係も親密にしましょう。ただ私は現在公務を抱えているので、必ず後から日本へ来てください）と声をかけたという。

すると街娼は「嘘も或る程度までは可なり、法外の嘘は徒《いたず》らに他《ひと》を怒らして寧《むし》ろ滑稽に陥らん、足下若し真に妾《しょう》を愛せば水火も当《まさ》に避けざるべし、万里袂を分つて跡より来れとは、妾の首肯する能はざる所」（嘘もある程度までは許せますが、大嘘は人を怒らせるどころか、笑ってしまいます。私が本当に海を渡ってきたら貴男も困るでしょうから、私はこの話には乗れません）と、罵倒したというのだ。

渋沢はパリに着くと、すぐに断髪し、洋服を買っている。これは渋沢の柔軟な思考を象徴するエピソードとされてきたが、もしかしたら女性にモテようと思っておしゃれをしただけかもしれない。

渋沢は、自分だけが儲《もう》けることを厳しく戒め、利益を社会に還元する重要性を説いているが、成功して金を稼ぎたいという欲望までは否定していない。その意味で、渋沢にとって美女の存在は、仕事の原動力になっていたように思える。

＊1　美しく澄んだ目と白く美しい歯並びの意味から、美女の喩え。
＊2　天にも地にも恥じることがない意味から、公明正大の喩え。

妻妾同居を行う

大隈重信《おおくましげのぶ》の説得で大蔵省に入省した渋沢は、一八七一年、出張を命じられた大阪で大内《おおうち》くにと出会い、現地妻にしている。くには後に宮中の要職を歴任する高倉寿子《たかくらとしこ》に仕えていたようなので、どこで渋沢と知り合ったのかは不明。中央の高級官僚が、地方に妾を置くことは珍しくなかったが、渋沢は任期が終わるとくにを東京に連れて帰り、神保町《じんぼうちょう》にあった自宅で、妻と同居させている。

一八九八年に「萬朝報《よろずちょうほう》」が、著名人の妾を暴露する連載「弊風一斑蓄妾の実例」を始めると、渋沢も取り上げられ、「渋沢栄一は深川福住町《ふかがわふくずみ》四番地の自宅に大坂より連れ来りし田中久尾《たなかひさお》（二十八、九）という古き妾あり。日本橋浜町一丁目三番地の別宅には元吉原仲の町林家小亀《はやしやこかめ》こと鈴木《すずき》かめ（二十四）なる妾を蓄う」との記事になっている。この田中久尾が、大内くにと同じ女性なのかは分からないが、「自宅」に妾を住まわせている事実を強調していることからも、当時は既に妻妾同居が珍しくなっていたことが分かる。

一八八二年に妻の千代を亡くした渋沢は、翌年、伊藤兼子《いとうかねこ》と再婚しているが、妻と妾の同居は維持している。

渋沢は妾の存在を隠さなかったが、大っぴらにできないことも自覚していたようだ。ある時、会社でトラブルが起こり、渋沢と連絡を取る必要が出たが、どこを探しても見つからない。妾宅の存在に気付いた社員が別宅を訪ねると、明らかに渋沢と分かる声が、「かようなところに、渋沢のおるべき道理はありません。御用がおありなら、明日宅のほうをおたずねください」（渋沢秀雄《ひでお》＊3『渋沢栄一』）と答えたということである。

精力絶倫だった渋沢は、晩年になっても子供を作っている。子宝に恵まれたため、帝大に入学した四男の秀雄は、甥の穂積重遠《ほづみしげとお》＊4助教授（長女・歌子《うたこ》の息子）の民法の講義を取る必要が出てしまった。これは歌子と秀雄の年が、二九歳も離れていたことから起こった悲喜劇である。秀雄のエッセイ『記憶飛行』には、「オジさんがオイの試験を受けて、落第させられたら目もあてられない」と「大恐慌」をきたしたが、「いいアンバイに民法はほかの先生ときまった」ので胸をなでおろしたと書いてある。現代人には理解しがたいが、家父長制が厳格だった時代には、深刻な悩みだったのだろう。

渋沢の妻が妻妾同居をどのように考えていたかは分からないが、渋沢秀雄『明治を耕した話』には、二人目の妻・兼子が、「論語に性道徳の教訓が殆《ほとん》どないのを知って、笑いながら私にこう言ったものだ。／『父様も論語とは旨《うま》いものを見つけなすったよ。あれが聖書だったら、てんで教えが守れないものね！』」と語っていたとある。やはり正妻は、複雑な感情を抱えていたのである。

＊3　渋沢秀雄（一八九二年〜一九八四年）。大学卒業後、日本興業銀行で働くが一年半で退職し、都市開発を行う田園都市株式会社に入社。パリ凱旋門の環状線と放射線が交叉している街並みをモデルに、田園調布を作ったのは秀雄である。

＊4　穂積重遠（一八八三年〜一九五一年）。穂積陳重男爵の長男。東京帝国大学教授、同大法学部長、最高裁判所判事などを歴任した法学者、法律家で、「日本家族法の父」と呼ばれている。

◉愛人をチェーン店の店長に

木村荘平

【きむらしょうへい】

略歴▼一八四一年、伏見生まれ。幼い頃から遊び好きで、商売を始めては失敗していたが、維新後に食肉加工工場の払い下げを受けて成功。肉問屋と牛鍋チェーン「いろは」を経営する一方、火葬場の東京博善、日本麦酒醸造会社(現在のヱビスビール)なども設立している。一九〇六年没。

〝いろは大王〟の横顔

木村荘平《きむらしょうへい》といっても、今やその業績を知る人は決して多くないはずだ。だが明治中期の荘平は、ようやく肉食文化が定着したばかりの時代に東京家畜市場会社の理事、東京諸畜売肉商組合の頭取などを歴任した食肉業界のドンであり、東京で最大手の葬儀会社・東京博善《はくぜん》株式会社、ヱビスビールを開発した日本麦酒《にっぽんビール》醸造会社など、現代まで名を残す優良企業の社長も務めていたので、企業家としての卓越した手腕は容易に想像できるだろう。

中でも荘平の名を一躍世に知らしめたのは、牛鍋チェーン店「いろは」の成功である。一八七八年に三田で開業した「いろは」本店は、羊肉の専門店としてスタートするが、売り上げの不振が続いていた。そこで〝文明開化〟の象徴となっていた牛鍋店に転身。もともと食肉の卸問屋だった荘平は、良質の肉を安価に入手することができた。それまでの牛鍋は庶民には手が出せない高級料理だったが、荘平は価格破壊で業界の常識を打ち破り、次々と支店[*1]を増やしていったのである。

荘平は、石炭を使った高性能で衛生的な焼却炉を開発、棺《ひつぎ》を運搬するレールや告別式用の会場を設置するなど、現代まで伝わる近代的な葬祭場の基礎を作ったが、こうした先新的なアイディアは「いろは」でも遺憾なく発揮されていた。

当時の料理店は、長年修業した弟子が、親方の許可を得て独立する〝暖簾《のれん》分け〟が中心だった。〝暖簾分け〟した料理人は一国一城の主なので、親方からの教えを守りながらも、独自の工夫を加え自分なりの料理を作っていたが、荘平はすべての支店で使う原材料を一括して仕入れてコストを下げると共に、どの店で食べても同じ味になるという現代のチェーン店の仕組みを作り上げたのである。

荘平の戦略は見事にあたり、各支店は連日満席。「いろは」では、浅草鷲《おおとり》神社の祭礼の日に全店休業し、女中や若い衆に七福神や五人男などの仮装をさせて参詣したという。神社では商売繁盛の大熊手を支店の数だけ購入、帰りは各支店を廻《まわ》るパレードを行ったというのだから、その隆盛がうかがえる。

＊1　「いろは」の店名については、いろは四八文字にちなみ、東京市内に四八の支店を開く計画だったといわれているが、松永敏太郎編『木村荘平君伝』は、「いろは牛肉店の開始は畜産事業拡張の手始めである、故にいろはと名命けたので、深き意味ではない」という荘平の談話を紹介している。

妾を使ったチェーン展開

「いろは」で現代的なチェーン展開を行った荘平だが、一つだけ前近代的な慣習を残していた。それは各支店を妾に任せていたことである。「いろは」は最盛期には支店が三〇あったが、本店は正妻のまさ子《こ》が切り盛りしていたので、それ以外の支店すべてに妾がいたとなると、最低でも二九人を抱えていたことになる。

この事実は松永敏太郎《まつながとしたろう》編『木村荘平君伝《くんでん》』では伏せられているが、実業家の活躍をまとめた『東京商業会議所会員列伝』や『東洋実業家評伝』には堂々と書かれているので、公然の秘密であったことが見て取れる。

興味深いのは荘平が妾を選ぶ時の基準である。『東洋実業家評伝』によると、「紅顔美麗只だに其容貌の秀逸」なだけの女性は絶対に妾にせず、「相当の商家に生れ相当の教育を受け、其性質温順にして父母に仕えて孝主に対して忠、兄弟姉妹と交て親睦優和」をはかる女性ばかりを選んだという。その結果「君の妾多くは美貌なりと云ふを得ず、然れども家政を処理するに至ては何れも周到綿密ならざるはなし」とあるので、荘平が選んだ妾は、美人ではないものの、事務能力は高かったようだ。

幕末の京で青物問屋を成功させるも、薩摩藩から売掛金が回収できず倒産。その後お茶の貿易会社を興すも業績不振で倒産するなど、何度もどん底から這い上がる苦労を重ねた荘平にとって、妾選びは単なる猟色ではなく、有能な女性社員を採用するという側面があった可能性も高い。容貌より商才を重視した荘平は、根っからの商売人だったといえる。

商売も女遊びもエネルギッシュだった荘平は、牛鍋チェーンの店名から〝いろは大王〟の異名で呼ばれていた。その絶倫ぶりは特に有名で、大和和紀《やまとわき》の人気マンガ『はいからさんが通る』の中でも言及されているほどである。

荘平は多くの妾を抱えていただけに、男一五人、女一四人（諸説あり。男女合計三〇人を超えていたともいわれている）の子供がいた。当然ながら妾腹の子もいたが、『木村荘平君伝』には、「まさ子夫人は婦人にあり勝の嫉妬ケ間敷ことなくよく堪え忍ぶ婦徳」があり、荘平の愛妾たちも「夫人を悪しざまに云ふものなく、何れもお神さん」と仰ぎ、自分の生んだ子にも「まさ子夫人をお母さま」と呼ばせるほど仲睦まじかったとあるので、子供はすべてまさ子が引き取って育てていたようである。

当時は妾腹の子を本妻が育てることも珍しくなかったが、普通なら妾腹の子といっても四、五人がせいぜい。ところが荘平には三〇人近くの妾がいたので子供も多く、まさ子は近所で子だくさんで有名だったようである。

子供が多かったためか、荘平は名前の付け方がワイルドで、男子は自分の名前「荘」に生まれた順番を加えて荘八《しょうはち》、荘十《そうじゅう》などとし、女の子は生まれた順番をもじってお十《と》め、お十七《とな》などとしている。

荘平の子供には、一八歳で夭折《ようせつ》した長女が木村曙《きむらあけぼの》[*2]のペンネームで作家として活躍したのを筆頭に、四男荘太《そうた》[*3]と一〇男荘十[*4]が作家、八男荘八[*5]が画家、一二男の荘十《そと》二《じ》[*6]が映画監督になるなど芸術家として活躍した者が多い。
だが本業では「いろは」は養子の荘蔵《そうぞう》が相続するも数年で没落、荘平が創業した企業も現在ではすべて木村一族の手から離れている。

*2　木村曙（一八七二年～一八九〇年）。本名、岡本栄子。家業を手伝いながら『婦女乃鑑』を執筆。代表作に『勇み肌』『わか松』など。
*3　木村荘太（一八八九年～一九五〇年）。伊藤野枝への片思いを題材にした『牽引』などを発表。ロマン・ロランの翻訳家としても知られる。
*4　木村荘十（一八九七年～一九六七年）。一九三〇年頃から小説に専念し、一九四一年に『雲南守備兵』で直木賞を受賞。そのほかの作品に『痴情』『私は自由です』など。
*5　木村荘八（一八九三年～一九五八年）。院展などに出品する洋画家として活躍するが、永井荷風『濹東綺譚』の挿絵を担当したことでも有名。
*6　木村荘十二（一九〇三年～一九八八年）。代表作に『兄いもうと』『彦六大いに笑ふ』などがある。

◉初代総理のレイプ疑惑

伊藤博文

【いとうひろぶみ】

略歴▼一八四一年生まれ。周防の貧農の家に生まれるが、父が士分の伊藤家を継いだため武士となる。松下村塾で学び、討幕運動に従事。維新後は要職を歴任し、初代内閣総理大臣となる。国際協調派で韓国併合にも反対していたが、一九〇九年にハルピンで韓国の独立運動家・安重根に暗殺されている。

「明治好色一代男」伊藤博文

女性スキャンダルでバッシングされる政治家は、今も少なくない。そんな現代の政治家は、連日女癖の悪さを報じられながら政治生命を全うした伊藤博文《ひろぶみ》が、うらやましく思えるのではないだろうか。

マスコミが有力政治家を批判するのは、明治時代から変わっていない。ただ伊藤の場合、政策への批判に匹敵するほど、女性問題が紙面をにぎわせているのだ。黒岩涙香《くろいわるいこう》*1が経営していた新聞「萬朝報」は、各界著名人が抱える妾の存在を暴露する連載「幣風―斑蓄妾の実例」を行っていた。当然ながら伊藤も槍玉《やりだま》に挙がるが

（一八九八年七月一三日付）、その書き出しは「大勲位侯爵伊藤博文《だいくんいこうしゃくいとうひろぶみ》の猟色《りょうしょく》談は敢《あえ》て珍しからず世間に知られたる事実も亦甚《またはなは》だ多し」なので、伊藤の好色は誰もが知っていたことがうかがえる。

続けて記事は「茲《ここ》に記する事実」は「珍中の珍、秘中の秘」であるとして、伊藤家出入りの土木業者の娘が美人だったので、まず「長女の喜勢子《きせこ》」を妾にしたと伝えている。だが長女はすぐに病没、今度は「妹なるつね子《こ》という美人」を妾にしたというのだ。しかし次女も一九歳の若さで急逝、すると伊藤は「その次の妹雪子《ゆきこ》とて本年十六歳なる美人」を「手に入れん」と欲したという。二人の娘が早逝した父親はさすがに難色を示したものの、伊藤は札ビラをちらつかせて説得しているというのだ。

反骨のジャーナリスト宮武外骨《みやたけがいこつ》*2が発行していた「滑稽新聞」も、反伊藤の論陣を張っていた。その一九〇三年八月二〇日号は、「明治好色一代男」と題して伊藤のセックス・スキャンダルをまとめている。

「春畝《しゅんぽ》侯は近来又々無闇《むやみ》に若返り当地の美妓《びぎ》を集めて屡次《しばしば》酒宴を張られしが終《つい》に数日前招仙閣《しょうせんかく》中の名花と謳《うた》はれたる阿捨《おすて》（十七）を根引きして滄浪閣《そうろうかく》の庭内に移し

植えたり」（最近、若返った伊藤は、美人の芸者を集めて酒宴を行っていたが、ついに名花と評判の阿捨を別邸の滄浪閣に引き取った）は、まだおとなしいくらい。「赤阪林家《あかさかはやしけ》の淫売芸妓りん子《こ》」が伊藤に贈った石鹸《せっけん》がなくなったため、全裸で家中を探し廻ったとか、官邸が「赤阪林家」から近いので「毎夜のように例の醜業婦《しゅうぎょうふ》*3の浜子《はまこ》を引摺込《ひきずりこ》んで（中略）終宵琵琶《しゅうしょうびわ》を弾かせて玄宗《げんそう》皇帝*4を気取つて居た」とか冗談のようなエピソードも並んでいる。

この頃の伊藤は既に還暦を過ぎていた。それが孫くらいの少女に執着している。今なら〝ロリコン〟と後ろ指さされるところだが、中国の医学書には少女とセックスをして〝接して漏らさず〟を実践すれば若返れると伝えるものもあるので（もちろん俗説だろうが）、伊藤も少女から精力をもらおうと考えていた節もある。

＊1　黒岩涙香（一八六二年～一九二〇年）。海外の探偵小説を数多く翻案し、江戸川乱歩や横溝正史に多大な影響を与えたことでも有名。

＊2　宮武外骨（一八六七年～一九五五年）。戯作を思わせる洒脱な手法で権力者の批判を続けた。大日本帝国憲法発布の諷刺では不敬罪に問われ、禁固三年の刑を受けている。

＊3　売春婦のこと。
＊4　玄宗（六八五年〜七六二年）。唐の九代皇帝（在位七一二年〜七五六年）。税制や地方組織の改革を行う善政を敷くが、晩年は楊貴妃を寵愛し、これが安史の乱の原因となった。

首相官邸でレイプ事件？

明治民法は、結婚した女性の浮気は厳禁だったが（姦通《かんつう》罪＊5）、男は相手が人妻でない限り、浮気をしても妾を囲っても問題なしとなっていた。

伊藤が多くの女性スキャンダルを報じられながら、政治生命に重大な影響がなかったのは、〝浮気は男の甲斐性《かいしょう》〟に法的な裏付けがあったことも、大きかったように思える。

そのため明治時代には政府公認の遊廓《ゆうかく》があり、花柳界も隆盛を極めていた。

伊藤の芸者好きはことに有名で、後に〝賢夫人〟と絶賛される正妻の梅子《うめこ》＊6も元芸者。伊藤はなぜか二流三流の芸者を好んでいたが、その反動もあってか、筋金入りの〝高嶺《たかね》の花〟をモノにしようと強引な手段に出たこともあったようだ。

事件が起こったのは、一八八七年四月二〇日。当時は不平等条約改正のため、外国要人を招いて連日パーティーが開かれていた。その象徴として鹿鳴館《ろくめいかん》が建設され、全盛を極めていた時代である。

その日は首相官邸で、仮面舞踏会が開かれていた。首相で主催者の伊藤自身がベニスの貴族に扮《ふん》するなど、パーティーは和やかに進んでいたが、深夜、女性の悲鳴が上がり、庭の繁《しげ》みから一人の女性が逃げ出したというのだ。

この女性は岩倉具視《いわくらともみ》の娘で、戸田《とだ》伯爵に嫁いでいた極子《きわこ》。〝鹿鳴館の花〟と呼ばれるほどの美女である。すぐに伊藤が極子をレイプしたとの噂が流れる。この時ばかりは普段の好色が裏目となり、誰もが伊藤が極子を手込めにしたと信じたのである。

事件は薩長閥中心の、つまりは身内ばかりが集まるパーティーで起こった。スキャンダルを隠そうと思えば、隠蔽も可能だったのだが、なぜか新聞各紙が報じてしまう。

これを受け、当時の権威ある啓蒙《けいもう》雑誌『女学雑誌《じょがくざつし》』も、「姦淫《かんいん》の空気」と題する社説（一八八七年五月）で事件の背景にあるダンスブームを批判。伊藤を糾弾するのはもちろん、「舞踏に西洋の開花を倣い宴会に文明の模様を写さるる」上流階級の人たちに、「清潔の徳を示して此《この》姦悪なる社会を清くすることに尽力あるべし」

との提言まで行っている。

レイプ事件の真偽については当時から諸説あり、今も真相は分かっていない。ただ噂だけが尾鰭《おひれ》をつけて一人歩きしたのは確かで、谷槌五郎《たにつちごろう》なる人物が書いた暴露本『恋の伊藤博文』（一九〇二年）では、金も名誉も手に入れた伊藤が「旧華族の妻女を釣り出」すという「大野心を充《み》たさんが為」に「卑猥《ひわい》なる遊戯会」を開催したことにまでなっているのだ。

スキャンダルは、地味な真実よりも、センセーショナルな噂の方が絶対に面白い。薩長の藩閥政治に不満を持つ庶民が、伊藤のスキャンダル[*7]に熱狂したのは、ワイドショーを楽しむ現代人の心理に通じるものがあるのではないだろうか。

＊5　申告罪で、夫が妻の浮気を訴え出ると、妻と愛人は「二年以下ノ懲役」となった。第二次大戦後、男女の処遇の違いが問題となり、一九四七年に廃止された。

＊6　梅子は、下関の置屋で働いている時に伊藤の子を妊娠。楼主は、本妻と離婚しなければ梅子の身請けは認めないと迫り、伊藤はこの条件を飲んだとされる。

＊7　歌人であり、女子教育にも尽力した下田歌子も、伊藤との不倫を報じられている。

鳥追お松

◉ジャーナリズムが生んだ悪女

【とりおいおまつ】

略歴▼生没年不詳。江戸木挽町に住む定五郎の娘で、女芸人。幼い頃から評判の美人で、自分に言い寄る呉服屋の番頭・忠蔵、元徴兵隊の浜田庄司らを手玉に取ったとされる。お松が実在したか、小説のヒロインかは、今も議論が分かれている。

明治〝毒婦〟の第一号

夜嵐《よあらし》おきぬ、高橋《たかはし》お伝《でん》、花井《はない》お梅《うめ》など、明治初期には数多くの毒婦が登場した。

こうした毒婦ブームのきっかけを作ったのが、鳥追《とりおい》お松《まつ》である。

お松の生涯は、仮名垣魯文《かながきろぶん》[*1]が設立した「仮名読《かなよみ》新聞」の一八七七年一二月に掲載された「鳥追お松の伝」で紹介され、一八七八年には久保田彦作《くぼたひこさく》[*2]が単行本『鳥追《とりおい》阿《お》松海上新話《まつかいじょうしんわ》』にまとめている。

お松の二つ名になっている鳥追は、正月に家の門口に立って三味線を弾き、小唄を歌ってお金をもらう芸人のこと。『鳥追阿松海上新話』によると、江戸の木挽町《こびきちょう》で生まれたお松は、母のお千代《ちよ》と鳥追の女太夫をやっていたようだ。

お松の美貌は、新政府軍として江戸に駐屯していた浜田庄司《はまだしようじ》なる男の目にとまる。浜田は伝手《つて》を頼ってお松にたどり着き、「金にあかして随《したが》はせ竟《つい》にわりなき中《なか》」になるが、「阿松は顔に似もやらず欲深き生まれといひ、母のお千代も娘が色かに迷ひし浜田が意《こころ》に付入り種々《いろいろ》の手術《てくだ》で金二百円余」を騙《だま》し取ってしまう。お松に会いたい浜田は決して裕福ではなかったが、「阿松が為に衣類調度を遣い捨」てる（阿松のために、衣類や持ち物を売り払う）までになる。だがついに素行の悪さが隊長の耳に入り、禁足をいい渡されてしまうのである。

浜田は性悪な風俗嬢に貢いだ揚句、捨てられたサラリーマンといったところだが、続いてお松に魅せられた呉服屋の番頭・忠蔵《ちゆうぞう》は、さらなる悲劇に見舞われる。

お松に自宅へ誘われた忠蔵は、「かねて姿を粧《よそお》ひ、酒肴《しゆこう》など仕度して、いとしめやかに饗応《きようおう》」してくれるお松に有頂天となり「夜は五更《ごこう》ともおぼしければ、寝よとの鐘の莚屛風《むしろびようぶ》、破れ蒲団《ぶとん》に枕を並べ」て（午前三時頃に、もう寝なさいというような鐘の音が響いてきたので、粗末な屛風の近くに枕を並べた蒲団を敷いて）体を合わせてしまう。他人の家なのでなかなか眠れない忠蔵をよそに、お松は「宵《よい》にすごせし酒にスヤ〳〵と寝入っていたが、そこに出刃包丁を口にくわえた大坂吉《おおさかきち》が現れ、お松の「襟髪摑《えりがみつか》んで左右に引、据庖丁逆手に胸元」へ近づけ詰問を始める。実は大坂吉はお松の夫で、間夫《まぶ》との密会現場に踏み込んだのだ。

大坂吉の怒りはすぐに間夫へ向かい、ヤクザ風の夫に凄《すご》まれた忠蔵は、店の主人から預かった二百円の半分を渡し「毒蛇」の巣窟から逃れる。そうするとお松は「首尾は上出来」とつぶやき、大坂吉も「元から仕組だ刃物三昧（中略）二分判で耳を揃へた此百円」と大笑する。二人は美人局《つつもたせ》だったのである。

＊1　仮名垣魯文（一八二九年～一八九四年）。幕末から明治初期に活躍した戯作者。一八七二年、明治政府が敬神愛国を広める「三条の教則」を制定し、その普及に俳優や戯作者を動員すると、感激した魯文は「爾後従来ノ作風ヲ一変シ乍恐教則三条ノ御趣旨ニモトツキ著作可仕ト商議決定仕候」との一文がある「著作道書上げ」を、条野有人（採菊）と連名で発表している。

＊2　久保田彦作（一八四六年～一八九八年）。戯作者、歌舞伎作者。著書に『浪枕江の島新語』などがある。

お松は実在の人物か？

美人局は愛人が貞操を奪われる一歩手前で踏み込んで相手を強請《ゆす》るものだが、大坂吉はお松と忠蔵がセックスを終えた後で難癖を付けている。やることをやらせてくれる意味では良心的な美人局ともいえるが、お松と大坂吉は、母親の目を盗んで「乳繰合《ちちくりあい》」、それをお千代も見てみぬ振りをしていたどころか、「一廉《ひとかど》の役」に立ったと絶賛しているほどなので、このエピソードは、お松の淫乱さを強調する意図もあったのだろう。

それはさておき、忠蔵から百円を手に入れたお松は捕方に追われ、大坂吉は捕まって遠島《えんとう》になるが、お松は難を逃れ西国を目指す。

旅の途中で忠蔵に再会したお松は、忠蔵が騙されたことに気付いていないと知り、また愛人となる。だが忠蔵が病に倒れ、路銀もすべて盗まれたことを知ると、忠蔵を捨て、男を次々と変えながら大阪にたどり着く。

お松は大阪で忠蔵の両親を訪ねるが、そこに登場するのが浜田庄司。大阪で出世していた浜田はお松を逮捕するが、昔の味が忘れられず、大藩の武士の娘で、貞淑な妻がいるにもかかわらず、お松を愛人にしてしまう。妾宅で女王様のような暮らしをしているお松のもとへ、流刑地から戻った大坂吉が現れる。二人はすぐに元の鞘に収まり、浜田の本妻を追い出す陰謀をめぐらせるのである。

その後、浜田家を引っかき回した末に潰したお松は大坂吉と旅に出るが、そこで大坂吉が非業の最期を遂げたことで我が身の因果を悟り仏門に入る。その時お松は、煩悩を断ち切るため美しい顔に「火器」《じゆうのう》*3を押し当て、顔に醜い火傷《やけど》の跡を付けるのである。希代の毒婦も改心するのかと思いきや、「毒婦が性根」は直らず、賽銭《さいせん》を盗もうとして見つかり寺を追い出されてしまう。檀家《だんか》から打擲《ちょうちゃく》されたお松は病が重くなり、一八七七年二月九日「狂ひ廻りて」死んだという。

お松が不思議なのは「鳥追お松の伝」と『海上新話』以外に、その存在を裏付ける史料が存在しないことである。

同じ毒婦の夜嵐おきぬや高橋お伝は、その犯罪を伝える第一報が、小さいながら社会面に載せられていた。だがお松の記事は、雑報欄にしか載せられていない。もしかしたらお松は、仮名垣魯文と久保田彦作が創作した架空の人物だったのではないか。

政情が不安定な時期は、悪党を主人公にした白波もの*4が流行する。長く戯作《げさく》を書いてきた魯文は、白波ブームを当て込んで架空の毒婦を作った可能性は高い。

鳥追お松の人気は、後続の毒婦ものの呼び水になる。だが現実の毒婦は、虚構の毒婦ほど派手な犯罪に手を染めていないので、夜嵐おきぬも、高橋お伝も新聞に載せられた時には派手な演出を施され、極悪非道な犯罪者にされていた。

ワイドショー的な針小棒大路線の基礎を築いた魯文は罪作りではあるが、面白いネタを提供した意味では憎めない。

＊3　十能（什能）とも。小型の鍋、もしくはスコップのような形で、火を熾した炭を運ぶのに用いられた。

＊4　白波は、『三国志演義』でもお馴染みの黄巾賊の残党が、白波賊と呼ばれる盗賊団を作ったことに由来する。河竹黙阿弥『青砥稿花紅彩画』などが代表作。

◉ワイドショー的好奇心の犠牲者

夜嵐おきぬ

【よあらしおきぬ】

略歴▼一八四四年頃の生まれ。少女時代の経歴には諸説あり、養老滝五郎に弟子入りし、女芸人として活躍、両親の死後は叔父に引き取られ、妾奉公に出された後に芸妓になったとも。金貸しの小林金平に落籍されるが、役者の嵐璃鶴と恋仲になり金平を毒殺した。一八七二年に小塚原で斬首されている。

新聞が生んだヒロインおきぬ

明治初期の新聞は、男を手玉にとって殺した〝毒婦〟の一代記をこぞって取り上げた。夜嵐おきぬもジャーナリズムが作り上げたヒロインの一人である。

夜嵐おきぬは、本名が原田《はらだ》きぬ。生年は一八四四年頃とされている。矢田《やだ》挿雲《そううん》*1『江戸から東京へ』によると、「三浦半島の城ガ島の佐次郎《さじろう》という漁師の娘」として生まれ、その美貌に目をつけた鎌倉屋《かまくらや》勘七《かんしち》が一〇両で買い取り、二、三年かけて芸事を仕込んで一六歳の時に小春という名で芸者デビューさせたとしている。

一八歳の時に、兵庫灘《なだ》の造酒屋・高田屋《たかだや》の息子・吉之助《きちのすけ》に落籍《ひか》され、国元へ帰ることになったのだが、今切《いまぎれ》の渡《わたし》で*2番頭に海へ突き落とされてしまう。なぜ番頭がこのような暴挙に出たかははっきりしないが、この事件で「人の心のはかりがたきこと」や「正直にしていることのばからしいことなどを悟った」おきぬは、悪事に手を染めるようになっていったようである。

遊び人の房吉《ふさきち》に救われ一命をとりとめたおきぬは、二人で高田屋に直談判《じかだんぱん》に行き、おきぬを嫁にするか、慰謝料を払うかの選択を迫った。吉之助はおきぬに未練があったが、父親が房吉の暴言に驚いてしまい、地元の俠客《きょうかく》に取り持ちを頼み、おきぬに三〇〇両、房吉に二五両の手切金を払って手打ちにしている。

江戸で芸者に戻ったおきぬは、再び売れっ子になるが、ヒモになった房吉に悩まされ始める。そんな時、江戸でホームレスになっていた父・佐次郎と再会。肉親の情に飢えていたおきぬは、佐次郎を引き取り、甲斐甲斐しく面倒を見るようになった。そんなおきぬを嫉《ねた》ましく思った房吉は、紅梅餅《こうばいもち》に石見《いわみ》銀山*3（砒素《ひそ》）を入れて佐次郎を毒殺してしまうのだ。

佐次郎の死で、おきぬが自分に惚れなおすと考えていた房吉だったが、おきぬは岡っ引きに密告。この時、おきぬは「はあー、石見銀山で、人が殺せるものかしら」（『江戸から東京へ』）という新知識を胸に刻み込んだというのである。

その後、おきぬは三万石の大名・大久保佐渡守《おおくぼさどのかみ》に見初められ、医師の玄達《げんたつ》を仮親にして側室になる。

芸者上がりと蔑まれるかと思いきや、おきぬは気品ある立ち居振る舞いと、上下の隔てなく優しく接する気遣いで周囲の人々に愛され、一八五七年には念願の嗣子を生んでいる。

＊1　矢田挿雲（一八八二年～一九六一年）。東京専門学校（現在の早稲田大学）在学中に正岡子規に俳句を学ぶ。「報知新聞」の社会部記者時代に、部長の野村胡堂に勧められて書いたのが、歴史読物の『江戸から東京へ』である。時代小説作家としても活躍し、『沢村田之助』『太閤記』などを発表している。

＊2　浜名湖の南部にある渡し場。東海道の舞坂宿（現在の浜松市）と新居宿（現在の湖西市）の間にあたる。

＊3　石見銀山の名が付けられているが、実際の石見銀山からは砒素は産出されない。同じ石見国には、砒石が大量に採れる笹ヶ谷銅山があり、ここの砒石から殺鼠剤が作られた。この殺鼠剤を売る宣伝戦略として、全国的に有名な石見銀山の名を使ったことで、石見銀山は毒物の代名詞になっていった。

不倫の果てに旦那を毒殺

ところが若君が三歳の時、佐渡守が四四歳の若さで急逝。おきぬは黒髪を切り、名を真月院《しんげついん》と改める。おきぬが剃髪《ていはつ》したのは、大久保家に強制されたからとも、隠居料をもらうためともいわれているが、いずれにしても佐渡守を弔う気などなかったおきぬは、念仏三昧の生活で気鬱になり、箱根で療養することになる。

そこで知り合ったのが、呉服屋の若旦那・角太郎《かくたろう》。「今業平《いまなりひら》」の異名を持つ角太郎に魅了されたおきぬは、「温泉に浸って上がってくると、角太郎の膝にもたれて、酒の酌をさせた。（中略）久しぶりに解放された自由奔放な高笑いを、夜おそくまで座敷の外へひびかせた」（『江戸から東京へ』）という。

江戸に帰ってきても逢瀬《おうせ》を繰り返していた二人だが、角太郎にお八重《やえ》との縁談が持ち上がったことで次第に疎遠になっていく。激しい嫉妬を覚えたおきぬは、玄達にお八重の殺害を依頼するが事前に発覚。しかも、角太郎との関係を大久保家に摑《つか》まれ、永の暇《ながのいとま》を出されてしまうのである。

再び芸者になったおきぬは、年号が明治に変わった直後の一八六九年、金貸しで財を成した小林金平《こばやしきんぺい》に身請けされる。金平は、おきぬが欲しがる物はすべて買い与えるほど溺愛していたが、おきぬは好きで一緒になったのではないと、邪険にしていた。おきぬの心の隙間を埋めたのが、歌舞伎役者の嵐璃鶴《あらしりかく》だった。

岡本起泉《おかもときせん》*4『夜嵐阿衣花廼仇夢《よあらしおきぬはなのあだゆめ》』によると、おきぬは「金平が目を忍びつゝ、幾たびか璃鶴が許へたづねゆき、かはす枕は重なれど、いつもせかれて儘《まま》なら」ないことに不満を持つようになったとする。やがて旦那がいることが璃鶴にバレたおきぬは、「貴嬢《あなた》も御恩ある小林さまを外《よそ》にして、俳優《やくしゃ》ふぜいのために御不都合がござりましては、お互いに寝醒《ねざ》めもわるいし、散らぬうちこそ花じやと申せば、今日は早うおかへりなさい」と諭され、ショックを受ける。

それでも璃鶴への恋心が断ち切れないおきぬは、金平さえいなくなればと思い詰め、白湯に石見銀山を入れて、毒殺してしまうのである。

すぐに逮捕されたおきぬは裁判で死刑が確定するが、妊娠していることが分かり、出産まで執行が延期された。おきぬが斬首されたのは一八七二年二月二〇日（旧暦）で、その首は三日間さらされている。

おきぬの処刑は、二月二三日の「東京日日新聞」が、「此者ノギ妾ノ身分ニテ嵐璃鶴トミツヽウノ上主人金ペイヲ毒殺ニ及ブ段不届至極《ふとどきしごく》ニ付浅草ニオイテキヨウシユオコナウ者也《なり》」と報じているに過ぎない。おきぬの生涯は、没後六年過ぎて「東京さきがけ」に連載された『夜嵐阿衣花廼仇夢』で詳しく紹介されたが、その内容には虚構が多く、どこまで真実かは分からない。「夜嵐」の由来となった辞世の句「夜嵐のさめて跡なし花の夢」も、後世の創作である。

＊4　岡本起泉（一八五三年～一八八二年）。明治初期に、新聞に連載した実録風の読物で人気を集めた戯作者。代表作に、『恨瀬戸恋神奈川』『島田一郎梅雨日記』などがある。

◉今も伝説を生む性器の行方

高橋お伝

【たかはしおでん】

略歴▼一八五〇年生まれ。上野国利根郡生まれ。郷里で高橋浪之助と結婚するが、借金苦で東京に出る。そこで小川市太郎と恋仲になり、夫を毒殺。だが商売の失敗で借金が重なり、体を条件に金を貸すといっていた古着商の後藤吉蔵を殺した容疑で逮捕され、市ケ谷監獄で斬首された。一八七九年没。

〝毒婦〟高橋お伝の真実

明治初期は、政治的な混乱を象徴するかのように、〝毒婦〟と呼ばれる女たちを数多く生み出した。夜嵐おきぬや花井お梅も有名だが、やはり明治の〝毒婦〟の代表は、高橋お伝ではないだろうか。

悪党の鬼清《おにきよ》と美人ながら淫乱なはるとの間に生まれたお伝は、幼い頃から美貌の持ち主だったが、素行は悪く博奕《ばくち》に明け暮れていた。浪之助《なみのすけ》と結婚後も博奕三昧の日々は改まらず、借金を背負って故郷を追われる。東京に流れ着いた二人だが、浪之助がハンセン病に罹《かか》ってしまい、お伝は治療費を稼ぐため私娼となる。やがて小《お》川市太郎《がわいちたろう》と恋仲になったお伝は、邪魔な浪之助を毒殺。市太郎と商売を始めるも巧《うま》くいかず、金品を奪うため馴染《なじ》みの後藤吉蔵《ごとうきちぞう》を殺害する。それを仇討《あだう》ちに見せかけようとするが計画は失敗し、最後は警察に捕縛され斬首されたという。

欲望のまま何人もの男を手にかけたとされる高橋お伝だが、これは仮名垣魯文『高橋阿伝夜叉譚《おでんやしやものがたり》』が作り上げたイメージに過ぎない。お伝の事件が初めて報じられたのは、一八七六年のこと。新聞各社とも扱いは小さく、夫と死別し借金を背負ったお伝が、古着商の吉蔵に金の融通を頼んだものの断られたため、もしくは体を求められたため殺した、という事実関係を伝えているだけだ。

お伝が突然スターになるのは、斬首が行われて話題を集めた一八七九年のことで、まず岡本起泉がお伝の生涯を『其名も高橋毒婦の小伝　東京奇聞《とうけいきぶん》』として発表。それに対抗するために魯文が書いたのが『高橋阿伝夜叉譚』。二作とも〝実話〟と銘打っているが、現代のノンフィクションとは程遠く、読者を楽しませるため、エログロをことさらに強調している。つまり現在、広く知られているお伝の生涯は、〝実話〟の体裁の小説や芝居によって脚色されたものなのである。

実際、「東京曙新聞」（一八七七年八月九日付）の「上州出生のおでん（俗に鬼神おまつと呼ばるる女）が昨年浅草須賀町の旅人宿にて、呉服商人を謀殺して捕縛されしことは既にその折の新聞に記載したりしが、（中略）党類の者どもは、おでんが罪状を委《くわ》しく白状したるに、おでんはあく迄強情に申陳じて、白状せざる」など、事件直後の新聞報道を読んでみると、〝毒婦〟〝鬼神〟などの文字こそ踊っているが、浪之助が病死していたことや動機が仇討ちであったことなどが、割合、客観的に伝えられている（裁判でも仇討ちか否かは議論されたようだが、結果的に却下された）。

お伝が殺人を犯したことは間違いないが、被害者は一人で動機は不明。いってみれば地味で小さな事件が、ワイドショー的に取り上げられ、大事件のように見えたというのが真相のようだ。魯文と起泉によって誤った人物像が広まった意味で、お伝は日本における報道被害者の第一号といえるかもしれない。

お伝は〝名器〟だった？

普通なら、犯人が処刑されれば事件は風化する。ところがお伝は、死んだ後も世間を賑わせている。処刑されたお伝の体は、浅草の警視第五病院で解剖されたのだが、その性器に〝淫婦〟の特色があるとして猟奇的な関心を集めたのだ。

お伝の肉体が常人とは違っているとの指摘は、魯文の『高橋阿伝夜叉譚』の中に、「解剖検査されしに脳漿《のうしょう》並びに脂肪多く情欲《じょうよく》深きもしられしとぞ」という一節があるので、解剖直後からまことしやかに語り継がれていたことが分かる。

お伝の解剖に立ちあった軍医の高田忠良《たかだただよし》は、昭和一二年に実話雑誌「話」の中で、お伝は大胆な犯罪を実行したのでまず胆嚢《たんのう》が大きかったのかを調べ、「挺孔《ていこう》*1の長きは淫婦の徴《しるし》」という俗説を確かめるため、性器を調査したと回想している。

死後かなり経《た》ってからのようだが、やはりお伝の性器を見た京大医学部教授の清《きよ》野《の》謙次《けんじ》*2も『阿《お》伝陰部《でんいんぶ》考《こう》』で、その特色を「小（陰唇）が並外れて大きい」*3（括弧内は伏字を類推で埋めたもの）、「（陰）核の発育も良好で、其包皮も非常に良好で発育して居る」、外側からの観察だけなのではっきりと分からないとしながらも、「筋の発育は良好」なので〝名器〟だったのではないかと結論づけている。

お伝の性器が一般的な日本人女性のそれと著しく異なっていたという主張は、犯罪者は生まれ持って身体的な特徴があるとしたロンブローゾ*4の「生来的犯罪人説」を踏まえたものである。現在では否定された学説だが、戦前は広く信じられていて、

れているが、これは嘘か真実か分からない都市伝説のようだ。*5
お伝の性器は、今も防衛大学校に保管されているとか、東京大学にあるとか囁《ささや》か
「参観者が中々多い人気者」であったと伝えている。
れたお伝の性器が「女気ない東京戸山町の陸軍々医学校の病理教室」に陳列され、
本当にお伝のものであるという証拠は示されていない。清野はホルマリン漬けにさ
『阿伝陰部考』には、お伝の性器とされる標本の写真が載せられているが、それが
にされることで、〝科学〟によっても辱められた悲劇の女性だったのである。
ることで、一般読者を安心させる意図があったと思われる。お伝は猟奇趣味の対象
した遺伝学を取り入れ、悪人の〝血〟を引いていなければ犯罪者にはならないとす
魯文がお伝の両親が悪人だったという〝虚構〟を強調したのも、明治時代に流行
力学が働いていたからだろう。
犯罪者を特殊な人種として差別することで、社会を平穏に保ちたいという政治的な
性器が異常に発達していたから犯罪者になったという見解が信じられていたのは、
小栗虫太郎《おぐりむしたろう》『黒死館殺人事件』などの探偵小説でも取り上げられている。

＊1　クリトリス。読みは「さね」とも。明治時代に書かれた大川新吉『造化懐妊論』は、「挺孔」を「男子の陰茎に似たるものなれとも尿道なく海綿体なし其物たる甚だ感じ易く空洞にして勃起るものなり」と解説している。

＊2　清野謙次（一八八五年～一九五五年）。医学者、人類学者。一九二六年に、日本人の紀元は、現代日本人ともアイヌとも異なる「原日本人」であるとの説を発表し、論争を巻き起こしている。

＊3　お伝の小陰唇は、長さが左六〇ミリ、右六三ミリ、高さが左二五ミリ、右二七ミリ、厚さが左四ミリ、右三・五ミリだったようだ。

＊4　チェーザレ・ロンブローゾ（一八三五年～一九〇九年）。大きな眼窩、高い頬骨などの身体的な特徴を持つ人間は、先天的に犯罪者になりやすいとする生来的犯罪人説を唱えた犯罪学者。

＊5　お伝の性器のその後については、大橋義輝『毒婦伝説』が詳細な調査を行っている。

◉「出歯亀」の語源になった男

池田亀太郎

【いけだかめたろう】

略歴▼一八七四年生まれ。東京出身。一九〇八年、大久保で銭湯帰りの人妻幸田ゑん子を殺した暴行殺人の容疑で逮捕され、無実を主張するも無期徒刑となり、後に仮出所。女湯をのぞく趣味があったため、亀太郎に由来する「出歯亀」(「出歯」の意味は諸説あり)はのぞきの代名詞となった。没年不詳。

「出歯亀」事件の顚末

池田《いけだ》亀太郎《かめたろう》といっても誰か分からないだろうが、のぞきを意味する「出歯亀《でばがめ》」の語源になった男といえば、何となくイメージできるのではないだろうか。

一九〇八年三月二二日、豊多摩《とよたま》郡の西大久保《にしおおくぼ》村で、電話交換局長の妻幸田《こうだ》ゑん子[*1]が銭湯帰りに何者かに強姦《ごうかん》され殺された。西大久保村は現在の新宿区大久保一丁目で、歌舞伎町《かぶきちょう》とも隣接する繁華街だが、当時は新興住宅地に過ぎなかった。

捜査は難航し、新聞が連日警察を非難していた矢先の三月三一日、植木職人兼鳶《とび》職《しょく》の亀太郎が拘引された。警察では自供した亀太郎だが、裁判が始まると犯行を否認。しかし控訴審、大審院まで争った裁判は、亀太郎の無期刑で結審する。

「滑稽新聞」一六三号に掲載された判決文によると、亀太郎には「女湯を覗きつゝ手淫を為し之を楽しむの癖あり且つ其湯屋より婦人を追跡して之に戯れたる」性癖があり、事件当日も「女湯を板塀の節穴より覗きしに（中略）ゑん子が入浴を終り脱衣場にて着衣せんとする姿を観て手淫を始め」たという。ところが劣情は収まらず、「湯屋を立出でたる跡を数十間尾行」して、ゑん子を近くの「空地に引摺り込み同人を仰位に倒し其抵抗を凌ぐ為め同人の携へ居る手拭を口中に押込み且手にて同人の咽喉を扼《やく》みつゝ暴力を以て姦淫を遂げ而して其咽喉扼塞の為其場に於て同人を窒息死に到したるものなり」と認定している。

最近は裁判の傍聴がブームになっていて、厳粛な場でエロい言葉が飛び交うギャップから、セックスがらみの事件ばかりを傍聴するマニアもいるようだ。亀太郎の裁判も下世話な好奇心を刺激したため傍聴人が押し寄せたが、「風俗攪乱《かくらん》」の恐れがあるとの理由で非公開になってしまう。先の判決文も大手新聞は伏字が多いのだが、「滑稽新聞」は反骨のジャーナリスト宮武外骨が経営していただけに、ノーカット掲載に踏みきっている。

無期刑に処せられた亀太郎だが、裁判中から冤罪《えんざい》説も根強かった。澤田薫《さわだかおる》を中心とする弁護団は、亀太郎を有罪とする物的証拠はなく、自白を強要した警察を非難。検察の旗色が悪くなると傍聴が禁止され、さらに亀太郎が服役すると亀太郎の老母の生活が豊かになったとの風聞が広まったこともあって、亀太郎は警察との裏取引で罪をかぶったと噂されていたようだ。

亀太郎が「出歯亀」と呼ばれるようになったのは、出っ歯だったというのが定説だが、一九〇八年四月一六日の「二六新報《にろくしんぽう》」は、出っ歯説のほかにも、何にでも口を出す「出張りたがり」、短気ですぐに出刃包丁を振り回すとの三つの説を挙げ、「出張りたがり」の「出張亀」が「出歯亀」に転訛《てんか》したのが最も有力としている。今となっては「出歯亀」の由来は分からないが、残された亀太郎の写真を見ると、それほどの出っ歯ではない。

＊1　幸田ゑん子は、小学校教師の笠原三平の娘として生まれるが、幼い頃に母親を亡くしたため、親戚の大類家で育てられた。後に歴史学者となる大類伸とは姉弟同然の関係だったという。二〇歳の頃、名古屋の会社員と結婚するが、夫が

芸者を落籍したため離婚し、大類家に帰る。その後、電話交換局長の幸田恭と再婚。少女時代に仲の母から箏曲の手ほどきを受けたゑん子は、琴の名手だったようだ。

「出歯亀」がのぞきの意味になるまで

亀太郎は、のぞきが好きなストーカーで、最後には強姦殺人を犯した変態性欲者。性犯罪は現在よりも少なかっただろうが、なぜ亀太郎の犯行だけがクローズアップされたのか？　それには、当時の社会状況が大きく影響しているようだ。

「出歯亀」事件が起こる前年の一九〇七年には、妻も子もいる中年作家が、女弟子に抱いた性欲を大胆に告白した田山花袋《たやまかたい》*2『蒲団《ふとん》』が発表され、センセーションを巻き起こしていた。花袋から始まる私小説＝自然主義文学の流行は、次第に過激さを増し、文学の名のもとに過激なセックス描写や変態的な性交までを描くようになる。これを新聞各社が取り上げ、文学の問題にとどまらず、若者の性の乱れまでを「自然主義的」として非難し始めた。この自然主義バッシングの最中に起きたのが「出歯亀」事件なのである。

のぞき、ストーキング、強姦といった亀太郎の変態行為は、すぐに自然主義と結びつけられ「出歯亀主義」と呼ばれるようになる。確かに、甲武《こうぶ》鉄道（現在の中央線）で通勤している男が、電車に乗り合わせた美少女を視姦し、好みの女の子は尾行する田山花袋の『少女病』などは、亀太郎の犯罪を予見したかのような内容である。変態性欲の代名詞になった「出歯亀主義」は、「出歯る」なる造語を生み出すほど流行していった。

こうして亀太郎は変態の象徴になるのだが、現在ではのぞきばかりが強調されている。それには、日本における変態性欲の研究が関係しているようなのだ。

日本での変態研究は、クラフト＝エビング[*3]『変態性慾心理』が翻訳された一九一三年頃から本格化する。同書には、サド・マゾに同性愛、色情狂、各種フェティシズム、ロリコン、近親相姦はては獣姦や屍姦《しかん》までが紹介されているので、現代人が思い付くような変態行為はすべて網羅されているのだが、のぞき＝窃視症《せっししょう》だけは記載されていなかった。

これに気付いた心理学者が、日本人が発見した変態心理として、のぞきを世界に発信しようとしたのだ。その中には、「出歯亀主義」を学術用語風に「デバカミスムス」と言い換えて広めようとした高田《たかだ》義《ぎ》一郎《いちろう》のような法医学者もいた。これが

「出歯亀」＝のぞきを印象づけることになったことは容易に想像できよう。

その意味で亀太郎は、自然主義ブームと日本人の西洋コンプレックスによって後世に名をとどめることになった、文字通り〝時代の犠牲者〟なのである。

ちなみに、亀太郎は小菅刑務所に収監されるが、改悛《かいしゅん》の情が認められ一九二一年に仮出獄。鳶に復職し、靖国神社で草取りをしている女性と再婚するが、一九三三年に同じ銭湯の前で逮捕されている。亀太郎は立ち小便をしていたと主張、警察もこの弁明に納得したようで、一晩警察に留め置かれただけで釈放されている。

＊2　田山花袋（一八七二年～一九三〇年）。尾崎紅葉に弟子入りするも、紅葉の指示で同じ硯友社の江見水蔭の指導を受ける。その後、自然主義作家モーパッサンの影響を受け、中年作家の性欲を赤裸々に描いた『蒲団』は、日本の自然主義文学の方向性を決定づけるほどの影響を与えた。晩年は神秘主義に傾倒し、幻想文学も数多く執筆している。

＊3　リヒャルト・フォン・クラフト＝エビング（一八四〇年～一九〇二年）。オーストリアの精神科医で、変態性欲の研究で有名。サディズムという用語を作ったのはクラフト＝エビングで、著書『変態性慾心理』は、谷崎潤一郎のタネ本の一つとなっている。

松永安左エ門

◉セックスを明るく語った電力王

【まつながやすざえもん】

略歴▼一八七五年、二代目松永安左エ門の長男として長崎県で生まれる。一九二二年に東邦電力を設立し、東京電燈と覇権を争う。一九四二年に日本発送電会社の設立による事業統合で引退するが、戦後、日本発送電会社を九社に分割民営化することに辣腕を振るい、「電力の鬼」と呼ばれた。一九七一年没。

〝電力の鬼〟の女遊び

二〇一一年三月一一日の東日本大震災によって引き起こされた福島第一原子力発電所の事故によって、九つの電力会社が各地域の電力供給を独占している〝九電力体制〟が厳しい批判にさらされるようになった。この体制を剛腕で作り上げ、〝電力の鬼〟と呼ばれているのが松永安左エ門《まつながやすざえもん》である。

一八七五年、長崎県で生まれた安左エ門は、福澤諭吉《ふくざわゆきち》『学問のすゝめ』[*1]に感激して慶應に進学するも、一八九三年に父の死で帰郷、家業を継ぐため中退する。

安左エ門の実家は、手広く商売をしていたが、特に上海《シャンハイ》貿易で大成功を収めていた。安左エ門はこの莫大《ばくだい》な資産を利用して、派手な女遊びをするようになる。

安左エ門は、晩年の回顧談で「ぼくは金でも買ったし、タダのもしたし、間男も姦通も強姦もやった。強姦しても、案外喜んでおるのもおったな。ちっとも後悔はしておらん」(「週刊新潮」一九六二年一二月二四日)と堂々といってのけているのだから、スケールが違う。

実際、博徒の女房に手を付けてトラブルになったこともあったようだ。

日清戦争の前後なので、安左エ門がまだ一八、九歳の頃。近くに九州でも有名な博徒が美人の女房と暮らしていた。その博徒が福岡刑務所に服役した時、安左エ門が女房を寝取ってしまったのだ。

獄中で女房の浮気を知った博徒は、出所後に子分を連れて安左エ門の家へ乗り込んできた。自分と女の命の危険を感じた安左エ門は、一ヵ月近く潜伏生活を送った後に博徒と手打ち。相手の顔が立つよう金を出し、女は自分とも博徒とも手を切らせ、郷里に送り返している。

安左エ門の女性との付き合い方、別れ方のスマートさは、終生、変わらなかったようだ。これは企業家として大成した後の話だが、少年時代とは逆に愛人を奪われたことがあった。その時、安左エ門はヨーロッパで仕事をしていて、愛人にお土産として大粒のダイヤモンドを買っていた。帰国後、愛人に恋人ができたと聞いても驚かず、高価な土産を渡すことに反対する友人を押し切り、ダイヤモンドはもちろん、手切金までを贈っている。だからこそ、女性からスキャンダルを暴露されることがなかったのだろう。

家業を継いでから二年後、安左エ門は慶應に復学するも再び中退。日本銀行を経て大阪で材木店や石炭店を経営した後の一九一〇年に、九州電力を設立。これが〝電力の鬼〟の第一歩となる。

先の「週刊新潮」の記事で、安左エ門は女遊びについて「奥さんに申しわけないと思わぬ日は一分間もなかった」といいながら、「申しわけないと思ってやるのがまた面白いんじゃ。(中略)物事は抵抗がないと面白くない」と嘯《うそぶ》いているので、まさに筋金入りの女好きといえる。

＊1　一八七二年から一八七六年にかけて全一七編が刊行された立身出世主義の啓蒙書。「天は人の上に人を造らず人の下に人を造らずと言えり」の一節は有名だ

が、これは平等を説いたものではない。続けて「賢人と愚人との別は、学ぶと学ばざるとによって出来るものなり」と述べているように、努力と学問の重要性を主張しているのだ。

鏡の部屋での狂乱

宇佐美省吾《うさみしょうご》が安左エ門の話をまとめた『耳庵《じあん》先生色の道』（耳庵は、茶人としても高名だった安左エ門の号）にも、凄《すさ》まじいエピソードが紹介されている。大連《だいれん》で沖仲仕*2を仕切っていた相生由太郎《あいおいよしたろう》*3が、「おエン、おはま、ことく、しん吉《きち》」ら満州《まんしゅう》で人気を誇っていた馬賊芸者*4のリーダーを郷里の福岡に連れて来ることになった。安左エ門は、馬賊芸者の一人おはまを愛人にしていたが、ちょうどおはまと切れたいと思っていたので、馬賊芸者の凱旋《がいせん》帰国を利用して、うまく別れるための計画を進めたというのだ。

安左エ門がおはまに用意した家の隣には、山の井炭鉱の幹部がおはまの妹芸者おわきを住まわせていた。その妾宅の二階には「ぐるりを鏡にして、棚にはシャンペンやウィスキー」を並べた寝室があると噂されていて、男は「その鏡の前ですっぱだかになって映しながらやると、とてもいい」と発言していたという。

鏡の部屋でのセックスと、おわきと寝ることで、おはまを怒らせる一挙両得を狙った安左エ門は、夜這いを決行する。

事前におわきと渡りをつけていた安左エ門は、はしごを使って二階の寝室へ侵入。部屋に置いてあった酒を飲み、実際に鏡の前でおわきを抱いてみると、男の言葉通り「なかなかいい」。そう考えると、ラブホテルに鏡が多用してあるのは、理にかなっているのかもしれない。

それはさておき、二人が睦んでいた時に、おわきの男が帰って来た。「さあたいへん」と逃げ出した安左エ門だが、夜這いの評判は広まってしまう。当然ながら噂はおはまの耳にも届き、安左エ門は妹分に手を出されたことに激怒したおはまとの手切れに無事成功したのである。

晩年、頭山満《とうやまみつる》*5（玄洋社の総帥）、杉山茂丸《すぎやましげまる》*6、田中義一《たなかぎいち》*7、犬養毅《いぬかいつよし》*8らを子供扱いしていた馬賊芸者（先に出てきた馬賊芸者と同じ女性かは不明）と再会した安左エ門は、彼女たちが「さんざよかことしたあとですばい、貧乏を苦になぞしておりません」と発言しているのを聞き、自棄《やけ》でも負け惜しみでもなく「心懐は淡々（中略）この日、この時の余生をたのしんでいる」との感想を記しているので、彼女たちも並の女ではない。

安左エ門は、九三歳の時に「色の道こそ男をつくる」（「現代」一九六七年三月）で、「バイタリティのあるなしを測る一つの尺度は、女性に対する関心」と発言している。安左エ門を見ていると、最近の政治家や企業家が小粒なのは、ゴシップを恐れるあまり派手な女遊びをしないからと思えてしまう。

＊2　船舶へ荷物の積み下ろしを行う港湾労働者。
＊3　相生由太郎（一八六七年〜一九三〇年）。三井物産、南満州鉄道などで辣腕を振るった実業家。一九〇九年に満鉄を退社し、大連で福昌公司を作った由太郎は、港湾業務を一手に引き受けていた。
＊4　大陸に渡って活躍した芸者の総称。意地と侠気を売りに、馬賊や大陸浪人といった怪しい人物とも互角に渡りあったとされる。
＊5　頭山満（一八五五年〜一九四四年）。アジア主義を唱える政治結社・玄洋社の総帥。
＊6　杉山茂丸（一八六四年〜一九三五年）。政財界と強いパイプを持ち、〝政界の黒幕〟とも呼ばれた在野の政治活動家。長男は、探偵作家の夢野久作。
＊7　田中義一（一八六四年〜一九二九年）。陸軍出身で、外務大臣、内務大臣、総

理大臣などを歴任した政治家。

＊8　犬養毅（一八五五年～一九三二年）。第二九代総理大臣。五・一五事件で暗殺された。

柳原義光

◉スキャンダルに翻弄された貴族

【やなぎわらよしみつ】

略歴▼一八七六年生まれ。柳原前光伯爵の長男。慶應義塾大学に学び、一八九四年に家督を相続する。宮中の御用掛、貴族院議員などとして活動していたが、一九二一年に妹の白蓮が愛人と失踪する事件を起こし、議員を引責辞任。その後も自身の男色や次女の徳子の醜聞が報じられた。一九四六年没。

柳原伯爵の男色騒動

柳原《やなぎわら》家は、藤原北家《ふじわらほっけ》の支流・日野《ひの》家の流れをくむ名家で、幕末期に当主だった前《さき》光《みつ》は国事に奔走し、維新後は伯爵に叙されている。

義光《よしみつ》は、一八七六年に前光の長男として生まれ、一八九四年に家督を相続し、貴族院議員にもなっている。

一見すると何不自由なく思える柳原家だが、実際はスキャンダルまみれなのだ。

まず一九二一年には、義光の異腹の妹にあたる柳原白蓮《びゃくれん》が、夫である伊藤伝右衛《いとうでんえ》門《もん》を捨て、宮崎滔天《みやざきとうてん》の息子・龍介《りゅうすけ》と駆け落ちしている。名門華族の起こした不貞事件は、民族団体・黒龍会《こくりゆうかい》などによる弾劾運動を巻き起こし、義光は貴族院議員を辞任に追い込まれている。

さらに一九三三年には、義光の男色が新聞で報じられてしまうのである。九月四日の「国民新聞」は、「奇怪、柳原義光伯に乱倫極まる行為　寵を受けた男の脅迫から　変態的全貌を暴露」の見出しを掲げ、その詳細を伝えている。

一九三一年の夏、蒔田広城子爵《まいたこうじよう》の紹介で役者上がりの田中吉太郎《たなかきちたろう》に出会った義光は、「封建時代に聞く稚児《ちご》小姓」の関係になり、「言語に絶する無類の関係は最近まで毎月五回六回」はあったという。

二人の密会場所は、築地新橋界隈《かいわい》の待合で、芸妓《げいぎ》を遠ざけて「乱倫行為」が続けられたとされている。義光は「山口」なる変名を使い、その界隈では「ヤーさん」で通っていた。そして関係を持つごとに、一〇円を渡していたようである。

義光が、一途《いちず》に吉太郎だけを見ていれば何の問題も起きなかったのだが、飽きてしまったのか、浮気心が起こったのか、新たな男色相手を物色し始めた。

華族に男娼を紹介するブローカーをしている眞野目《まのめ》某がそれを聞きつけた。眞野目は、吉太郎のために義光から手切金を取ろうと奸計《かんけい》をめぐらせた。某弁護士を吉太郎の家に連れていき、白紙委任状を作成させると、義光邸に乗り込んで二〇〇〇円を要求した。ちなみに、当時の東京の小学校教諭の初任給は、四五円から五五円である。

義光は、貴族院議員を辞任した後、生命保険会社の役員に就任するが、結局は家を傾け、昭和初期には、麻布の本邸を二五万円で売却していた。内証が苦しかったためか、義光は、眞野目らに脅迫されたと築地署に相談。華族が関係する事件だけに、警察は秘密裏に吉太郎らを取り調べていたが、これを「国民新聞」がスクープしたのである。

スキャンダル続きの一族

吉太郎は、大阪で生まれ育ち、一八歳の頃には新派の役者をしていたが、四、五年で劇団を辞めて上京。父の遺産で優雅な生活を送っていたようである。

そのため吉太郎は、「国民新聞」の記者のインタビューにも、「ほんとに華族なんて横暴だわ、あたし別段金なんぞほしくないし生活にも直ぐ差支へはしないのにヤーさんが全然知らぬなんてあんまりよ会つて話してやりたいわ、しかし敗《ま》けたのよ、華族なんかの中にはこんな話たくさんあるわ」と答えている。

　交際中の実態については、「長い間待合に行つて踊つたり三味線を引いたり変なこともしましたわ、（多少恥づかしがる）初めはお金を、無理にくれましたわ、あたしは其の後薄情なヤーさんに会ひたいとも思ひます、華族会館で何度も会ひました」と回想。取り調べを受けたことで、義光との仲も終わったと考えたのか、現在の心境については、「恥しいことですが、あたしも好きですから」としながらも、「現在は一切をあきらめて更生した新しい生活に入らうと思つている時です」とまとめている。

　少し余談ながら、吉太郎の談話を紹介する記事の中に、何度も「まるで女の様な口調で」（現代風にいえば、おネエ言葉か）との言い回しが出てくるのが面白い。エログロ[*1]全盛の時代だけに、記者は「変態」性を強調したかったのだろう。

　義光は、避暑を理由に取材を断っていたが、名家の下半身ネタは、昭和天皇の耳にも届いてしまう。九月六日の『木《き》戸幸一《どこういち》[*2]日記』には、天皇が「数日前国民新聞に掲載されたる柳原義光伯の醜聞記事」について「下問」されたとある。

　追い討ちをかけるように、柳原家はさらなるスキャンダルに見舞われる。

一九三三年一一月、銀座のダンスホールの教師が、芸者、清元《きよもと》の師匠、会社専務夫人、資産家の令嬢、病院長夫人らと交際していたことが発覚。一一月一五日の「朝日新聞」が、「情痴の限りを尽し、目にあまるその不行跡に警視庁不良少年係も捨て置けず」検挙したと報じたのだ。この教師は「ジゴロといわれても文句のない存在」で、「所属ホールから一文の定給」ももらっておらず、女からの貢物で生活していたという。当時のダンスホールは、チケットを買ってプロのダンサーと踊るのが一般的だったが（チケット一枚で、レコード一曲分）、常連客は一回につき五〇枚、一〇〇枚のチケットを手渡したとされている。警視庁の取り調べに、教師は女性を紹介したのが、義光の娘で、歌人で伯爵の吉井勇《よしいいさむ》に嫁いだ徳子《とくこ》*3であると供述。身を隠していた徳子も警視庁の取り調べを受け、世間の注目を浴びてしまうのである（いわゆる「不良華族事件」。離縁された徳子は、高知県で隠棲《いんせい》した）。

自身と娘のスキャンダルが相次いだ義光の処遇については、宮内省でも問題になり、一時期は「自発的自決」を迫るとの強硬策も出たようだが、男色については証拠が不十分ということもあり、最終的には穏便な処置で済まされている。

トップにいる人間の処分が甘くなるのは、いつの時代も変わらないのである。

＊1　華やかな都市文化と不況による閉塞感がないまぜになっていた昭和初期は、カウンターカルチャーとして、エログロナンセンスが、時代のキーワードになっていた。

＊2　木戸幸一（一八八九年〜一九七七年）。内大臣として宮中政治に関わり、昭和天皇の信任も厚かった。

＊3　徳子の従妹・白洲正子は、『遊鬼』の中で徳子を、「生まれてはじめてみる文士の世界は、大納言家の姫君には、刺戟が強すぎたのであろう。公家の虚偽に気づいたまではよかったが、やけになった彼女は身を持ち崩し、やがて吉井さんにも離婚される始末となった。それでも柳原家へ復帰することは断固として拒絶し、死ぬまで吉井徳子のままで終わった」と評している。

桂春団治

【かつらはるだんじ】

◉〝後家殺し〟の型破り人生

略歴▼一八七八年生まれ。父は革細工職人で、本名は皮田藤吉。初代桂文我に入門するが、後に二代目桂文団治の門下となる。真打ちに昇進した三年後に妻の東松トミと離婚し、医療品問屋の後妻・岩井志うの入婿となる。浪花派を結成するが、吉本興行に敗れ、吉本入りしている。一九三四年没。

〝後家殺し〟の桂春団治

演歌『浪花恋《なにわ》しぐれ』[*1]でお馴染みの初代桂春団治《かつらはるだんじ》は、芸だけでなく、酒と女に明け暮れた派手な遊び方も語り継がれており、上方《かみがた》の型破り芸人の象徴といえる。

一八七八年、大阪高津《こうづ》の革細工職人の家に生まれた春団治だが、職人仕事が性に合わず、一七歳の時に桂文我《ぶんが》に弟子入り。なかなか芽が出なかったが、文我の師匠・桂文団治《ぶんだんじ》に引き取られると頭角を現し、豪華な衣装と擬音語を多用する独特の語りで、人気落語家になっていく。

若い頃から遊び好きだった春団治は、無一文なのに取り巻き連中とお茶屋に繰り出すことも珍しくなかった。芸者を呼んで飲み食いするものの、当然ながら支払う金がない。そんな時は、ほかのお座敷を回って小噺《こばなし》や物真似《ものまね》を披露し、お茶代はもちろん、祝儀ももらっていたという。

花月亭九里丸《かげつていくりまる》*2『すかたん名物男』には、修業時代の春団治が、先輩の扇蝶《せんちよう》*3から、どうしても大阪の女と会わなければならないので、京都の寄席に出て欲しいと頼まれた時のエピソードが出ている。扇蝶に汽車賃と小遣いを渡された春団治は、すぐに女のところへ行って酒を飲み始め、京都へ行くのを忘れてしまった。翌日、座元に呼び出された扇蝶は、春団治のドタキャンを知って激怒。出刃包丁を持って春団治の家へ乗り込んだ。普段はデタラメばかりの春団治も、兄弟子の剣幕に恐れをなし土下座をしたようだ。

放蕩《ほうとう》無頼の春団治を心配した師匠の文団治は、「嫁はんでも持たせたら、ちっとはましになるやろ」と考え、一九〇七年、京都の旅館の娘でしっかり者と評判の東《ひがし》松《まつ》トミと結婚させようとする。トミが大阪の春団治の家を訪ねると、そこにはお浜という女がいた。お浜と春団治は同棲していたのだが、師匠に紹介された婚約者の手前もあり、春団治は「姉だ」と言い張った。約一月ほど三人は一つ屋根の下で暮らすが、トミは最後までお浜を春団治の姉と信じていたようである。

　二人が結婚した時、春団治が二九歳、トミは一八歳。トミは春団治が稼いだ金には手を付けず、生活費は寄席で働いて捻出。二人の間には娘ふみ子《こ》も生まれるが、春団治はトミを裏切ることになる。

　春団治が真打ちに昇進して三年後の一九一七年、薬種店「岩井《いわい》松《まつ》商店」を経営していた夫を亡くしたばかりの未亡人・志う（じゅう）が、気晴らしに寄席へ足を運んだ。志うは九歳年下の春団治に一目惚れしてしまい、無心されれば金を渡すようになった。春団治も、パトロンのような志うを憎からず思うようになり、糟糠《そうこう》の妻トミに離縁状を叩きつけ、岩井家の入り婿になってしまうのだ。

　志うは法善寺の寄席を買収して「浪花亭」と名付け、春団治専用の劇場とした。そこでは春団治が高座にあがると、必ず「よっ、後家殺し！」と声がかかった。これは、芸だけで〝逆玉〟に乗った春団治への惜しみない賛辞だったのである。

＊1　作詞・たかたかし、作曲・岡千秋。
＊2　花月亭九里丸（一八九一年〜一九六二年）。一九一六年に三升小紋へ弟子入り

するが、滑舌が悪く落語家向きでなかったことから、後に大辻司郎に師事して漫談を学び、漫談や百面相で人気を集めた。

＊3　末廣家扇蝶（一八六七年～一九一三年）。笑福亭福松に弟子入りし、笑福亭璃喜松を名乗ってカッポレで人気を集めるが、出世が早かったため仲間の嫉妬が激しく、桂文団治門下になり、末廣家扇蝶に改名した。

毎日〝床〟を変える

『すかたん名物男』によると、志うが春団治のために使ったのは、「当時の金で四〇万円以上」。一九二〇年代の東京銀座界隈の地価が一坪あたり七五〇円くらいだったことを考えると、どれだけ莫大な金額かが分かるだろう。感激した春団治は、「おじゅう、お前には苦労をかけて済まん。その代わりに俺は一生涯、お前の他には牝猫（めんねこ）一匹膝の上へ乗せへんぜ」との誓いを立てた。

ところが、京都の寄席へ出演するため京阪電車に乗った春団治は、喜劇役者の曾《そ》我廼家五郎《がのやごろう》＊4が、女を連れているところを目撃してしまう。それが悔しかった春団治は、志うに「喜劇の五郎が、生意気に別嬪《べっぴん》な女を伴《つ》れて乗っていよったぜ……俺の目から見たら妾や。……ほんまに妾らしい、向うが日本一の五郎なら、俺も日本一の春団治や、五郎に妾があるのに、春団治に妾が無かったら、見っともないやないか……おじゅうどう思う」と尋ねた。志うは春団治をなぐさめる方便で、「お師匠はんかて欲しかったら、妾の一人や二人位は置きなはれ」と答えた。

するると春団治はこれを幸いに、一〇日も経たぬうちにお徳《とく》、お玉《たま》の二人の芸妓を落籍したというのである。

二代目春団治[*5]は、全盛期の初代が「住吉神社の南べりに本妻を置いて、二号が、そこからちよっと曲がつたところに旅館をもち、三号が粉浜《こはま》に、四号が……といふ具合に、あの附近にみないまして、集まるとなると女中なんか連れて来るもんだっさかい女八人ということになります。（中略）夜は大勢のオナゴを前にしましてな、『今夜はお前、ほかのもんは、さあ、いね、いね』いうて追っ払うようにしてました。毎晩寝床を変えて喜んではりました」という凄まじい女遊びをしていたと証言（「サンデー毎日」一九五一年八月五日号）している。

「浪花亭」の大入りに気をよくした志うは、次々と寄席を買収するが、すべて失敗。借金苦にあえぐ春団治は、吉本興業の女社長せい[*6]に救われるが、金遣いの荒さが変わることはなかった。胃癌になった春団治は、酒で体を壊していた志うの代わりにトミとふみ子に看病され、一九三四年、二人に看取られながら死去。春団治の死後、志うは親戚に引き取られ、翌年人知れず亡くなっている。

春団治は十八番の噺『馬の田楽』に、「馬のお腹の下に、大きな棒が下がってますがな」「馬のお腹の下の棒から牛乳が出てますがな。あれを一ぺん嗅いてみなはれ」といった一節を入れるなど、客の興味を離さない好色ネタも得意としていた。これも春団治の人気を支えていたように思える。

＊4　曾我廼家五郎（一八七七年〜一九四八年）。大阪伝統の即興の滑稽劇「俄《にわか》」を、近代的な喜劇に生まれ変わらせた功労者の一人。晩年は喉頭癌で声が出なくなったが、それでも舞台に立ち続けた。

＊5　二代目桂春団治（一八九四年〜一九五三年）。弟子の中で最も初代と芸風が似ているとして、吉本興業の勧めで二代目を襲名するが、その後、初代の残した借金の扱いをめぐり吉本と訴訟になっている。三代目（一九三〇年〜）は、二代目の実子である。

＊6　吉本せい（一八八九年〜一九五〇年）。夫の吉兵衛と吉本興業を創業し、早世した夫に代わり、吉本を大手芸能事務所に育てあげた。

◉緊縛絵師の意外な素顔

伊藤晴雨

【いとうせいう】

略歴▼一八八二年、浅草の彫金師の家に生まれる。八歳で琳派の絵師に弟子入りするも、一二歳で家業を継ぐため彫刻師の家で奉公する。しかし絵師の夢が捨てられず、二五歳から新聞社に入社し絵と評論を書き始める。責め絵を得意とし、『責の研究』は発禁処分を受けている。一九六一年没。

緊縛絵師・晴雨の生涯

江戸風俗研究家、挿絵画家、劇評家としても活躍した伊《い》藤《とう》晴雨《せいう》。だが現在では責め絵師としての世評のみが高く、その他の業績は忘れられつつある。今もＳＭ雑誌のグラビアには、麻縄を使った緊縛や乱れ髪のエロチシズムなどが見られるが、これらは晴雨が撮影した緊縛写真が原点といっても過言ではない。その意味では、ＳＭ関係の業績が強調されるのは仕方ないのかもしれない。

責め絵師として活躍した男と聞くと、小さい頃から特殊な性体験を持っていそうだが、面白いのは、晴雨が驚くほど性に対して奥手だったことである。

一八八二年、浅草の彫金師の家に生まれた晴雨は、九歳の時に狂言『吉田御殿《よしだごてん》招振袖《まねくふりそで》』で、腰元が折檻《せっかん》される場面を見て興奮、それ以降、女の責め場、特に島田髷《しまだまげ》が乱れる姿にエロスを感じるようになる。一二歳の時に彫刻師のところに丁稚奉公《でっちぼうこう》に出されるが、絵が好きだった晴雨は修業に身が入らず、馬琴《ばきん》の小説『皿皿郷談《べいべいきょうだん》』*1に登場する責め場を自分で描いたりする一方、一八歳の頃から責め絵のコレクションも始めている。二三歳の時に独立、芝居の看板画家からスタートし、短期間で「やまと新聞」や「読売新聞」などの挿絵主任を歴任するようになるので、出世が早かったことが分かる。

だが、現実の女性と付き合ったことはなく、二八歳まで童貞だった。実は晴雨は包茎に悩んでいて、女性を遠ざけていたようなのだ。晴雨は二七歳の時、包茎手術を受け、劇評家・幸堂得知《こうどうとくち》の仲人で背景画家・玉置照信《たまきてるのぶ》の義妹・竹尾《たけお》と結婚。この竹尾とのセックスが、晴雨の初体験だった。だが現実の女性との性体験は晴雨をひどく落胆させたようである。竹尾の性癖がノーマルだったことも晴雨を不機嫌にさせたようで、随筆「今昔篋談《ぼくのおもいでばなし》」には、「女の責場の研究にどれだけ邪魔になったことか。この女は法図の知れないほど嫉妬深い」など、竹尾を悪《あ》し様に罵る言葉が並んでいる。

晴雨は自伝の中で「女の責場のモデルは、私にとっては絶対に肉体関係のあった方がいいと思う。（中略）お役で縛られ、一時間何円かのお勤めでポーズをつくっていたのでは、実感が出てこない」と語り、モデルとセックスをした方が責めが美しくなると語っている。ただ別のところでは、オナニーこそが健康の秘訣《ひけつ》といい、随筆「『女の責め』に熱中する」の中では、「許されるならば女の島田髷を片っ端から切り取って、之《これ》を愛撫《あいぶ》し乍《なが》らその髪の匂いの中で寝て自瀆《じとく》したらどんなに愉快であろうか」という髪フェチらしい妄想を書いているので、晴雨は現実の女性よりも、妄想の女性を愛するオナニストだった可能性も高い。

＊1　家宝の皿を割った娘が殺され、怨霊となって復讐する皿屋敷怪談を題材にした読本。晴雨は、欠皿という娘が折檻される場面を好んでいたようだ。

晴雨はサディストだったのか？

挿絵画家としての名声と高額のギャラを手にするようになった晴雨は、念願の責め絵を描き始める。当初は場末のカフェでモデルを探したようだが、当然ながら緊縛という特殊な趣味を理解してくれる女性は少ない。それでも、「女の数人いるなかで、この女は縛らせてくれるなと思う女を、種々に話しかけて承諾させるのに、万に一つも外れた事がなかった」（「今昔愚談」）と語るほど独特な嗅覚を持っていた晴雨は、モデル紹介所に所属していた永井《ながい》カ子《ネ》ヨ*2、通称お葉《よう》を見つけ出す。

この時、お葉は一二歳。晴雨は「瓜実顔《うりざねがお》で高島田に結わせ、縛って写生するのに絶対にいい容貌と体格」をしていたとお葉を絶賛、少女を緊縛しては、写生を続けた。お葉は晴雨の無茶な要求を嬉々《きき》として受け入れ、すぐに晴雨と肉体関係を結んで愛人となっている。お葉にはＭ女の才能があったのか、それとも若くて異常性愛に偏見がなかったのか、晴雨を拒否することもなく、晴雨は「画稿が積んで山」になるほどのスケッチを残している。晴雨も年下のモデル兼愛人を気遣っており、高価な洋食を食べさせ、歌舞伎にも招待していたようだ。

お葉との関係は三年続くが、その間に晴雨は一〇年連れ添った竹尾と離婚。同じ頃に二六歳の佐《さ》原《はら》キセと知り合う。晴雨の名は、月岡芳年《つきおかよしとし》*3が妊婦の逆《さか》さ吊《づ》りを描いた「奥州安達《おうしゅうあだち》がはらひとつ家《いえ》の図」が再現できるかを試した妊婦逆さ吊り写真によって広まるが、このモデルになったのがキセである。

　キセは妖艶な女性で、マゾヒスティックな性癖もお葉より強かった。晴雨はキセにのめり込んで結婚、一九二一年にキセの妊娠を知ると、妊婦逆さ吊りの実験を行っている。さすがの晴雨も、妻子の命がかかっているだけに躊躇《ちゅうちょ》したが、キセに相談すると「案ずるより生むが易し（否、生れては実も蓋もなくなるが）承知してくれた」ようだ。

　写真を見ると惨《むご》たらしい逆さ吊りだが、実際はシャッターを押したらすぐに下へ降ろしたという。よく見ると緊縛した足首には厚くタオルが巻きつけてあるので、欲望のためではなく、本当に浮世絵を再現するための実験だったことが分かる。

　晴雨はキセを使って、雪の中で緊縛写真を撮影している。晴雨はその時の記録を「責の研究」にまとめているが、「裸体露出時間約一時間、撮影後やや悪寒を感じたが、しばらくして平常に復した」など、医学レポート的な描写が中心でまったくエロくないのだ。晴雨は「性欲」のために「女もしくは男の責場を愛好する人々」を厳しく批判している。晴雨にとって責め絵は、浮世絵から続く伝統的な美を再発見する絵師としての興味にほかならず、だからこそモデルを冷静に観察することができたのだろう。

晴雨の責め絵が静謐《せいひつ》なのは、他人の欲望のためではなく、自分の興味のためだけに絵を描いたからではないか。晴雨の二度目の妻キセは、晴雨のセックスに満足できず書生と駆け落ちするが、ここからも晴雨が、生身の女性よりファンタジーとしてのセックスを重視したことが見て取れる。

＊2 永井カ子ヨ（一九〇四年～一九八〇年）。美術モデルとして人気が高く、洋画家の藤島武二もお葉を贔屓にしている。一九一九年に竹久夢二を紹介されたお葉は、一九二一年から約六年ほど夢二と同棲しており、代表作「黒船屋」のモデルも務めている。お葉の生涯については、金森敦子『お葉というモデルがいた』に詳しい。

＊3 月岡芳年（一八三九年～一八九二年）。歌川国芳の弟子で、幕末から明治初期に活躍した浮世絵師。中でも、実際に斬首された罪人や戊辰戦争で死んだ兵士の死体を写生し、それを参考に描いたとされる無惨絵の連作『英名二十八衆句』（落合芳幾との競作）は有名で、江戸川乱歩や三島由紀夫も絶賛している。

◉自由恋愛を実践したアナキスト

大杉栄

【おおすぎさかえ】

略歴▼一八八五年、香川県生まれ。名古屋陸軍地方幼年学校を退学後に上京し、幸徳秋水らと交流しアナキズムへの理解を深める。一九一七年から亀戸の労働者街へ移り、一九二〇年頃からボルシェビキ派と対立していく。一九二三年関東大震災後に甘粕正彦憲兵大尉らに殺されたとされる。

葉山「日陰茶屋」事件

左翼活動家と聞くと、社会改革に邁進《まいしん》する真面目でお堅い人物を思い浮かべるかもしれないが、そんなイメージを覆してくれるのが、アナキストの大杉栄《おおすぎさかえ》である。

陸軍軍人を父に持つ大杉は、父の影響もあって陸軍幼年学校に進むが、尊敬できない上官に絶対服従することに疑問を持ったことから神経症に罹り退学。語学を学ぶため東京へ出た時、日露戦争反対を主張していた幸徳 秋水《こうとくしゅうすい》*1、堺 利彦《さかいとしひこ》*2らの思想に共鳴し、左翼活動家になっていく。

大杉は、電車賃値上げ反対闘争や、出獄した同志の歓迎会で赤旗を振り回し警官隊と衝突（いわゆる赤旗事件）するなど、何度も逮捕される過激な活動家として頭角を現す。だが社会主義に関心の薄い庶民にまで大杉の名を広めたのは、葉《は》山《やま》の日《ひ》陰茶屋《かげちゃや》で愛人の神近市子《かみちかいちこ》に刺された恋愛スキャンダルだった。

赤旗事件で二年半刑務所に収監された大杉は、出所後、堀保子《ほりやすこ》と内縁関係にあったが、大杉が主宰していた「平民《へいみん》新聞」の同人で、フランス語講習会の生徒でもあった東京日日《にちにち》新聞の記者・市子と愛人関係になり、すぐに保子と別居、麴町《こうじまち》三丁目の市子の下宿で半同棲《どうせい》生活を始める。ところが二人の蜜月は長くは続かなかった。女性解放運動の拠点だった雑誌「青鞜《せいとう》」の編集をしていた伊藤野枝《いとうのえ》*3が、熱愛の末に結婚した辻潤《つじじゅん》を捨てて大杉のもとへ飛び込んできたのだ。

大杉は神田《かんだ》三崎町《みさきちょう》の野枝の下宿に頻繁に通うようになり、当時は珍しかった鍵のかかる部屋が安価に借りられた本郷菊富士《ほんごうきくふじ》ホテルで同棲生活を始める。大杉の愛が野枝に移ったことで、市子の嫉妬の炎は燃え上がり、ついに爆発する。

一九一六年一一月七日、原稿を書くため、野枝を連れて葉山の日陰茶屋に滞在していた大杉のところへ、市子がやって来る。事件を報じる「時事《じじ》新報」（一九一六年一一月一〇日付）によると、二人が泊まる旅館に乗り込んだ市子は、その夜は三人で同じ部屋に泊まったという。八日に野枝が東京に帰り二人きりになると、市子は日付が変わった九日の午前二時頃、「ムックとばかり起き上がりざま、前後も知らず熟睡し居たる大杉に馬乗りとなり、用意し居たる刃渡り五寸余の短刀を採るより早く、大杉の右頸部に突き刺し」てしまうのである。

一撃で大杉を仕留めたと思った市子は現場から逃走するが、大杉は生きていてすぐに市子を追跡、二人が揉《も》み合う音で駆け付けた女中によって事件が発覚。大杉は重傷を負うが一命をとりとめ、市子は警察に自首して、後に二年服役している。

＊1　幸徳秋水（一八七一年～一九一一年）。無政府主義者が、明治天皇の暗殺を計画したとされる大逆事件に連座して死刑に処せられたが、現在では冤罪とされている。

＊2　堺利彦（一八七一年～一九三三年）。社会主義者。大逆事件の影響で世間の厳しい目にさらされた同志の生活を支えるため、文筆の仕事を紹介する「売文社」を設立した。

＊3　伊藤野枝（一八九五年～一九二三年）。女性解放運動の活動家で、結婚制度を否定する自身の論文を実践するかのように堂々と不倫を行い、世間を驚かせた。

大杉が次々と女性と浮名を流したのは、独自の自由恋愛論を掲げていたことと無縁ではない。市子も野枝も大杉の自由恋愛論に共鳴していたようだが、やはり燃え盛るジェラシーは抑えられなかったので、人間の感情は理性だけではコントロールできないことがよく分かる。

自由恋愛論

大杉は自由恋愛を論じた『羞恥《しゅうち》と貞操《ていそう》』の中で、「蛤《はまぐり》の赤身を平気でひろげて見せていた小娘が、年頃になると（中略）ああも事ごとに恥かし」がったり、「湯屋の三助《さんすけ》に背中を流させて得意でいる女が、相許《あいゆる》した男にはずいぶん痴態を演じても見せる女」が、「外の男の前では、手足の膚《はだ》一つ露《あら》わすことにすら、あんなに恥かしがる」のは、文明人が羞恥心や貞操観念の呪縛に囚《とら》われているだけに過ぎないと主張。南洋の少数民族の性の風習を取り上げながら、「羞恥の感情や、その他の性的道徳の種が播《ま》かれたのは自由共産の制度が廃れて、財産の私有制度が萌《きざ》してからのこと」なので、資本主義を破壊すれば「不貞」などこの世から存在しなくなるとしている。

性道徳が私有財産と不可分の関係にあるとの主張は、大杉の持論となり、『男女関係の進化』では、私有財産制を変革すれば、自然に「一夫一婦制」とは違う恋愛関係が立ち上がってくるとしている。こうなると、女性解放、性解放のために自由恋愛を主張しているのか、自分の奔放なセックスライフを正当化するため、自由恋愛を唱えたのか分からない。

事実、大杉の自由恋愛論は、日陰茶屋事件の前から、政敵はもとより、同志や女性解放論者からも否定的に見られていた。市子の刃傷《にんじよう》事件以降は糾弾に拍車がかかり、大杉は新聞、雑誌に発表された批判に答えるため、『ザックバランに告白し与《よ》論《ろん》に答《こた》う』なる一文を書いているので、さすがに慌てたものと思われる。

面白いのは当時の庶民が左翼活動家にシンパシーを抱いたのは、苦しい生活を救ってくれることへの期待以上に、大杉ほど過激ではないものの、等しく女性解放のためフリーセックスを唱えていたことにあるのだ。そのことはソ連の女性活動家コロンタイ*4が女性解放を論じた『赤い恋』が、一九二七年に翻訳されると、フリーセックスの指南書としてベストセラーになったことからも明らかだろう。

なお四《よ》つ巴《どもえ》の修羅場を勝ち抜いた野枝は、結婚制度の問題点を指摘した『自由《じゆう》母《ぼ》権《けん》の方《かた》へ』を発表するなど女性解放運動を続けるが、市子は戦後に衆議院議員になるも、売春防止法の審議で娼婦《しょうふ》を蔑む発言をするなど物議をかもしている。

大杉は日陰茶屋事件の後も精力的に活動し、社会主義政党の国際組織コミンテルンと連携を取りながら、上海やパリでも政治運動を行っている。一九二三年の関東大震災の直後、大杉は伊藤野枝、甥の橘宗一《たちばなそういち》と共に憲兵に連行され殺害された。主犯として憲兵大尉の甘粕正彦《あまかすまさひこ》*5が軍法会議にかけられ、懲役一〇年の判決が下されたが、今も大杉殺害を指揮したのは甘粕ではないとの説は根強い。

＊4　アレクサンドラ・コロンタイ（一八七二年～一九五二年）。ロシア革命に参加し、ヨーロッパ初の女性閣僚となった。フェミニストとして自由恋愛を唱えており、著書『赤い恋』は日本でも話題となった。

＊5　甘粕正彦（一八九一年～一九四五年）。陸軍士官学校を卒業後、歩兵科を経て憲兵科へ転科。大杉の殺害容疑で服役するが、三年で出所。その後、満洲国へ渡り、満洲映画協会の理事長となる。敗戦直後に服毒自殺した。

柳原白蓮

◉夫を捨て恋人のもとへ走った女性歌人

【やなぎわらびゃくれん】

略歴▼一八八五年生まれ。柳原前光伯爵の次女。和歌を佐佐木信綱に学び、歌集『踏絵』などを発表。北小路資武と離婚後、東洋英和女学校に学ぶ。九州の富豪伊藤伝右衛門と再婚するが、年下の宮崎龍介と駆け落ちし世を騒がせる。龍介と結婚後は、無産者解放運動などを行っている。一九六七年没。

恋に生きた「筑紫の女王」

一九二一年一〇月二二日付の『大阪朝日新聞』は、筑紫の炭坑王・伊藤伝右衛門に嫁ぎ、女性歌人としても注目を集めていた柳原白蓮が[*1]、年下の愛人・宮崎龍介のもとへ走ったことを、一面ぶちぬきでスクープする。

さらに翌日の紙面には、「私は今あなたの妻として最後の手紙を差し上げます」から始まる白蓮の「絶縁状」が掲載された。白蓮によると、初めから「愛と理解」を欠いていた「因襲的な結婚」を「有意義ならしめ、出来得る限り愛と力とをこの内に見出《みいだ》して行きたい」と努力したものの、「貴方に仕えて居る多くの女性の中には、貴方との間に単なる主従関係のみが存在するとは思はれないものもあり」と暗に愛人の存在を匂わせたうえで、「よってこの手紙により、私は金力を以って女性の人格的尊厳を無視する貴方に、永久の袂別を告げます。私は私の個性の自由と尊貴を守りかつ培うために、貴方の許を離れます」というのだ。

柳原前光伯爵の娘で、大正《たいしょう》天皇の従妹《いとこ》でもある白蓮と、孫文《そんぶん》*2を支援したことでも知られる宮崎滔天*3の息子・龍介、そして財界の有力者だった伝右衛門の三角関係は、上流階級のスキャンダルということもあり連日の報道合戦へと発展する。

白蓮の母りょうは、日米修好通商条約批准書交換使節の正使として渡米した父・新見正興《しんみまさおき》*4を維新直後に亡くしたため、柳橋で芸者をしていた。「陰間侍《かげまざむらい》」*5と呼ばれるほど美男子だった父の遺伝子を受け継いだりょうは、伊藤博文と柳原前光が奪い合うほどの美人だったが、最終的に前光を選び妾になっている。

りょうが娘を生んだ知らせを鹿鳴館で聞いた前光は、きらめく夜会にちなんで燁《あき》子《こ》と名付けたという。白蓮はすぐに正室・初子《はつこ》の次女として届けられる。

一九〇〇年、一四歳で北小路《きたこうじ》随光《よりみつ》の嗣子・資武《すけたけ》と結婚した白蓮だったが、翌年、功光《いさみつ》を出産するも、次第に夫に嫌悪感を抱くようになり、五年後に離婚。物心つく前に生母から引き離された白蓮は、資武と結婚する時まで、自分が妾腹《しょうふく》の子とは知らなかったといわれている。

北小路家に不義理をしたため、白蓮は自宅に帰ることを許されず、麻布《あざぶ》の別邸で暮らすことになる。やがて東洋英和女学校に入学し、寮生活を送ることになった白蓮は、ここで本格的に和歌を学び、女性解放運動にも興味を持っている。

一九一一年、白蓮は正妻のハルを亡くしたばかりの伝右衛門と再婚する。この結婚は「黄金結婚」と報じられ、貴族院議員になる資金が必要だった白蓮の兄・義光と、名門華族と縁戚になりたかった伝右衛門の思惑が一致したというのが定説になっているが、後に伝右衛門は、これは「風説」で柳原家に「鐚《びた》一文送った事はない」と語っている。

＊1　白蓮は、九条武子、江木欣々と並び大正三美人と称されていた。大正三美人は、欣々の代わりに、林きむ子とされることもある。

＊2　孫文（一八六六年～一九二五年）。清朝を倒した辛亥革命を指導した中心人物の一人。宮崎滔天、頭山満らから資金援助を受けており、日本との関係も深い。

＊3　宮崎滔天（一八七一年～一九二二年）。熱烈なアジア主義者で、挫折した革命

の夢を孫文に託している。浪曲師としても活躍し、その時のご贔屓には、伊藤伝右衛門もいた。

＊4 新見正興（一八二二年～一八六九年）。外国奉行、神奈川奉行などを歴任した旗本で、日米修好通商条約の批准書交換使節団では正使を務めている。

＊5 男色相手に選びたいと考えるほど美しい武士のこと。一般に揶揄や嫉妬を含む蔑称として用いられる。

夫・伝右衛門の反論

成金の伝右衛門は、伝説になるほど派手な女遊びをし、妾も囲っていたが、白蓮との結婚を前に身辺整理をし、奇麗な体になっている。粗野な九州弁を嫌った白蓮は、女中に標準語を話すよう指導したり、継子を母校である東洋英和女学校に入学させたりしているが、白蓮の急速な改革は使用人の反発を招いてしまう。

当初は白蓮の行動を容認していた伝右衛門も、妻と使用人の板挟みになり、胃潰瘍を患うほど心労を募らせる。それが女遊びを再燃させてしまったようだ。

白蓮は、伝右衛門が妾にしていたサトの妹ユウに手を付けたことを知り、ユウを引き取って夫にあてがっている。後に白蓮は、夫を挟んでユウと三人で寝ていたことに苦悩したと告白しているが、その原因は白蓮にもあったように思える。

夫の心が自分から離れたことを知った白蓮は、当時流行していた「自由恋愛」[*6]を夢想するようになり、想像力の中で不倫を楽しむようになる。結婚生活への不満と自由への希求は、第一歌集『踏絵』に収録されている「誰か似る鳴けようたへとあやさるる緋房の籠の美しき鳥」からもうかがえるのではないだろうか。

『踏絵』の出版で中央歌壇でも知られるようになった白蓮は、赤銅御殿《あかがねごてん》と呼ばれた別邸でサロンを開くようになり、疑似恋愛にのめり込む。その中には、医師で歌人の久保猪之吉《くぼいのきち》もいた。やがて別府で、雑誌『解放』の記者をしていた宮崎龍介と出会った白蓮は、瞬く間に恋に落ち、駆け落ち騒動へと発展するのである。

さて、『大阪朝日新聞』で妻の絶縁状を読んだ伝右衛門は、『大阪毎日新聞』で、結婚初日に「室の片隅でシクシクと泣いた」理由が、「一平民たる俺が華族出の妻」より先に自動車に乗ったため「自尊心を傷つけ、そのために落とす口惜し涙」だったと暴露した。さらに「お前の雅号にして居る白蓮？　お前は或る人に、伊藤のやうな石炭掘りの妻にこそなれ、伊藤の家のやうな泥田の中に居れ、我こそは濁りに染まぬ白蓮と云ふ意味で付けたのだと云ふ。その自尊心、そういう結婚式の第一日目に見せられた自尊心乃至《ないし》持病のヒステリーで、この十年間どのくらい俺を苦しめた事と思うか」と反論。世論も、次第に伝右衛門への同情に傾いていったようである。

伝右衛門は白蓮を姦通罪《かんつうざい》で訴えることはなかったが、白蓮が出産したのが自分の子か龍介の子かを争う裁判を起こし、敗訴している。龍介と再々婚した白蓮は、結核になった夫を支え、夫婦仲良く穏やかな後半生を送っている。

ちなみに、兄の義光は、白蓮の起こした騒動の責任を取って貴族院議員を辞職したが、昭和初期に、男色関係を結んでいた新派の俳優がいるのに、別の相手を探したことから手切れ金を要求されるスキャンダル[*7]を起こしている。その意味では、似た者兄妹といえるかもしれない。

＊6　「大杉栄」の項を参照のこと。
＊7　「柳原義光」の項を参照のこと。

石川啄木

【いしかわたくぼく】

◉詩人らしく危ない妄想もハイレベル

略歴▼一八八六年生まれ。父は岩手県にある曹洞宗常光寺の住職・一禎。盛岡中学退学後、明星派の詩人となり二〇歳で初の詩集『あこがれ』を刊行。小学校の代用教員などを経て上京するが生活は苦しかった。大逆事件に衝撃を受けて社会主義思想にも接近するものの、一九一二年に結核で死去した。

「はたらけど働けど」の真実

「はたらけど働けど猶我《なお》が生活楽《くらし》にならざりぢつと手を見る」という代表作があるだけに、石川啄木《いしかわたくぼく》は貧しいながらもひたすら文学修業に邁進《まいしん》した孤高の歌人とのイメージが強いかもしれない。

一九〇八年、作家として身を立てるため妻子と両親を北海道の知人に託して上京した啄木は、同郷の先輩で後に日本を代表する言語学者となる金田一京助《きんだいちきょうすけ》＊1の厚意で、本郷《ほんごう》の下宿・赤心館《せきしんかん》に入居。すぐに三〇〇枚近い小説、短歌を執筆して新聞、雑誌に送るが、採用される作品は少なく、生活は苦しかったようだ。

啄木は自分の生活費に加え、家族へ仕送りもしなければならなかったので、売れない原稿を書く毎日は、まさに「はたらけど働けど」の世界。ただ啄木は、稼いだ以上の金を使う浪費癖があり、東京観光や女郎買いを楽しんでいる。

例えば、『明治四十一年日誌』の八月二一日の記述には「夜、金田一君と共に浅草に遊ぶ。蓋《けだ》し同君《どうくん》嘗《かつ》て凌雲閣《りょううんかく》*2に登り、閣下の伏魔殿《ふくまでん》の在る所を知りしを以《もっ》てなり」とある。その後キネオラマ*3を見物した二人は、凌雲閣の北にある「細路紛糾、広大なる迷宮」のような私娼窟《ししょうくつ》を散策している。啄木はその時、客を引く娼婦の媚《び》態《たい》を「或《あるい》は簾《すだれ》の中より鼠泣《ねずみなき》するあり、声をかくるあり、最も甚だしきに至つては、路上に客を擁して無理無体に屋内に拉《ひ》し去る。歩一歩《ほいっぽ》、〝チョイト、様子の好《よ》い方〟〝チョイト、チョイト、学生さん〟〝寄ってらっしゃいな〟」と生々しく描写している。

単に私娼窟を冷やかしただけかと思いきや、一九〇九年に書いた『ローマ字《じ》日《にっ》記《き》*4』には、「いくらかの金のある時、予は何のためろうことなく、かの、みだらな声に満ちた、狭い、きたない町に行った。予は去年の秋から今までに、およそ十三―四回も行った。そして十人ばかりの淫売婦《いんばいふ》を買った。ミツ、マサ、キヨ、ミネ、ツユ、ハナ、アキ………名を忘れたのもある」と告白しているので、私娼窟の常連だったことが分かる。

娼婦と遊ぶ一方、啄木は新詩社《しんししゃ》主催の演劇会で知り合った植木《うえき》貞子《ていこ》（てい子）と深い仲になっている。貞子は踊りの師匠の娘で、生粋の江戸っ子。訛《なま》りにコンプレックスを持っていた啄木は、「七時頃、てい子さんが訪ねて来た。（中略）予は此弁を知りたいと思ふので、幾度か腹の中で真似をして見るが、怎《ど》うしても恁《こ》う軽く出来ぬ」（『明治四十一年日誌』五月一四日）と標準語のレクチャーも受けていたようだ。やがて二人は肉体関係を持つようになるが、啄木は次第に貞子のことを疎ましく感じるようになる。恋人の変節に怒った貞子は、啄木の部屋から日記と書きかけの原稿を持ち出す。それらは一二日後に返却されるが、日記の一部は切り取られていたようである。

＊1　金田一京助（一八八二年〜一九七一年）。言語学者で、アイヌ語の研究でも有名。京助編の国語辞典は多いが、息子の春彦によると、その多くは名義を貸しただけとしている。

＊2　一八九〇年に浅草で開業した眺望を楽しむ塔で、日本初の電動式エレベーターも話題となったが、関東大震災で崩落し爆破解体された。高さ五二メートル。設計したウィリアム・K・バートンは、コナン・ドイルと親交があり、『シャーロック・ホームズ』シリーズなどに日本の話が出てくるのは、バートンの影響ともいわれている。

＊3　円筒形の場内三六〇度に継ぎ目なく描かれた絵を楽しむパノラマを、光学装置を使ってさらにリアルにした見世物。明治末から大正の初期に流行した。

＊4　『ローマ字日記』は、一九六七年六月に刊行された筑摩書房版全集の第六巻に初めて全文が収録された。

過激な『ローマ字日記』

上京以来、不安定な生活を送っていた啄木だが、一九〇九年三月に東京朝日新聞の校正係に就職が決まり、二五円の月給[＊5]を受け取れるようになる。これは北海道の家族を呼び寄せても十分に暮らせる額だったが、啄木は家族を養う家長の責任と東京で独身者として気楽に生きたいとの矛盾する感情に引き裂かれてしまう。

苦悩する啄木が選んだ道は、徹底した現実逃避。啄木は私娼窟に入り浸り、退廃的な生活を送るようになっていくのである。この時の苦悩や娼婦とのセックスを赤裸々に綴ったのが、『ローマ字日記』。啄木が日記をローマ字で書いたのは、家族に読まれても内容が分からないようにするためだったといわれている。

確かに『ローマ字日記』には、「予の求めたのは暖かい、柔らかい、真白な身体だ。身体も心もとろけるような楽しみだ。しかしそれらの女は、やや年のいったのも、まだ十六ぐらいのほんの子供なのも、どれだって、何百人、何千人の男と寝たのばかりだ」と娼婦を嫌悪しながらも救いを求めるアンビバレントな感情が率直に記述されている。

さらに自分は眠れないのに、娼婦が横で安眠しているのに「イライラ」した啄木は、「予は女の股に手を入れて、手荒くその陰部をかきまわした。しまいには五本の指を入れて、できるだけ強く押した」という。それでも女は「眼を覚まさぬ」。「おそらくもう陰部については何の感覚もないくらい、男に慣れてしまっているのだ。何千人の男と寝た女!」に、さらなる「イライラ」を募らせた啄木は、「そして一層強く手を入れた。ついに手は手くびまで入った。『ウーウ、』と言って女はその時眼を覚ました。そしていきなり予に抱きついた。『アーアーア、うれしい!もっと、もっとーもっと、アーアーア!』十八にしてすでに普通の刺激ではなんの面白味も感じなくなっている女！　予はその手を女の顔にぬたくってやった。両手なり足なりを入れてその陰部を裂いてやりたく思った。裂いて、そして女の死骸《しがい》の血だらけになって闇《やみ》の中に横だわっているところを、幻《まぼろし》になりと見たいと思った！」というアブナイ妄想にふけっているのだから恐ろしい。

『ローマ字日記』は過激な内容のため、啄木の没後五〇年近く経った一九六七年まで全文公開されなかったが、それも納得だ。

　私娼窟に通う資金が尽きた啄木は、給料の前借りを繰り返すようになるが、それでも足りなくなると、金田一京助のところへ行って、金を無心している。

　その頃の金田一は、三省堂《さんせいどう》の校正係などで糊口《ここう》をしのいでおり、生活は楽ではなかった。それなのに、啄木の才能を信じる金田一は、借金の申し出を断ることはなかったという。金田一は一九〇九年に静江《しずえ》と結婚するが、啄木は新婚家庭にも押し掛け、静江の着物を質入れさせたこともあったようだ。その時の苦労話を母の静江から聞かされて育った金田一春彦《はるひこ》*6は、幼い頃は啄木を石川五《いしかわご》右衛門《えもん》の子孫だと思っていたと回想している。

＊5　日記によると、啄木は基本給のほかに「夜勤一夜一円」をもらっていて月給は「都合三十円以上」。これは、当時の大卒初任給に匹敵する額だったようだ。

＊6　金田一春彦（一九一三年～二〇〇四年）。京助の長男で、言語学者。アクセントの研究で有名。晩年はテレビのバラエティ番組などで日本語を分かりやすく解説することも多く、その姿勢は次男で言語学者の秀穂に受け継がれている。

国枝史郎

【くにえだしろう】

◉伝奇作家の小説よりも奇なりな女性遍歴

略歴▼一八八七年生まれ。長野県出身。早稲田大学在学中に詩と戯曲の創作を始める。大阪での活動中にバセドー病に罹り、生活費のため大衆文学を書き始める。ダンス好きとしても有名で、ダンス教習所を開いていたこともある。晩年は時事読み物の執筆が中心となり、一九四三年に喉頭癌で死去。

女優と劇作家の危険な関係

大正末期に『蔦葛木曽桟《つたかずらきそのかけはし》』『神州纐纈城《しんしゅうこうけつじょう》』など、伝奇小説の傑作を次々と発表した国枝史郎《くにえだしろう》は、三島由紀夫《みしまゆきお》が愛読したことでも有名で、今もカルト的な人気を誇っている。

国枝は明治末期から詩や戯曲の執筆を始めるが、当時は演劇改革運動によって女優が誕生した時期。そのため国枝は、南咲枝《みなみさきえ》*1なる女優に言い寄られたようである。

国枝が恋愛遍歴を綴《つづ》ったエッセイ『恋愛懺悔録《れんあいざんげろく》』によると、川村花菱《かわむらかりょう》の劇場で作演出を手掛けた『人買と小桜丸《ひとかいとこざくらまる》』を上演した直後、咲枝から自分の劇団の舞台監督になって欲しいと頼まれたという。『あの女は性《たち》が悪いそうだ。止《や》めたら何《ど》うだね』と忠告する友人もいて、当初は国枝も仕事上の付き合いと割り切っていた。しかし膝の上に乗って「可愛《かわい》い坊やだわ」などと甘えてくる咲枝にのめり込んでいき、ついに肉体関係を結ぶに至る。国枝は高校時代までバンカラな体育会系だったので、女優の魅力には抗《あらが》えなかったのではないだろうか。

ところが咲枝には、電気ストーブなどを作る町工場を経営しているパトロンがいて、国枝は自分の下宿で咲枝と逢瀬を楽しんでいる時にパトロンに踏み込まれてしまう。

修羅場が繰り広げられると思いきや、パトロンは「貴郎《あなた》は戯曲家ですから、女優のパトロンとしては恰度《ちょうど》」よいので、咲枝を「おゆずりすることにしましょう」と言い出したというのだ。

咲枝はパトロンの工場の二階を稽古場にしていたようだが、そこに国枝を引っ張り込むようになる。パトロンが「コッコツと電気機械」を作っている上で咲枝とセックスを繰り返す「畸《き》形《けい》」な関係に耐えられず、国枝は別れを決意する。この時選んだのが別の女性に救いを求めるというもので、国枝は私娼窟の女や雑誌社を経営していたO婦人記者*2などと関係を持ったようである。私娼窟の女は咲枝との関係に終止符を打たない国枝にしびれを切らし、男と子供を借りてきて芝居を打ち「妾《わたし》には亭主があるのよ。貴郎なんかと所帯を持たなくたって。……これ妾の産んだ子よ」と啖呵《たんか》を切ったという。また「堂々たる体格」のO記者は国枝を「その強い腕ッ節で僕を抱きすくめ、目茶目茶にキス」するような情熱的な女性だったこともあり、咲枝の存在を知ってからは冷淡になったようだ。

国枝の女性関係は、本人の証言なのでどこまで本当か分からないが、国枝の写真を見ると線の細い美男子。文壇ゴシップをまとめた武野藤介《たけのとうすけ》*3『文壇余白《ぶんだんよはく》』にも、新進の劇作家として注目を集め、「赤いトルコ帽」と「ビロードの洋服」で着飾って東京の町を得意満面で闊歩《かっぽ》していた国枝の華麗な女性遍歴が紹介されているので、女性にモテたことは確かなようである。

＊1　国枝の自伝的小説『建設者』などの記述も踏まえると、南咲枝は、有楽座女優劇の第一期生の一人に選ばれた東花枝、本名・小野喜代子（一八八二年～一九

二六年）の可能性が高い。花枝は『人形の家』で松井須磨子と共演するなど女優として注目を集めるが、後に新聞記者になっている。

＊2　O婦人記者は、東花枝の本名・小野喜代子や、記者をしていた経歴とも合致するので、一人の女性を二人に分割したようにも思える。

＊3　武野藤介（一八八九年～一九六六年）。早稲田大学中退後、新聞や雑誌の記者となり、文壇ゴシップが話題となる。戦後は、カストリ雑誌に数多くの艶笑小説を発表している。

ジャンキー芸者との修羅場

もつれた恋愛に疲れた国枝は、大阪で再起をはかるため一九一四年に東京を離れる。そこで真面目に演劇に取り組むと思いきや、再び女性関係のトラブルを起こし、先の『文壇余白』も「ここも同じく『女』で失敗した」と書いている。

大阪時代の恋愛は『恋愛懺悔録』でも触れられていないので推測するしかないが、後に国枝が、歌人の阿部文子に宛てた書簡には「大阪の友のうちでは、貴女、矢沢《やざわ》さん、蘭子《らんこ》＊4さんなどが、特に親しく思われます」と書かれているので、女性歌人として活躍した矢沢孝子《たかこ》＊5との間に交流があったことは間違いない。

孝子は国枝より一〇歳年上なので、当時四〇代前半。派手好きでハイカラ趣味だった孝子は女性の官能をテーマにした歌が得意で、歌集『鶏冠木《かへで》』が発禁になるなど、何かと世間を騒がせていた。孝子は自宅を文化サロンにしていて、国枝も常連だった。

孝子の夫は外国航路の船長なので不在がち、それが様々な風評を生んでしまう。孝子は国枝以外にも数名の男性と噂になっているが、国枝は孝子のことを先の文子宛書簡で「真の心の恋人」と呼んでいるので、プラトニックな関係だった可能性が高い。国枝の大阪生活は一九二〇年にバセドー病に罹《かか》ったことで中断。孝子と文子に付き添われ長野県の実家に帰り、療養生活を送ることを余儀なくされる。

病気で将来の希望を失った国枝の前に現れたのが、アルコール中毒のうえにモルヒネの中毒でもあった芸者・金龍《きんりゅう》。モルヒネが切れると精神が不安定になることから置屋も旦那も見放していた金龍だが、同じように死の恐怖を感じていた国枝はシンパシーを覚えたようで、二人はすぐに関係を持つようになる。病気で痩せ衰えた二人の逢瀬を、国枝は「幽霊のような彼女と法界坊《ほうかいぼう》のような僕（中略）の媾曳《あいびき》姿は、外目から見たら浦山《うらやま》しいどころか物凄いものだったろうと思う」（『恋愛懺悔録』）と回想している。

やがて置屋は金龍があと一年くらいしか生きられないと判断、国枝にその間だけでも一緒に暮らして欲しいと頼む。国枝が悩んでいると金龍が自宅を訪れ、「ハンドバッグから磨《と》ぎ澄ましたドギドギするような大型の西洋剃刀《かみそり》」を取り出し、死ぬの生きるのの騒動を起こしたのである。金龍は思いのたけを吐き出して踏ん切りがついたのか、一人で東京へ帰り、関東大震災で焼死したようである。

金龍が帰京した直後、国枝も実家を離れ木曽福島《きそふくしま》に移住、そこで生涯の伴侶となるすゑと結婚、大衆文学にも進出して富と名声を手に入れる。一九三〇年代に入ると国枝はダンスに熱中し、ダンス小説を執筆したり[*6]、ダンスの教習所を開いたりする。女性好きの国枝は情熱的なダンサーと関係を持った可能性もあるが、そのあたりは今後、研究がなされていくのではないだろうか[*7]。

＊4　大正時代の少年を熱狂させた叢書「立川文庫」の作者として知られる二代目玉田玉秀斎の後妻になった山田敬の孫娘・池田蘭子（一八九三年〜一九七六年）のこと。自伝『女紋』によると、蘭子自身も「立川文庫」の編集、執筆に参加している。

＊5　矢沢孝子（一八七七年〜一九五六年）。歌人。当初は新詩社の同人だったが、

後に根岸短歌会系の「あけび」に参加する。代表作に『鶏冠木』『はつ夏』がある。

＊6　国枝のダンス小説『ダンサー』『生のタンゴ』には、国枝をモデルにした小説家とダンサーの恋愛が描かれているので、何らかの関係があったことは間違いあるまい。

＊7　末國善己編『国枝史郎伝奇風俗／怪奇小説集成』の「編者解説」も参照のこと。

小口末吉【おぐちすえきち】

◉SM殺人の思わぬ顛末

略歴▼一八八八年生まれ。栃木県出身。吉原出入りの大工をしており、遊廓の女中だった矢作よねと知り合う。末吉は、すぐに妻子を捨てよねと同棲を始め、マゾヒストのよねが要求するまま体を傷つけ、ついに死に至らしめる。東京地裁での判決を不服として上告中に脳溢血で死亡。一九一八年没。

『D坂の殺人事件』のモデル？

江戸川乱歩《えどがわらんぽ》*1の『D坂の殺人事件』は、国民的な名探偵・明智小五郎《あけちこごろう》が初登場した作品としても有名である。明智は密室状況で古書店の細君が殺され、ある目撃者は犯人の着物を白といい、別の目撃者は黒の着物を着ていたとする相反する証言を乗り越え、事件の真相にたどり着く。

密室と矛盾する証言の謎解きは伏せるが、動機だけを明かすと、犯人は「サード卿*2の流れをくんだ、ひどい惨虐色情者《ざんぎやくしきじようしや》」であり、「彼に劣らぬ被虐色情者」だった古本屋の細君と「病的な欲望」を満足させる遊戯にふけっていたところ、「運命のいたずら」から死に至らしめてしまった「合意の殺人」とされている。

乱歩が描いたサド・マゾ快楽殺人のモデルになったと思われるのが、小口末吉《おぐちすえきち》による矢作《やはぎ》よね殺しである。

一九一七年三月二日、下谷区《したや》龍泉寺町《りゅうせんじ》（現在の台東区《たいとう》竜泉）の開業医から、坂本警察署に通報が入る。急病人が出たとの連絡を受けたので往診したところ、傷害事件の疑いがあるというのだ。警察官と警察医が現場に出向いたところ、しもた屋の二階に敷かれた蒲団の上に、息も絶え絶えの女が横たわっていた。

警察医が調べてみると、乳房に火傷の跡が生々しく残って化膿《かのう》しており、腰から膝にかけては二列ずつの傷が規則正しく二二箇所も付けられていた。腹と背中に加え陰部にも無数の傷があり、左手の小指と薬指、右足の中指と小指、左足の薬指は切断されていて、さらに背中には焼け火箸で「小口末吉妻、大正六年」と書かれ、同様の文字が全身に四箇所も確認された。

医師が懸命に治療をしたにもかかわらず、女は死亡。往診を頼んだ男が、傷害致死の容疑で逮捕される。間もなく、男が栃木《とちぎ》生まれの大工・末吉、女が末吉の内縁の妻よねであることが判明する。

よねは吉原《よしわら》の遊廓《ゆうかく》で女中をしており、楼主から娼婦になることを勧められるほどの美人だったようだが、頑として首を縦に振らなかった。末吉は、吉原出入りの大工だが、容姿も普通、職人としての腕も並だったので、決して女性にモテるタイプではなかった。ただ蓼食《たでく》う虫も好き好きというが、さして取り柄のない末吉によねが惚れてしまったのだ。

二人は浅草《あさくさ》で同棲を始めるが、末吉は淫乱なよねに悩まされる。逮捕後の証言によると、よねは毎晩三回も四回もセックスを要求。末吉のモノが立たなくなると、（おそらく手や口を使い）無理矢理立たせて迫ってきたという。朝食をとっている末吉の着物をまくり、跨《また》がってきたこともあるというのだから凄まじい。

＊1　江戸川乱歩（一八九四年〜一九六五年）。創作と評論の両面で、日本の探偵小説を牽引した作家。デビュー当初、猟奇的な探偵小説を好んで書いた乱歩には、薄暗い土蔵に籠って探偵小説を書いているとの噂があり、『陰獣』にはこの伝説を使ったトリックがある。

＊2　マルキ・ド・サド（一七四〇年〜一八一四年）。サディズムの語源となった作家。ホームレスの未亡人を強姦し肛門性交も行った、娼館で乱交をしたなどの

罪で有罪判決を受け、獄中で長大な小説を執筆。サドの小説はエログロ色も強いが、作品のテーマはキリスト教的な倫理への疑義と抵抗であり、思弁性も強い。

マゾヒストよねの欲望

やがてよねは、末吉だけでは満足できなくなり、妓夫《ぎゆう》（遊廓の男性従業員）の山《やま》本広治《もとひろじ》と不倫をするようになる。

同僚からよねの不貞を知らされた末吉は、長い張り込みと尾行の末、ついに現場を押さえる。末吉は、山本に手切れ金を払わせ、よねに詫びさせることで元の鞘に収まり、龍泉寺町に越して新生活を始めるが、その直後に傷害事件が起こる。

事件は当初、間男された夫が嫉妬から妻を虐待したと思われた。そのため「読売新聞」（一九一七年三月四日付）も、末吉を「生来残忍なる上、嫉妬深く、かつて為せるヨネの不始末を思い出すごとに常に手酷くヨネを責め（中略）ヨネは今日まで生き地獄にも等しき苛責のもとにありたる」と、非難している。ところが、末吉が折檻を要求したのはよねだと証言したことで、状況は一変する。

末吉によると、よねの体に残された傷のうち、背中や尻の傷は山本に付けられたらしく、どうもよねはサディスティックな性癖を持つ山本によってマゾヒストとしての才能を開花させられ、同じことをして欲しいと末吉に命じたようなのだ。

末吉には、のぞきに加え、鉄瓶を盗んでコレクションする奇妙な癖があったようだが、セックスはいたってノーマルだった。よねは浮気をした謝罪のため折檻してくれと頼み、末吉もよねに逃げられたくない一心で、嫌々ながらサディストを演じ続けた。指の切断を要求したのも、ヤクザが詫びを入れるために指を詰めるのと同じ感覚だったらしい。末吉は、出血多量で死ぬことがないよう指の根本をきつく縛り、苦痛を和らげるため刃物で一気に切り落としたと語っている。

根っからのサディストなら女体を嬲るのは気持ちよいかもしれないが、そんな性癖を持たない末吉にとって、愛する女を傷つけるのは苦痛だったに違いない。

俗説かもしれないが、能動的なサディストよりも、受動的なマゾヒストの方が快楽が大きく、サドのSはマゾを悦《よろこ》ばせるサービスのSといわれることさえある。この件については、マゾヒスト小説の名作を数多く残した谷崎潤一郎《たにざきじゅんいちろう》*3も『日本に於《お》けるクリップン事件』の中で、マゾは「利己《りこ》主義者であって、たまたま狂言に深入りをし過ぎ、誤まって死ぬことはあらうけれども、自ら進んで、殉教者の如《ごと》く女の前に身命を投げ出すことは絶対にない」と書いているので、一面の真実をついているかもしれない。

その意味で、よねはノーマルな末吉に死ぬまでサービスを要求した生粋のマゾヒストといえる。死までは望んでいなかったかもしれないが、腹上死を望んでいる男と同じように、よねも快楽の中で理想の死に方をしたように思える。

愛する女が底なしのマゾヒストだったために犯罪者になった哀れな末吉は、一審で懲役一二年の判決を受け、控訴中に脳溢血《のういっけつ》で死亡している。

＊3　谷崎潤一郎（一八八六年～一九六五年）。作家。実質的なデビュー作『刺青』以来、一貫してインモラルで耽美的な世界を描いて時代の先端を走り、「大谷崎」と称された。ちなみに、晩年の傑作『鍵』は、猥褻文書ではないかと国会で取り上げられたが、この問題を追及したのは、「大杉栄」の項で言及した神近市子である。

◉運転手との心中を選んだ華族夫人

芳川鎌子

【よしかわかまこ】

略歴▼一八九一年生まれ。芳川顕正伯爵の四女。芳川家では男子が早世していたため、曾禰荒助子爵の次男・寛治を婿に迎える。二人の間には娘の明子も生まれるが、一九一七年に運転手と心中事件を起こす。一命はとりとめるが、翌年再び運転手と出奔。仕送りを止められ、一九二一年に没している。

「千葉心中」の衝撃

一九一七年三月七日午後七時頃、千葉駅から北に約四〇〇メートルの場所で、男女が機関車に飛び込んだ。女は重傷、男は軽傷だったが、機関士が近付いて行くと近くの女子師範学校側の土堤《どて》まで逃げ出し、短刀で咽《のど》を突いて自死する。

翌日の「時事新報」は、心中した男女は身元不明だが、残された「遺書《かきおき》」から女は東京在住の加藤《かとう》アキと報じている。

これが本当に庶民が起こした事件ならば、新聞の片隅に載って終わりだったが、すぐに女が枢密院副議長を務める芳川顕正《よしかわあきまさ》伯爵の四女で、曾禰《そね》荒助《あらすけ》子爵の次男・寛《ひろ》治《はる》を婿に迎えた鎌子《かまこ》、男が芳川家の運転手・倉持陸輔《くらもちりくすけ》であることが判明。伯爵夫人が使用人と起こした身分違いの心中は大スキャンダルとなり、連日、新聞を賑《にぎ》わせることになる。

現代のワイドショーを見ていると、事件の被害者は善人に、加害者は徹底的に悪人として描かれる。これは大正時代も同じだったようで、国民の規範となるべき華族でありながら、使用人と心中した鎌子は、激しい非難にさらされる。

まず三月九日付の「時事新報」は、伯爵家附近の人が、「若夫人（鎌子）と云うのは非常な華美《はで》好きで、衣装などは伯爵夫人と云うよりも黒人《くろうと》[*2]」と証言したと伝えている。芳川家には二人の男子がいたが、いずれも夭折《ようせつ》。鎌子の三人の姉は他家に嫁いだため、鎌子に婿を取って芳川家を継がせることになったのだが、長女と次女が離婚して実家に帰ってきた。三月一〇日付の「大阪毎日新聞」は、鎌子の姉たちの離縁は「老伯の子煩悩が過ぎ甘やかして育てた結果」であり、末娘として姉より甘やかされた鎌子は、伯爵家の跡取り娘として「万事を自分の意のごとく切って」回し、それに不満を持つ姉二人が「長上《めうえ》の権を以って」鎌子を押さえ込もうとしたため、芳川家には「小波瀾」が絶えなかったと報じている。

一方、倉持陸輔は中学を卒業しているので当時としては高い教育を受けていて、器用なうえに愛嬌《あいきょう》もあり誰からも可愛《かわい》がられていたという。運転技術も一流だったようで、それが芳川伯爵の目に止まり、一九一六年一二月から芳川家のお抱え運転手になっている。陸輔が、鎌子のお気に入りだったことは確かなようだが、少年のような純情な男で「品行も悪い方ではありません」（「時事新報」三月九日付）といわれているので、決して評判は悪くない。ここからは、当時のマスコミが、セレブで自由奔放な鎌子が、真面目な陸輔を誘ったというストーリーを作ろうとしていたことが見て取れる。

＊1　一九一五年のデータによると、人力車が約一二万台、自転車が約六一万台に対し、自動車は僅かに一二四四台。免許制度にも全国統一の法律はなく、都道府県ごとに規則が異なったため、都道府県を移ると改めて免許を取る必要があった。東京市街自動車株式会社が、東京市内で「青バス」の愛称で親しまれた乗合バスの営業を開始するのが一九一九年のことなので、自動車も運転手という仕事も、庶民の生活とは無縁だったはずだ。こうした状況も、鎌子心中事件の興味を引く遠因だったのかもしれない。

＊2　現在では「玄人」の表記が一般的。芸者など、花柳界の女性。当時は、着物の

柄、着こなし方、小物など、花柳界がファッション情報の発信地になることも珍しくなかった。

鎌子バッシングの背景

鎌子と陸輔が家出した日、陸輔は鎌子の夫・寛治を行きつけの社交倶楽部《くらぶ》に送っていったが、寛治から遅くなるのでいったん自宅に帰るよう命じられた。

そこで陸輔は、同僚の出沢《でざわ》と芳川邸で待機していたのだが、突然、今日は親の命日なのに墓参りに行けなかったと泣き出したという。陸輔は夕食も取らずに泣き続けたが、出沢が食堂から戻ると陸輔の姿はなく、鎌子の部屋からフラフラと出てきた。後に出沢は、自分が席を外した約一五分の間に、二人は家出の相談をしたのではないか、と回想している。

それからしばらくして、陸輔は「これきり君に再び合われぬかも知れん」との意味深な言葉を残して出ていく。心配した出沢が陸輔を探していると、寛治が帰宅。ようやく鎌子も姿を消していることが判明するのだが、当初は、二人が手に手を取り合って家を抜け出したとは、誰も考えていなかったようだ。

　鎌子と陸輔が心中した理由については諸説ある。寛治には、当時の上流階級の男にありがちな放蕩僻《ほうとうへき》があり、妾宅《しょうたく》に入り浸っていたので、鎌子は孤閨《こけい》の寂しさをまぎらわすため陸輔に近付いたとの説が一般的だが、先の「大阪毎日新聞」はこれを全面否定。寛治の女遊びは仕事の付き合いだけで、鎌子との夫婦仲も良好だったとしている。ただ芳川家はもともと派手好みの家系で、鎌子は「知らず識《し》らずの裡《うち》に放縦《ほうじゅう》の悪魔に喰い込まれ、名誉ある家名と我が身分を忘れて、運転手と情交」するに至ったと書いている。

　その真偽は今や確認する方法もないが、長谷川時雨《はせがわしぐれ》*3の評伝『芳川鎌子』には、「堕落した学生たちは『運転手になるのだっけ』というような言辞をもてあそんで恥なかった」とあるので、この時期、運転手を目指す男が急増したのは事実として残っている。

　夫の浮気が許せなかったとしても、生来の男好きだったとしても、鎌子が一方的に悪役にされる図式に変わりはない。こうした論調の背後には、どうも大正時代のリベラルな空気の中、若者の性の乱れや女性解放運動が進むのを苦々しく思っていた古い知識人が、鎌子を非難することで、倫理や日本人の美徳を復活させようとしていたフシがあるのだ。その意味では、保守系論客が漫画やゲームのセックス表現を、ことさらバッシングしている近年の状況と似ていなくもない。

一命をとりとめた鎌子は、渋谷の別邸で隠棲《いんせい》するが、板塀《いたべい》に「姦婦《かんぷ》鎌子ここにあり」と落書きされるなど、世間の冷たい視線を浴びる。やがて鎌子は、寛治と離婚し芳川家からも除籍されるが、今度は陸輔の同僚だった出沢と出奔。この時、寛治は「離別した妻ですから、どんな放埒《ほうらつ》な生活をしようとも一向に構いません。(中略)親を棄て、夫を土足にするような女」と鎌子を非難しているが、妻と出沢が「いっしょに行ったかどうかは明言出来ない」(「大阪毎日新聞」一九一八年一〇月一四日付)と、鎌子をかばう優しさも見せている。この後、鎌子は芳川家からの仕送りも止められ、一九二一年に二九歳で寂しく亡くなっている。

＊3　長谷川時雨(一八七九年〜一九四一年)。坪内逍遥に師事し、劇作家、小説家として活躍。一九一六年に、一二歳年下の無名作家・三上於菟吉の猛烈な求婚を受け内縁関係になる。一九二八年、人気作家となった於菟吉の援助もあり、女性と女性作家の地位向上を目指して雑誌「女人芸術」を創刊。「女人芸術」には、野上弥生子、神近市子、三宅やす子、高群逸枝、尾崎翠、野溝七生子、

宮本百合子、林芙美子、佐多稲子、平林たい子、円地文子ら、錚々たる作家が参加している。

◉色恋のもつれが『ランボー』の世界に

岩淵熊次郎

【いわぶちくまじろう】

略歴▼一八九二年、千葉県生まれ。一九二六年、千葉県久賀村で女性に裏切られた恨みから四人を殺傷し、山中に逃げ込む。同情する村人の協力もあって、山狩りの警察官を四〇日も翻弄するが、最期は先祖の墓前で自殺している。一九二六年没。

狂恋の鬼熊

一九二六年八月二〇日午前一時頃、千葉県香取郡《かとり》久賀村《くがむら》（現在の多古町《たこまち》）の荷車引き岩淵熊次郎《いわぶちくまじろう》が、同村の旅館に侵入し、雇い人の吉沢《よしざわ》けいと経営者の岩井長松《いわいちょうまつ》を惨殺、さらに豪農の菅沢種雄《すがさわたねお》宅に放火した。熊次郎は、警察の手伝いをしていた消防組合員の菅須《すがす》某と多古署の刑事に重傷を負わせ、山奥に逃げ込んだ。

熊次郎は、脅迫、傷害など数件の罪で告発されていたが、村の有力者が減刑嘆願を行ったこともあり、懲役三ヵ月、執行猶予三ヵ年の判決を受けて釈放。事件は、釈放当日に決行されたのだ。

事件の終結直後に刊行された『狂恋惨劇鬼熊《きようれんさんげきおにくま》の一生』[*1]（春江堂発行とあるが小冊子で著者は不明）によると、凶悪事件を起こした熊次郎は、先祖が佐倉《さくら》藩士という旧家に生まれ、祖父の代までは相当の資産もあったようだが、父の代に没落したという。幼い頃から貧しい生活を送っていた熊次郎は、その名の通り乱暴者だったが、弱い者イジメは絶対にしない俠気《おとこぎ》あふれる少年だったようだ。

こうした性格は、大人になっても変わらなかった。熊次郎は、約一五〇センチの小柄な体格ながら、米俵二俵を軽くかつぐほどの怪力の持ち主でいかつい容貌、乱暴狼藉《ろうぜき》を働くことも珍しくなかった。その反面、力仕事を頼まれれば嫌がらずに手伝い、困っている人には金を融通するなどしていたので、村の嫌われ者ではなく、特に子供たちには人気があったようである。

熊次郎は軽く二升をあける酒豪だったとも、酒も煙草《タバコ》もやらなかったともいわれているが、いずれの証言でも共通しているのが、女癖だけは悪かったこと。

熊次郎には妻と五人の子供がいたのだが、外に女を作っていた。実は被害者のけいも、熊次郎の愛人だったのだ。ところが雇い主の長松が、「先頃鵜沢宇八氏の失格に伴い次点で当選した貴族院議員菅沢重雄氏の分家」（「時事新報」八月二三日付）にある村の有力者・種雄の願いを聞いてけいとの仲を取り持ち、けいが熊次郎を捨てたことが、熊次郎を凶行に走らせる原因になってしまった。

やはり事件直後に刊行された高木天籟《たかぎてんりよう》『鬼熊 恋の密林魔』（文光社）によると、熊次郎にはけいのほかに、元酌婦のとくなる愛人もいたという。熊次郎は、安い給料の中からコツコツと金を積み立ててとくを身請けしたのだが、とくも熊次郎のほかに男を作った。高木天籟は、二人の愛人に相次いで裏切られたため、「情婦殺しとなり、恋仇《こいがたき》の惨殺となり、放火となり、遂《つい》に世にも恐ろしき殺人鬼のドン底に堕《お》ちた」と書いている。ただ九月二日付の「朝日新聞」は、「恋して足かけ三年、荷車引きの細い暮しのなかを血みどろになって働いて、ようやく三百円の金」を作ってけいを「身請けした」と、高木天籟と同じエピソードを伝えている。そのため、高木天籟がとくとけいを混同したのか、熊次郎には二人の愛人がいたのか、確かなことは分からない。

＊1　事件の直後には、『鬼熊狂恋の歌』なる曲も作られており、この本も便乗商品として刊行されたと思われる。

山中逃走劇の顚末

平和な村で起こった凶悪事件だけに、新聞も大々的に報道、熊次郎は「鬼熊」[*2]なる異名で呼ばれることになる。

警察は二〇〇〇人の消防組合員、数百人の青年団員を動員して、大規模な山狩りを行うが、荷車引きとして周辺の山々を熟知している熊次郎は、なかなか捕まらない。

食料を手に入れるためか、三里塚《さんりづか》の御陵牧場近くに現れた熊次郎は、警戒中の巡査に追跡され、着物を掴まれる。すると熊次郎は、「兵児帯を解き素裸になり、暗闇に姿を消した」と八月二九日付の「東京日日《にちにち》新聞」は伝えている。まさに獰猛《どうもう》で知恵がある動物「熊」の一字を名前に持つ男の、面目躍如たるところである。

一週間以上も逃亡を続ける熊次郎に面目を潰された警察は、山狩りのため新たに二〇〇名を超える警官を動員する。その動きをあざ笑うかのように、熊次郎は村に下りて来て、顔見知りに、やはりけいと情交を結んでいた菅沢寅松《とらまつ》と土屋忠治《つちやちゅうじ》、自分を逮捕した向後《こうご》巡査を殺せばすぐに自殺するとの伝言を残している。

山狩りに同行した朝日新聞の記者は、「密林は深く暗くなってゆく。(中略) 彼等はなるべく道のあるところを歩こうとする。灌木《かんぼく》の深味などはほとんど申し訳的に竹槍《たけやり》で突いてみるだけだ。恐ろしいのだ」(九月二日付) と報告しているので、完全に映画『ランボー』*3の世界である。

「密林」といっても、アマゾンや東南アジアの熱帯雨林ではない。二〇〇〇人を動員すればすぐに捕まりそうだが、被害者の長松やけいは、金の亡者として嫌われていたうえ、威圧的に命令する警察官への反発もあって、村人は熊次郎に同情的だった。

夜になると玄関先に食事を置いたり、警官に嘘の情報を与えたりして熊次郎を援助する村人は多く、これが捜査を混乱させていたようなのだ。

そんな中、逃走中の熊次郎が警察官を殺してしまう。これが悪人退治のように映り、熊次郎は時のヒーローになっていく。熊次郎は新聞記者のインタビューに答え、「自首なんかするもんか」と気炎をあげる一方、目的を達成したら「腹かっさばくまでよ」と自殺をほのめかしている。そのほかにも、山の中で警察官を翻弄した時の自慢話や、食料を援助してくれる村人に「村をお騒がせ致しまして済まなかった」（「東京日日新聞」夕刊一〇月一日付）など謝罪と感謝を述べているので、まさに劇場型犯罪である。

だが発生から四四日後、事件は熊次郎の自殺であっけなく幕を降ろす。警察の捜査で、熊次郎は自殺ではなく親族による毒殺と判断され、兄も自白。熊次郎の逃亡を助け犯人隠匿の罪に問われた五人の村人と共に起訴されたが、いずれも不起訴処分となっている。

＊2　木曽地方には、熊が歳を経ると、人のように直立歩行する「鬼熊」という妖怪になるとの伝承があるようだ。ただ、熊次郎の異名が妖怪「鬼熊」を参考に作られたかは不明。

＊3　テッド・コッチェフ監督、シルヴェスター・スタローン主演のアクション映画。戦友を訪ね田舎町を訪れたベトナム帰還兵のランボーが、言いがかりに等しい微罪で自分を拘束し、拷問を行った保安官たちを倒して山中へ逃走。グリーンベレー仕込みのゲリラ戦で、山狩りを行う保安官、州兵と戦っていく。

南喜一

【みなみきいち】

◉猥談の名手の面目躍如

略歴▼一八九三年生まれ。石川県出身。一七歳で専検に合格し、働きながら早稲田大学に通う。亀戸事件で弟の吉村光治を殺されたことで、日本共産党に入党。労働運動に従事するが、逮捕され転向する。一九四〇年に大日本再生製紙を設立、戦後は、ヤクルトなどの会長を歴任した。一九七〇年没。

「花電車」の創設者？

南喜一《みなみきいち》は、若き日は共産党員として活動、転向後に国策パルプ、ヤクルトなどの会長を歴任した財界人である。

一八九三年、石川県に生まれた喜一は、一七歳で上京し、働きながら早稲田大学に通うも中退。関東大震災後に一〇人の社会主義者が殺された亀戸《かめいど》事件で、実弟の吉村光治《よしむらこうじ》を亡くしたことを切っ掛けに日本共産党に入党するが、一九二八年の三・一五事件で逮捕され、獄中で転向した。出所後は、玉の井《たまのい》*1（旧向島区寺島町。現在の東京都墨田区東向島五丁目、六丁目、墨田三丁目周辺）に事務所を構え、私娼解放運動に従事している。

喜一は猥談《わいだん》の名手として知られ、それを『ガマの聖談《せいだん》』、没後に単行本未収録の原稿を集めた『続・ガマの聖談』などにまとめている。喜一の著書にはアヤシイ性科学や俗説が横溢《おういつ》しており、実体験とされている部分もどこまで信じていいか分からないが、好きこそ物の上手なれで面白いのは確かである。タイトルは喜一の渾名《あだな》「ガマ将軍」に由来し、その命名者は友人の尾崎士郎《おざきしろう》*2といわれている。

『続・ガマの聖談』によると、玉の井の私娼はバックにヤクザがいて、警察も抱き込んでいたので、廃娼運動も難しかったようだ。ただ私娼はあくまで非合法な存在なので、そこを突き訴訟をちらつかせながら楼主を説得したという。このあたりは、最近のニュースなどでよく取り上げられている闇金と戦うＮＰＯを思わせる。

だが、『ガマの聖談』には、まったく別の方法で私娼を救った話が出てくる。

ある日、喜一のもとにやえ子という女性が、「お客がつかないから、半殺しの目にあう」と逃げ込んで来た。やえ子が名器である事実を知った喜一は、モナコあたりで「女が下腹部で曲芸」をやっていたのを思い出し、まず女性器に筆を差し込んで文字を書かせた。それだけではつまらないので、今度は「バナナを切らせてみた。

皮つきだとさすがに切れなかったが、皮をむくと、まるで糸で切ったみたいにスパッと」切れたという。

その後、やえ子は自分で研究を重ね「五十銭銀貨を十枚いっぺんにくわえ、それを一枚ずつ吐きだす」「ゆで卵をタテに切ったり、ヨコに切ったり」する曲芸もできるようになった。この芸を身に付けたやえ子は、客を取らなくても金が稼げるようになり、さらに後輩に芸を伝え、指導料まで取るようになった。

喜一は、やえ子に教えた芸が、今もストリップなどではお馴染みの「いわゆる『花電車』[*3]のはしり」と豪語している。ただ「花電車」は大阪の赤線・飛田《とびた》新地《しんち》[*4]が発祥との説もあるので、喜一が本当に「花電車」の生みの親かは不明である。

＊1　飲み屋を表看板に私娼を置く「銘酒屋」が立ち並んだ私娼街。玉の井については、永井荷風の小説『濹東綺譚』や滝田ゆうの漫画『寺島町奇譚』に詳しい。

＊2　尾崎士郎（一八九八年～一九六四年）。社会主義の活動家を経て、『獄中より』で作家デビュー。『人生劇場』のヒットで人気作家となる。南喜一とは旧知の仲で、カエルに似た容貌から「ガマ将軍」のニックネームを付けたとされる。

＊3　女性器を使ったパフォーマンス。イベントがあると、客を乗せず装飾だけして

走る「花電車」が語源とされ、見せるだけの風俗芸を「花電車」と呼ぶようになった。

＊4　大阪市西成区山王三丁目周辺にある私娼街。一九一六年に火事で焼けた難波新地の移転先として作られた。一九五八年の売春防止法の適用で全国の私娼街は廃れたが、飛田新地は現在もひっそりと営業していることでも有名。

鍛練法を実践する

喜一は、七五歳の時に『ガマの聖談』を発表し、その中で今も現役と語っている。その秘訣《ひけつ》として喜一は、同郷の陽明学者・細野《ほその》燕台《えんだい》＊5から教わったイチモツの鍛練法を挙げている。五〇代の頃、旅先で一緒に風呂へ入った喜一は、燕台の巨根に驚いた。聞くと、燕台は「訓練」によってモノを大きくしたという。

燕台によると、第一は「やっぱり、はげしく使うこと」で「もよおしても、もよおさなくても、とにかく（女に）突撃一番」が肝心、「そのチャンスがなければ、マスターベーションでもして、そのあとを冷やしておけ」と語っている。

それから燕台の教えを実践した喜一のモノは、約五年で「十四センチ半」から「十六センチ半」に増大している。

若い頃から「すこぶるアノほう」が旺盛だった喜一は、「一日に二度も三度もマスをかいた」。その後、燕台から「マスターベーション」の効能を説かれ、ますます信奉者になったようだ。

喜一は、もともと自分のモノには自信を持っていた。戦前、柳橋《やなぎばし》の芸者に猥談をしていたら、勢い余り「おれのセガレにはイボがついている」といってしまった。イボのついたモノは縁起が良いようで、芸者たちが「ぜひ拝見したいわ」といい出し、実際に見せることになった。それが柳橋中に広がり、ほかの芸者たちも、「私たちにも一目拝ませてくれ」という状況になった。ある芸者が頓死した時には、「イボ棒を見て、当てられて死んだ」との噂も出たとのこと。

問題のイボは「おれのセガレの裏のぬい目」のところにあり、普通は割り箸の先くらいだが、「どうかした拍子に大きくなったり、小さくなったり」していた。これは自分でもコントロールできないようで、女性から「今日はイボが小さいわね」といわれることもあったようだ。

ただ喜一は、女性を悦ばすにはイボのあるなしではなく「ふだんの鍛練」が重要で、「つかえば使うほどよくなる」と体育会系の発言をしているのが面白い。

　また喜一は、「セッケンの匂い」しかしなくなるから「女をあのまえにはぜったいフロに入れない」と語っている。「女性の分泌物」は「本来不潔なものではなく」、「男の汗くささ」も女性に「爽快感と満足感」を与えるというフェティッシュな持論を展開しているが、これは評価が分かれるかもしれない。

　一晩に「十六回」もすることがあった喜一は、感覚がなくなった「棒」を「水道で洗う」と「てきめんに蘇生する」と語っている。「消毒石鹼」を使うとなおよいのだが、女の家に風呂がないこともある。そんな時は、洗面所で「水道の水」をかけたという。喜一が匂いに無頓着だったのは、こうした経験が影響しているようにも思える。

「五十、六十」は洟垂《はなた》れと語った喜一のパワーが、生来の性欲に由来するのか、鍛練の成果かは分からないが、多くの男性に勇気を与えるのは間違いない。

＊5　細野燕台（一八七二年～一九六一年）。古美術にも詳しく、茶や書でも一家を成している。美食家にして陶芸家の北大路魯山人の師匠でもある。

◉外国人を手玉に取った女の数奇な人生

メリケンお浜

【めりけんおはま】

略歴▼一八九五年生まれ。横浜磯子の漁師の娘として生まれ、根岸で育つ。働き始めた時期は不明ながら、本牧の外国人向け娼館、通称チャブ屋で売れっ子になる。戦時中は曙町でバーを経営するが空襲で焼失。戦後も真金町でバーを開いていたが、一九六九年に強姦殺人の被害に遭い死去した。

チャブ屋のクィーンお浜

戦前の横浜には、チャブ屋[*1]と呼ばれる外国人専門の売春宿があった。その中のナンバーワンで、〝本牧《ほんもく》のクィーン〟と呼ばれたのがメリケンお浜《はま》である。

お浜は、一八九五年、横浜近郊の根岸《ねぎし》村で生まれた。本名は、関根《せきね》イチ。お浜がチャブ屋勤めをするようになった理由は分かっていないが、一〇代の頃には働き始めていて、二〇代半ばからの約一〇年間が全盛期だったようである。

当時のチャブ屋は、遊廓のように身売りされた女性が少なかったこともあって自由な空気があり、世界各国から女性が集まっていて国際色も豊かだった。お浜は日本人女性としては身長が高くハスキーボイス、洋装ではなく着物を好んでいたので、外国人がイメージする〝ゲイシャ〟そのものだったのかもしれない。

お浜が働いていたのは、本牧でも最高級のキヨ・ホテル。*2 高級なチャブ屋が泊まりで一五円前後だった時代に、キヨ・ホテルは三〇円。しかもお浜を指名するには、最低でも五〇円が必要だった。それでも客は途切れることがなく、さらに花代よりも高額のチップを払っていたようだ。ちなみに、一九二六年の大卒サラリーマンの初任給は月五〇円前後である。

一九三〇年五月一九日から「国民新聞」で連載された「ほんもく・らぷそでい」は、第一回でお浜を取り上げ「ニユウヨウクから、シスコから、コロンボから、なんと、紫インクで打たれたタイプライタアの恋文が海を渡って〝OHAMASAN!〟と彼女のふくよかな胸に飛び込んで来るのだ。お浜さんの微笑のひとつは、紅毛の外交官、鷲色眼の南洋の船員、さては黒ン坊の火夫たちの黒い心臓までを、がっちりと引きつかせておくだけの魅力を有つている、まことにお浜さんの魅力はインターナショナルなものである。」と絶賛している。

ただ、久米正雄《くめまさお》*3や田中純《たなかじゆん》*4が噂をしていたのでお浜を見に行った大佛次郎《おさらぎじろう》*5は、「頬《ほお》のあたりが荒れていて、やはり商売女という感じで、僕はちっとも感心しなかった」と手厳しい評価を下し、それでも人気があったのは「行為自体が好きだというんですね。（中略）ナンバーワンというのは、容色ではなくて、その異常な特質ゆえに、稼《かせ》ぎがナンバーワンという意味なんです」（「週刊文春」一九六九年三月二四日号）と回想している。

大佛がいう「異常な特質」とは、男が愛撫を始め、快楽を感じ始めると泣き出すというもので、その反応が男を喜ばせたようである。また、英語が堪能であえぎ声までが英語だったお浜は、セックスのあいだ中、淫語を叫び続けたので、どれだけ店が騒がしくても声が聞こえてきたといわれる。海外のアダルトビデオでは、女優が大袈裟《おおげさ》に思えるほど声をあげるシーンが多いので、こうした派手さも外国人客を魅了したのかもしれない。

＊1　外国人を相手にする売春宿で、語源は英語の軽食屋〝CHOP HOUSE〟とも、アメリカ式の中華料理〝CHOP SUEY〟ともいわれている。
＊2　「ほんもく・らぷそでい」によると、キヨ・ホテルは「植民地風のペンキ塗二

階建が、窓にだんだら縞の日除けをかざして」いた洒脱な造りだったようだ。

＊3　久米正雄（一八九一年〜一九五二年）。作家、劇作家、俳人。代表作に『破船』『月よりの使者』など。

＊4　田中純（一八九〇年〜一九六六年）。作家、翻訳家。『文壇恋愛史』など、大正文壇のエピソードを紹介したことでも知られる。

＊5　大佛次郎（一八九七年〜一九七三年）。いわずと知れた『鞍馬天狗』シリーズの作者。横浜で生まれ、鎌倉に居を構えた神奈川県ゆかりの作家としても有名。

お浜伝説の真偽

お浜には、〝OHAMASAN HONMOKU JAPAN〟だけで海外から手紙が届いたとか、日本に下り立ったGHQの高官が、その足でお浜のもとへ向かったとか、数々の伝説がある。その中でも有名なのが、一九二九年に飛来したドイツの飛行船ツェッペリン号[*6]の乗組員が、お浜に惚れたために帰国を拒み、行方をくらませたので出発が遅れたというもの。

このエピソードは、お浜自身が吹聴《ふいちょう》していたというが、ツェッペリン号の乗組員は誰も横浜に行っていないので、完全な嘘。ただ、事故で出発が遅れたのは事実なので、お浜はこれを利用して、ホラ話にリアリティを持たせたのだろう。

お浜を彩る伝説は真偽不明なものばかりだが、梅原北明《うめはらほくめい》＊7とセックス勝負をしたのは事実のようである。

北明は、昭和初期のエログロ文化を牽引《けんいん》した作家兼編集者で、転向したプロレタリア作家にエロ記事を書かせ、生活の面倒を見ていたことでも知られている。

一九三〇年頃、お浜の噂を聞きつけた北明が本牧を訪れ、五〇円を賭けて勝負を挑んだ。その内容は、北明のイチモツを立たせるというもの。北明は痛み止めの常用が原因で（一説には、淋病《りんびょう》の苦痛を和らげるためともいわれている）、インポだった。当時は、キスを含め口を使ったサービスは珍しかったが、フェラチオが得意だったお浜は、手と口を総動員した奉仕を一晩続けたが、ついに北明のモノはピクリともせず、敗北を認めた。負けたお浜は、北明の求めに応じ、身の上話を語って聞かせたということである。

お浜には何人もの日本人パトロンが付いていたようだが、外に出るたびにトラブルを起こし、すぐに本牧に戻って来ていた。戦時色が強くなると、外国人相手のチャブ屋は下火になり、お浜は曙町《あけぼのちょう》でカフェの経営をしていたようである。

終戦直後は、実家のある根岸周辺で暮らしていたお浜だが、昭和三〇年代に入ると、真金町《まがねちょう》*8に出てバー「浜子《はまこ》」を開いた。既に還暦を過ぎていたお浜は、白粉《おしろい》で顔だけでなく、胸元や足まで真っ白に塗っているのに、髪は無造作でのばし放題、長身に着崩した着物を羽織る異様なスタイルで、注目の的になっていたという。

一九六九年三月三日、家賃を催促するため「浜子」を訪ねた大家が、絞殺されたお浜の死体を発見。享年七三。検視の結果、お浜はセックスの後に殺されたことが分かった。三月四日の「神奈川新聞」によると、お浜は「一人で三畳に寝起きしていたが、客が来れば店で接待する、といった気まぐれな営業ぶりで、親族や業者仲間とのつき合いもほとんどなかった」ようで、客を取っていたとの噂も根強かった。そのため客とのトラブルで殺されたのか、強姦《ごうかん》殺人だったのかが議論されたが、事件が迷宮入りしたので、真相は今も分かっていない。

*6　ツェッペリン号は、一九二九年八月一九日、世界一周の途中で日本に立ち寄り、茨城県の霞ヶ浦にある海軍航空隊の飛行場に着陸した。全長二三五メートルの巨体が東京上空を通過したこともあって、東京市民は屋根に登って歓声を送り、ツェッペリン号の停泊中には三〇万人が見物のため霞ヶ浦を訪れる大ブームを巻き起こしている。

＊7　梅原北明（一九〇一年〜一九四六年）。早稲田大学中退後、編集者となり雑誌「グロテスク」などを発行、何度も発禁処分を受けながらも昭和初期のエログロ・ブームを牽引した。

＊8　横浜市南区真金町。かつては真金町遊廓があった私娼街だったが、現在は再開発が進み、往時の面影はない。

◉男への愛を貫いた名女形

曾我廼家桃蝶

【そがのやももちょう】

略歴▼一九〇〇年生まれ。島根県出身で、京城で育つ。子供の頃から芝居好きで、一八歳の時に単身で帰国し、新派の桃木吉之助に入門。その後、一九二四年からは名女形の花柳章太郎一座、一九三〇年からは曾我廼家五郎一座に加わり、一九六六年に引退するまで新派の女形として活躍。没年不詳。

千人の男と寝た名女形

昭和初期に活躍した曾我廼家桃蝶《ももちょう》は、生涯女を知らず、寝た男が千人を超えるという新派、喜劇の名女形である。

桃蝶は、一九〇〇年、島根県浜田《はまだ》市で生まれた。本名は中村慓《なかむらさとる》。土木会社を営む父は朝鮮でも事業を行っていて、桃蝶も京城《けいじょう》（現在のソウル）で育っている。

自伝『芸に生き、愛に生き』には、「こりゃ、女の子じゃ」と直感したベテランの産婆が、臍《へそ》の緒を切ってから男の子と気付き、驚いたとある。生まれた時から「つけ違って生まれてきた子」といわれた桃蝶は、駆けっこ、竹馬、相撲といった男の子の遊びが嫌いで、小学校を卒業する頃には、女形の役者になりたいと思うようになっていた。

どちらかといえば晩生《おくて》の桃蝶が性に目覚めたのは、一七歳の一二月。一人で風呂に入っていた桃蝶は、石鹼で全身を洗っていたのだが、その手が「下腹部」に及ぶと「今までに感じたこともない、稲妻のような恍惚感《こうこつかん》」が「五体」を走った。「性の神秘」に魅了された桃蝶は、「ひとりで快楽を追う秘密の時間を持つ」ようになっていく。

高等小学校を卒業してもぶらぶらしていた桃蝶は、一八歳の春、両親の勧めで神戸にある叔父の工場で働き始める。そこから大阪の劇場に足しげく通うようになった桃蝶は、桃木《ももき》吉之助《きちのすけ》と知り合い、叔父の反対を押し切って弟子入りする。

桃蝶は、「明るく朗らかな性格と、小まめに動く腰の軽さ」から楽屋の人気者になるが、その美貌が関係者を狂わせていく。入門したばかりの桃蝶は、大部屋の桂さんと川端さんから「女形のたいせつな勉強」といって関係を迫られたこともあったようだが、師匠の取り成しで事無きを得ている。

そんな桃蝶が〝処女〟を捧《ささ》げたのは、二〇歳の時で、相手は劇団の幹部T。風呂でTと鉢合わせした桃蝶は、「今までにない幸福感が、からだいっぱいにみなぎってくる」のが自覚できたという。

桃蝶の気持ちを感じ取ったTは、「桃ちゃん、君、僕が嫌いかい?」と囁《ささや》く。我を忘れた桃蝶は、思わず「先生、大好き――」といって本能的にしがみついてしまった。その後、部屋を訪ねてきた桃蝶に、Tは「そうかい、好きかい」といい続けながら、「自分のあぐらをかいた足と足のくぼみへ私をかかえ込むようにして、くちづけの雨」を降らせた。ここまではロマンチックだが、いざ本番になるとお尻に激痛が走る。桃蝶が、永六輔[*1]のインタビューに答えた『極道まんだら』[*2]には、「痛い痛いって布団から逃げ出したんですけど、そのまま後から押してくる。私はとうとう壁に押しつけられちゃって、もう逃げられない、そのまま……純潔を失っちゃった」とあるので、なかなか壮絶だ。続けて桃蝶は「家へ帰ったら大変な出血、それから半年をわずらっちゃったんです。いやァね、痔《じ》ですけどね」と語っており、男とのセックスで快感を覚えるようになったのは痔が完治した後のようである。

＊1　永六輔（一九三三年～）。早稲田大学在学中に三木鶏郎にスカウトされ放送作

家となり、後にラジオ、テレビなどにも出演するようになる。『黒い花びら』『上を向いて歩こう』など、名曲の作詞家としても有名。

＊2　プロレスラーのミスター珍、漫才師の桜川ぴん助、落語家の橘家円蔵、先斗町の芸者・豆弥など、その道を極めた二〇人のインタビューを収録している。

愛のため小指を詰める

江戸時代の遊女は、誠を示すため、客の名前を刺青《いれずみ》したり、小指を切って送ったりした。ただ、これは客を繋ぎとめる方便で、刺青は水で落ちる墨で書き、小指はしん粉細工[＊3]の偽物を使うことも多かった。ところが桃蝶は、愛する男のため、本当に刺青をしたり、小指を詰めたりしている。

桃蝶が「初恋」の相手と呼ぶのは、同じ劇団の文芸部で働くK。最初は恋愛感情などなかったが、一ヵ月ほど劇場で兄弟のように過ごすうちに情が移り、ついに桃蝶から誘いをかけてしまった。

女性に失恋したばかりだったKも桃蝶にのめり込み、自分の部屋に連れ込むと静かに唇を合わせてくる。桃蝶は「チラと、熱い、甘美なものが、私の唇と唇のあわいを、押しのけるようにして私の口の中へひろがってきました。私は本能的に、母の乳房にしがみつくあの感激で、それに思い切り吸いつきました。私は必死の力でKの厚い肩先をつかみ首筋へ手を回し、やがてKの後頭部を無意識のうちに愛撫しはじめ」たようである。

当時は、先輩女形が若い男優に手を出すのも普通だったが、二人は関係を秘密にしていた。それが禍《わざわい》してか、劇場の客席主任Hが桃蝶にいい寄ってくる。Hが同性愛者か、ただの贔屓《ひいき》か分からないまま二人で宝塚の温泉に行った桃蝶は、そこで「とうから君好きやってん」と体を求められ、成り行きで身を任せてしまう。Kに浮気がバレると殺されると考えた桃蝶は、Hに「ゆうべの事は、永遠に無かったこと」にしてもらいたいとの手紙を書いていたが、そこにKが現れ、すべてが露見してしまうのである。

Kからの決別の手紙を読んだ桃蝶は、「Kの心をやわらげ、疑われている私の愛情のあかし」だけは、どんなことがあっても立てたいと考え、小刀で左の小指の第一関節を切り落としKに送った。その愛を受け止めたKは、指を実家の庭に埋めるも、後に女性と結婚している。

また『極道まんだら』には、男に惚れるたびに、前の男の刺青を消して新たな刺青を彫っていたので、桃蝶の体には「火傷の跡」みたいな部分があると書かれており、こちらも相当に凄まじい。

桃蝶は「私はされる一方」で、「二十《はたち》まで毛が生えなかったんですの、そして七十まで一回も立ったことなし」（『極道まんだら』）と語っている。性転換手術はしていないので、男性の機能は活《い》きているのにそれを使わず、女役に徹した桃蝶は、芸も性も極めた女形といえるだろう。

＊3　米粉を蒸して餅状にしたものを加工する細工物。

阿部定

【あべさだ】

◉日本人を明るくした猟奇殺人犯

略歴▼一九〇五年に、東京神田の畳職人の四女として生まれる。遊び好きから芸妓、娼妓となり、各地の遊廓で働いていたが、東京の料亭で女中をしていた時に主人の石田吉蔵と不倫関係になり、尾久の待合で吉蔵を殺し局部を切断した。出所後は様々な職を転々としており、現在も生死不明である。

男性器切断事件の顛末

一九三六年五月中旬、荒川区尾久《おぐ》の待合に、夜会髷《やかいまげ》を結った三一、二の婀娜《あだ》な美女と、五〇歳くらいの遊び人風の男が泊まり、一週間ほど居続けた。一八日の朝、女が外出したのに、男が昼過ぎになっても起きてこないことを不信に思った女中が部屋をのぞいたところ、蒲団の中で惨殺された男の死体を発見した。

被害者は、料理屋などを手広く経営している石田吉蔵《いしだきちぞう》と判明。翌一九日の「読売新聞」は、現場の惨状を「男は女の腰紐《こしひも》で首を絞められ更に急所を根元から剃刀様のもので完全に切り取られてをり敷布の片隅には三寸角《さんずんかく》の楷書《かいしょ》で血汐《ちしお》を指に染めて書いたものらしい『定吉二人キリ』と血の文字が生々しく認めてあり、更に男の左大腿部《だいたいぶ》にも同じ文字を血で認め、また右の上膊部《じょうはく》には剃刀で『T』と切って」あったと伝えている。

事件から二日後、高輪《たかなわ》署の刑事が、品川の旅館に宿泊していた女を調べたところ、風呂敷の中から肉切り包丁と被害者のメリヤスのシャツと猿股などを発見、猟奇殺人事件の犯人として逮捕した。それが阿部定《あべさだ》である。

定の尋問をまとめた『阿部定訊問《じんもん》事項』（有名な『予審調書』[*1]と同一資料と思われる）によると、一五人も職人を雇う裕福な畳屋の末娘として生まれた定は、両親に溺愛され、幼い頃から職人たちの猥談を聞いて育ったので、「十才位ノ頃カラ男ト女ガスル事等」を理解していた早熟な少女だったようである。定が初潮を迎えたのは一六歳の時だが、その前年に「オ友達ノ家デ学生ニ姦淫サレ」ている。無理矢理犯されたわけではなかったが、「二日位出血」が止まらなかったので母に相談。母は学生に談判に行くが、結局は泣き寝入りしている。それから不良仲間に入って「遊ビ暮」らすようになった定は、芸者から娼妓になる波瀾《はらん》の人生を経て、吉蔵の店の女中になっている。

吉蔵を「様子ノ良イ優シサウナ人ダト思ヒ、岡惚《おかぼれ》」し、定に魅了された吉蔵も「折サヘアレバ抱キ合ツタリ『キッス』ヲシタリ、御乳ヲ弄《いじ》ツタリ」するようになった。やがて二人はセックスをするようになるが、すぐに吉蔵の妻にバレて、駆け落ちすることになる。

定が、「今迄《まで》私ガ接シタ数多イ男ノ中デ、石田ハ一番情事ガ濃厚デ上手」と述べている通り、セックスの相性が抜群の二人は、駆け落ちすると「情交シタリ単ニ弄リ合」ったり、「食事モセズ酒ヲ飲ンデハ関係」したりする。そのため吉蔵は、「オ前ト一緒ニナレバ、キット俺ハ骸骨《がいこつ》ニナル」と漏らしていたという。

だが、次第に逃走資金は尽きてくる。そんな時、吉蔵から「喉《のど》ヲ締メル事ガ良イノダツテネ」と聞いた定は、まず自分が絞めてもらうが、あまり気持ちよくない。そこで定が吉蔵の首を絞めながら騎乗位でセックスをすると「腹ガ出テ『オチンチン』ガビクビクシテ気持チガ良イ」。それを聞いた吉蔵は、「オ前ガ良ケレバ少シ苦シクトモ良イヨ」といったので、「紐ヲ締メタリ弛《ゆる》メタリシテ関係シテ二時間位巫山戯」ていると、突然、吉蔵が苦しみ出す。定は、鎮痛剤を買って来るなどして必死に看病するが、吉蔵に「俺ガ寝タラ亦《また》締メルノダロウ」と聞かれた時に「ウン」

と答えたら、「締メルナラ途中デ手ヲ離スナヨ、後ガトテモ苦しいカラ」といわれたので、心中を望んでいると思い、殺してしまったのだという。

＊1 正式な裁判の前に、起訴するに足る証拠があるかを判断する予備審問に提出するための調書。本来は部外秘の資料だが、阿部定の調書は早い段階で市中に出回っていたようだ。ちなみに、日本の予備審問は、一九四九年の刑事訴訟法改正で廃止されている。

事件の影響とその後の定

吉蔵を殺した定は、「石田ガ生キテ居ル時ヨリ可愛ラシイ様ナ気持チガシテ、朝方迄一緒ニ寝テ居リ『オチンチン』ヲ弄ツタリ、一寸《ちよつと》自分ノ前ニ当テテ見タリシテ」いた。そのうち「オチンチン」を「切ツテ持ツテ行カウ」と思ったものの、実際に切断するには、かなりの時間がかかったようだ。雑誌の表紙をはがした紙で、切り取った「オチンチン」と「睾丸《こうがん》」を包んだ定は、「別レノ『キツス』ヲシテ、死体ニハ蒲団ヤ毛布」を掛けてから待合を後にしているので、吉蔵への深い愛情が伝わってくる。

事実、定は「オチンチン」を切った理由を、「ソレハ一番可愛イ大事ナ物ダカラ、其《そ》ノ儘《まま》ニシテ置ケバ湯灌《ゆかん》＊2デモスル時、オ内儀《かみ》サンガ触レルニチガイナヒカラ、ソレヲ誰ニモ触レサセタク」なく、どうせ死体と一緒に逃げられないなら、吉蔵の『オチンチン』ガアレバ、石田ト一緒ノ様ナ気ガシテ淋《さび》シクナイト思ツタカラデス」と述べている。

当時は、まだエロ・グロ・ナンセンスの昭和モダンの残滓《ざんし》があり、定の起こした猟奇事件は、世間の注目を浴びる。特に定の逃走中は、三〇歳前後、やせ形で洗い髪の粋な女を見かけると、誰もが「定ではないか」と色めき立った。五月二〇日には、銀座に定に似た女が現れたため、警察が交通規制を行ったうえに多数のやじ馬が集まり、大パニックになっている。同じ年には、陸軍の青年将校がクーデターを起こす二・二六事件＊3が発生しており、日本中が重苦しい閉塞感に覆われていた。定は、そこに風穴を開けるヒロインとして、歓迎されたのである。そのことは、戦後、定と対談した坂口安吾《さかぐちあんご》＊4が、事件を「人間は勝手気まゝのやうで案外みんな内々の正義派であり、エロだグロだと喜びながら、たゞのエログロではダメで、やつぱり救ひがあるから、その救ひを見てゐるから、騒ぎたつやうな、バランスのとれたところがあるのだらうと思ふ」（「阿部定さんの印象」）と評したことからも分かるのではないだろうか。

懲役六年の判決を受けた定は、刑務所で模範囚として過ごし、一九四一年に皇紀二六〇〇年の恩赦で出所。その後はホステスや仲居などをして生活し、一九六九年には、石井輝男が監督した『明治・大正・昭和　猟奇女犯罪史』*5に出演している。

ところが、一九七一年に置き手紙を残して失踪し、現在も生死不明である。生きていれば、一一〇歳を超えているはずである。

＊2　葬儀前に遺体を入浴させる儀式。現在では、清拭だけで済ませることも多い。

＊3　「昭和維新」を唱える陸軍の青年将校が起こしたクーデター未遂事件。腹心を殺された昭和天皇の怒りが大きく、わずか三日で鎮圧されたが、これ以降、軍の発言権が強まっている。

＊4　坂口安吾（一九〇六年～一九五五年）。一九三〇年代から新進作家として注目を集め、戦後『堕落論』を発表して時代の寵児となる。日本人と日本社会をシニカルな視点で描き続け、『不連続殺人事件』『信長』など探偵小説や歴史小説の名作も多い。

＊5　高橋お伝、阿部定事件、小平事件など実際の猟奇事件を題材にしたオムニバス映画。当時六三歳の阿部定本人のインタビューも収録されている。

渋谷天外

【しぶやてんがい】

◉離婚騒動に悩まされた喜劇俳優

略歴▼一九〇六年生まれ。父の初代天外は、劇団楽天会を結成した大阪喜劇の草分け。八歳で初舞台に立ち、志賀廼家淡海一座を経て、一九二八年に曾我廼家十吾と松竹家庭劇を旗揚げ。一九四八年には松竹新喜劇を結成する一方、テレビや映画にも進出し、大阪喜劇を全国に広めた。一九八三年没。

喜劇の名優の女性遍歴

二代目渋谷《しぶや》天外《てんがい》は、一九四八年に曾我廼家十吾《そがのやじゅうご》*1、藤山寛美《ふじやまかんび》*2、浪花千栄子《なにわちえこ》*3らと松竹新喜劇を結成し、当時若手だった寛美の師匠ともいえる劇作家兼俳優である。

一九〇六年、劇団楽天会を主宰していた初代の長男として生まれた天外は、わずか八歳で舞台に立つが、二年後に父の死で劇団が解散。しばらく舞台から遠ざかるも、一九二二年に復帰。十吾の勧めもあって、脚本も手掛けるようになる。

天外は、三島由紀夫『不道徳教育講座』*4を舞台化し、同じく自作自演をしていたチャップリンを「独裁者」と批判するなど、独創的で学究肌の劇作家として評価されているが、自伝『笑うとくなはれ』の中で、「私の喜劇暦も長いが、極道暦もながかった」と告白しているように、酒と女と博奕には目がなかったようだ。初代も「脱線型」の人物で、天外によれば「生母、義母、義母と三人も妻を変えた人」のようなので、天外は確実に父の遺伝子を受け継いだといえるだろう。

天外が童貞を失ったのは、一五歳の春で、相手は女浪曲師だった。その三年後には、四六歳になる旅館の女主人の囲われ者になっていたという。当初は娘を目当てにしていたが、その娘は「お母ァはんがあんた好きや言うてはるし」と告げて別の男と結婚。天外は方針転換をして、母親と付き合い始めたようである。

女主人は、「年齢に似合わぬ豊かな肉体、弾力のある小麦色のポチャポチャした肌」に加え、セックスの「テクニックも十二分」。天外は、妖艶な年増に手ほどきを受け女性に「開眼」していった。

セックスの相手をするだけで、衣食住すべての面倒を女主人に見てもらっていた天外だが、激しい要求が毎夜のように続き、翌年には結核で倒れてしまう。天外は病気を理由に女主人と別れるが、やりたい盛りの一八歳をダウンさせるのだから、女主人の性欲も底なしといえる。

それから二年ほどは病気療養に専念していたが、セックスの快感を知り、女主人から教わったテクニックを眠らせるのも惜しいと考えた天外は、今度は大阪の鋳物師の娘とねんごろになる。

娘の一家は芸能活動にも理解があり、天外も周囲も結婚すると思っていたが、水《みず》谷《たにや》八重《え》子《こ》*5似の京都祇園《ぎおん》の芸者に入れあげてしまい、結局は娘を捨てている。

そのうち、女遊びが禍して淋病に罹《かか》ってしまうのだが、今度は治療に通っていた医院の看護師と恋に落ちてしまう。

看護師は若くして性病になった天外を心配してか、セックスの合間に「ゴム製品から事前事後の処理、解剖学的な構造、当時のバスコントロール法」といった「性衛生」の手ほどきもしてくれた。ところが、金を貢いでいた男に捨てられた看護師の同僚が自殺。同じ境遇にあった看護師も、天外から離れていったようである。

＊1　曾我廼家十吾（一八九一年～一九七四年）。喜劇役者。松竹新喜劇の設立メンバーの一人で、劇作家、演出家としても活躍した。

＊2　藤山寛美（一九二九年～一九九〇年）。松竹新喜劇の看板スターで、アホ役で

人気を集めた。金遣いの荒さでも有名で、何度もトラブルを起こしている。娘は女優の藤山直美。

＊3　浪花千栄子（一九〇七年〜一九七三年）。松竹新喜劇の女優だったが、天外との離婚を機に退団し、その後は映画やドラマで活躍する。本名が南口キクノであることから、「軟膏効く」の語呂合わせでオロナイン軟膏のホーロー看板に起用された。

＊4　松竹新喜劇で一九五九年初演。作演出・館直志。出演・藤山寛美、由利京子、曾我廼家明蝶、渋谷天外ほか。

＊5　初代水谷八重子（一九〇五年〜一九七九年）。新劇から新派に入り、日本の舞台を支えた女優。娘は、二代目水谷八重子。

浪花千栄子との離婚騒動

それから天外は、精力を付けるため「三食タマゴ」を食べさせてくれた「肉やの仲居さん」を経て、ヤトナのところへ転がり込む。ヤトナは、旅館で働きながら体を売る「雇仲居」の略語のようである。

ヤトナのアパートでヒモ生活を始めたものの、女の仕事が忙しいのか、独り寝の状態が続いた。性欲を持てあました天外は同じアパートに住む同僚のヤトナ三人とも関係を持ってしまう。それがすべての女にバレてしまい、四人がつかみ合いの喧《けん》嘩《か》を始める。アパートを逃げ出した天外は女優Ｍの家へ向かうも、すぐに女優の母に追い出され、「伏見《ふしみ》の小料理やの娘さん」「京都先斗町《ぽんとちょう》の芸妓の姉さん」「大阪のかまぼこやの出戻りさん」などの間を転々としながら、三、四年を過ごしている。ここまでが、二〇代半ばまでの経験なのだから驚きだ。

二五歳の時、天外は芝居茶屋の女中と恋仲になる。当時、役者が芝居茶屋の女中と付き合うのは、いわば同僚に手を出すのに等しいのでタブー視されていたが、天外はルールを破ったどころか、女中を妊娠させている。「下半身の始末に人の知恵を借るのはその道の恥」と考えていた天外も万策つき、曾我廼家十吾に相談。十吾に「女房にしなはれ」といわれたものの、何とか逃げ切りをはかりたい天外は言を左右にして結婚を引き延ばす。そうこうしているうちに、女性が病気になり母子ともに死亡。これにはさすがの天外も参ったようで、直後に同じ劇団の女優・浪花千栄子と結婚するのである。

だが、結婚しても天外の女遊びは改まらなかった。千栄子は、天外が新人女優に子供を生ませたとして、一九五〇年頃に離婚。その時の心境を徳川夢声《むせい》*6との対談『問答無用』の中で、「二十年のあいだ苦労してきました家庭から、ポイと捨てられました。（中略）タタミのあたらしいのと女房のあたらしいのんええいうごとく、やっぱり、若いひとのほうがようなったんですね」と語っているので、千栄子の怒りの大きさがよく分かる。

二股をかけて女房を捨てた天外は、マスコミから大バッシングを受け、その騒動は十数年も尾を引いている。ただ晩年に、二〇代は「金は女が出してくれるもの」、三〇代は「女と遊ぶのは割勘」、五〇代になると「女に金をとられる」ことを学んだと回想した天外が、幸福な女性遍歴をしたことは間違いないだろう。

弟子ともいえる寛美は、天外と同じように型破りの遊びを繰り返し、一九六六年、当時の金で二億円近い借金を抱えて自己破産。松竹新喜劇も退団に追い込まれる。さすがの天外もかばい切れず、寛美を「アホ！」と一喝し、退団処分を受け入れている。

＊6　徳川夢声（一八九四年～一九七一年）。当初は無声映画の弁士をしていたが、トーキーの登場で職を失うと漫談に転じて成功、小説の朗読、俳優などにも活動の場を広げていった。ユーモア小説やエッセイにも定評がある。

湯山八重子

【ゆやまやえこ】

◉死後に猟奇話のネタにされた美女

略歴▼一九一一年生まれ。東京の頌栄女学校在学中に、キリスト教の洗礼を受ける。慶應義塾大学の学生・調所五郎と恋に落ちるが、結婚が許されないことを悲観し、一九三二年に神奈川県大磯町坂田山で心中。事件をモデルにした映画『天国に結ぶ恋』と主題歌は大ヒットした。

天国に結ぶ恋

一九三二年五月九日、神奈川県大磯《おおいそ》にある坂田山《さかたやま》*1で、若い男女の死体が発見される。男は慶應義塾大学の制服制帽を身に着け、女は洋髪に丸顔の美女、二人の近くには昇汞水《しょうこうすい》*2の空瓶があったため、大磯署は心中と結論づけた。折しも、昭和恐慌の余波もあって全国で自殺が流行していた時期なので、この心中も、翌一〇日の「東京日日新聞」や「東京朝日新聞」がベタ記事で報じただけだった。

服装などから二人の身元は、東京貯蓄銀行の支店長を歴任し定年退職したばかりの父を持つ調所五郎《ずしょごろう》と、静岡の素封家の娘で、東京の頌栄《しょうえい》女学校に通っていた湯山《ゆやま》八重子であると判明。名家の子女の心中であることに加え、仮埋葬された八重子の遺体が盗まれたことで、事件は思わぬ大騒動に発展していく。

一一日の「東京朝日新聞」は、社会面のトップで、生前の八重子は「活ぱつで明朗、美しい娘」として郷里でも評判、身長「五尺一寸」（約一五五センチ）、体重「十四、五貫」（約五五キロ）もあるグラマラスな女性と報じられたこともあって、「非常な興味をもって現場の坂田山には約三百人の群衆が押しかけその内の男の中に変態性欲者がいて八重子の美しさに心を動かして死体を盗みだすべく計画したものと当局はにらんでいる」と報道。「東京日日新聞」は「錦紗《きんしや》の長襦袢《ながじゆばん》と着物だけは死体に付けて行ったが、富士絹の帯ならびに錦紗の帯上《おびあげ》、ズロース、帯紐《おびひも》などをことごとく取りはずし現場へ遺棄《いき》してあった点より見て、物盗りではなく変態性欲者か、しからざれば奪われた女を取りかえさんとする第一の愛人の仕わざではないか」と、さらに猟奇性を煽《あお》っている。

一方で、新聞各紙は二人の〝純愛〟を力説する論陣も張っている。

その急先鋒《きゆうせんぽう》が「東京日日新聞」で、まず一〇日発売の夕刊に、「もし私が明六日夜になっても帰らなかったら、この世のものでないと思って下さい。かずかずの御恩の万分の一もお返し出来なかった自分を残念に思っています。御相談申し上げなかったのは、八重子さんにわたくしを卑怯者《ひきょうもの》と思われたくなかったからです」から始まる五郎の遺書を掲載。同じ紙面には、五郎の遺品に北原白秋《きたはらはくしゅう》*3の『青い鳥童謡全集』、八重子の遺品に羽仁《はに》もと子《こ》*4『みどり子のゆくえ』があったなど、心中のロマンチックな側面を強調していく。

翌一一日は、社会面のほぼすべてを使って、心中までの経緯を紹介。五郎が撮影した二人のツーショット写真も「悲恋のかたみ」のキャプション入りで大きく載せている。記事によると「五郎君は家庭にあってはやさしい子であり、学校においては善良な学生であった。八重子もまた気立てのやさしいしとやかな女で、二人の恋は周囲の人々からうるわしい花のごとく思われていた」という。

五郎は、七歳の時に生母と死別。継母との折り合いが悪かったらしく、経済的には恵まれていたものの、心に抱えた満たされない不安から教会に通うようになり、そこで八重子と知り合うのである。

＊1　もともとは「八郎山」だったが、八重子の心中事件を報じた「東京日日新聞」の記者が、詩情に乏しいと考え、近くの地名を冠して勝手に「坂田山」と名付けた。事件がセンセーショナルに報じられるにともない、「坂田山」が定着。事件直後は心中の名所となり、一九三二年の下半期だけで二〇組のカップルが心中している。

＊2　水銀の化合物で猛毒だが、当時は一般的な消毒薬だった。写真の現像にも使われたことから、写真が趣味の五郎が持っていたようだ。

＊3　北原白秋（一八八五年～一九四二年）。現在も親しまれている詩歌、童謡を数多く残した詩人。詩集『邪宗門』、童謡『からたちの花』『待ちぼうけ』などが代表作。

＊4　羽仁もと子（一八七三年～一九五七年）。家庭向け雑誌の編集者となり、読者の子供への家庭的な教育を目指し、夫の羽仁吉一と自由学園を創設した。

八重子は処女だったのか？

「東京日日新聞」は続ける。五郎の父は八重子との結婚に賛成していたので、二人は八重子が帰郷した後も遠距離恋愛を続けていたが、八重子の両親に結婚を反対されてしまう。八重子は卒業間際に肺炎カタルに罹り、湘南《しょうなん》で療養するも女学校を卒業しないまま帰省。八重子の病気は重くなかったが、病歴を持ったことに焦った両親は、強引に結婚話を進め始めた。

八重子は、五郎との愛を貫くためクリスチャンでなければ結婚しないと言い張ったが、両親が牧師との縁談を思い付いたため、友人に「意思に反して国もとの牧師と結婚を強《し》いられ困っています」という手紙を送るほど追い詰められた。そこで心中を持ちかけ、前途を悲観した五郎も承諾してしまうのである。

東京に遊学した娘が、クリスチャンの男と恋に落ちたり、肺病に罹って転地療養したり、家父長制の論理と個人の自由に引き裂かれたりと、二人の恋は、明治の家庭小説から始まる通俗恋愛小説[*5]の世界そのもの。だからこそ、多くの読者を熱狂させたのではないだろうか。

八重子の遺体は、一一日の朝、仮埋葬された場所の近くにある漁業会社の倉庫で発見された。古船に肌襦袢がかけられ、すぐ前の砂が盛り上がっていることに不審を抱いた消防団員が、砂を掘ったところ八重子の白い顔が出てきたというのである。

五月一二日の「東京日日新聞」は「全身一糸《いっし》も纏《まと》わぬ白蠟《はくろう》の人形のごとき女の死体が出た」、「東京朝日新聞」はもっと扇情的に「盗みだされた当時着ていた錦紗の着物や長じゅばんは跡形もなく全身素裸体の無惨な姿」と書いている。エログロが流行していた時代だけに、死姦を想像する読者を想定したのだろう。東京日日は「死体を検視したが、死後なんら暴行の形跡を認めぬばかりか、肉体的に立派な処女性であることが確かめられた」との一文を付しており、これは「東京朝日新聞」も同様である。

ただ後に捜査関係者は、死後も非運に見舞われた八重子が気の毒になって「処女」と発表したと証言しており、五郎と肉体関係があったことはもちろん、死姦された可能性も臭わせている。新聞記者もそのあたりの事情を知っていたのかもしれないが、一三日の「東京日日新聞」は、二人の葬儀を「天国に結ぶ恋」の見出しと共に報道。この名コピーは、映画や流行歌[*6]のタイトルにもなっていくのである。

後に八重子の遺体を盗んだ犯人として火葬場で働く橋本長吉《はしもとちょうきち》が逮捕されているが、長吉は事件を決着させるためのスケープゴートだったともいわれている。

＊5　ヒロインの環が、クリスチャンの虔三に騙されて肉体関係を結び妊娠するも捨てられるところから始まる菊池幽芳『己が罪』などは、その典型だろう。

＊6　『天国に結ぶ恋』は、松竹の制作、五所平之助監督、竹内良一、川崎弘子の主

演で映画化。公開は事件の約一月後の六月一〇日で、約二週間で撮影を終えたという。柳水巴（西條八十）作詞、林純平（松平信博）作曲、徳山璉と四家文子が歌う主題歌も大ヒットしている。

あとがき

歴史時代小説の評論を書いていると、日本史に詳しいと思われがちですが、大学から大学院まで近代文学を専攻する学生として、歴史時代小説をあくまで〝小説〟として研究していたので、歴史にはまったく詳しくありません（専攻とのからみもあり、明治以降の近代史は例外ですが）。高校でも世界史を選択していたので、日本の戦国時代より、北方謙三の中国史、佐藤賢一の西洋史ものの方が親しみが持てるほどです。

歴史小説を書く作家は、〝正史〟を踏まえながらもそこに独自の要素を加えているので、〝正史〟を知っておかなければ作者の意図を理解することができません。そのため最低限の日本史の知識は身に付けましたが、どうしても情報と作品の多い戦国、幕末、江戸後期の町人文化に偏ってしまい、そこから外れる室町や平安、古代史になるといまだに評論を書く前に、慌てて史料を読んでいる状態です。

といった感じなのですが、いわゆる〝歴女〟ブームの頃は、戦国武将についてコメントを求められるなど、歴史そのものに関する原稿の依頼も少なくありません。二〇〇五年一一月に刊行された共著『読んで悔いなし！　平成時代小説』の担当編集者として知り合った小林智広氏が、「特選小説」編集部に異動した際に、「偉人の夜の顔を紹介する連載をしませんか」と声をかけてくださったのも、歴史時代小説の評論家は歴史に詳しいはずという前提があったのだと思います。

残念なことに日本史は門外漢だったのですが、連載の依頼を引き受けたのは、正統な歴史ではなく、〝嘘〟か〝真実〟か分からないゴシップなら書けるかもしれないと考えたことと、以前から愛読していた『ハリウッド・バビロン』のような本を作りたいという想いがあったからです。

資料の収集は、大学と大学院時代の厳しい指導教授に鍛えられていたので問題ありませんでしたし、古典も大抵のものは読めるだけの知識はあったので苦労はありませんでした。ただ漢文は、大学受験の選択で古典を選んでからは（当時は現代文が必須、古典、漢文のどちらかを選ぶのが一般的でした）、ほとんど勉強していなかったので、漢文だけしかない資料は泣きながら読んでいました。

本文中に多くの原文を引用したのは、文学研究をしていた頃の名残りですが、連載中に刊行された類書が（連載中は目を通したことはなかったのですが、単行本化の話が出た時に、担当の小林氏に見せていただきました）、原典を現代語訳もしくは意訳しているようなので、結果的に差別化できたのではないかと考えています。本書は、原文と現代語を並べて載せていますが、かなりの意訳、もしくはエロを強調して訳したところもあるので、当該人物のファンの方にはご容赦いただければ幸いです。

本書は古代から昭和まで六九人を紹介していますが、江戸後期から近代の人物が多くなっています。ややバランスを欠いてしまいましたが、これはネタに詰まる、もしくは他の〆切に追われていると、つい手元に資料がある人物を選んでしまった結果です。

最後に、この企画を立ち上げ、連載と単行本両方の編集を担当してくださった小林智広氏（連載では〆切を遵守しましたが、単行本化の加筆修正作業が大幅に遅れご迷惑をおかけしました）、連載時に挿絵を描いていただいたいずみ朔庵氏、単行本のカバーイラストを描いていただいたおおさわゆう氏、単行本化にあたり校正を担当していただいた老田勝氏に深くお礼を申し上げます。

また六年間にわたる連載を支えていただいた読者の皆さま、単行本を手に取っていただいた読者の皆さまにも深く感謝いたします。

二〇一三年六月

末國善己